自由憲政與民主轉型

周陽山 著

東大圖書公司 印行

國立中央圖書館出版品預行編目資料

自由憲政與民主轉型／周陽山著.--初版.--
臺北市：東大發行：三民總經銷，民82
面；　　公分.--（滄海叢刊）
ISBN 957-19-1482-7（精裝）
ISBN 957-19-1483-5（平裝）

1.政治-論文,講詞等

570.7　　　　　　　　82003088

著　者　周陽山
發行人　劉仲文
著作財產權人　東大圖書股份有限公司
總經銷　三民書局股份有限公司
印刷所　東大圖書股份有限公司
地址／臺北市重慶南路一段
六十一號二樓
郵撥／〇一〇七一七五——〇號
初　版　中華民國八十二年六月
編　號　E 57028①
基本定價　陸元捌角玖分
行政院新聞局登記證局版臺業字第〇一九七號

ISBN 957-19-1482-7（精裝）

給

良瑩和耘兒

序

《蘇東劇變與兩岸互動》與《自由憲政與民主轉型》這兩本書，是過去五年間作者相關之政論文章的結集。其中討論之主題十分廣泛，將其整合之後，包括下列兩項主題：

第一，臺灣地區在威權解體、民主轉型過程中出現的憲政爭議、獨立訴求、抗議運動與體制危機。作者企望透過對自由憲政主義原則的反思，將上述各種問題做逐一的分析，藉以彰顯民主、法制與自由主義原則的重要性與迫切性。唯有堅持自由主義與憲政主義的立場，揚棄民粹主義與解放論的執迷，臺灣才可能突破民主轉型的瓶頸，奠立穩定的自由民主體制。

第二，針對蘇聯、東歐與中國大陸近年來的劇變歷程，提出時事性的個別分析。作者企望透過個別的案例與事象，檢討在這些共黨或前共黨地區，複雜的民族關係、經社背景、歷史傳承與發展現狀，並將就其中與臺灣發展問題相關的內涵，做一比較分析，藉以供國人做進一步的反省。

由於上述兩項主題牽涉殊廣，而各篇文字均係刊載於報章雜誌上的短論，因此各文之間難免論點重複，或語焉未詳，但作者多以存實方式載於本書中，做為一項歷史性的見證。所幸作者近日另將一些篇幅較長的專文，另行編為專著出版，或可藉此分析一些更為深入而具體的大問題，以供海內外方家賜正。對於這兩本歷史紀錄的小書，則留給自己，也奉獻給同道們，做為一項參考，略盡多年筆耕的心意。

周陽山 謹序

民國八十二年五月於臺北

自由憲政與民主轉型

目錄

序……一
一、導言：憲政體制的內在衝突與重整……一
二、民主轉型中的憲政爭議……一三
國民大會與基本憲政問題的辨正……一五
權力擺盪下的憲政制衡體制……一九
對研修臨時條款的幾點建議……二五
如何修憲之爭……二八

有關憲政改革方式的爭議……三一
總統以委任代表方式產生的利弊得失……三四
從兩黨協商看未來憲政發展……三九
兩機構不定期修憲論……四三
堅持修憲立場，否定毀憲主張……四五
修正式內閣制與總統民選問題……五一
憲法不可成爲政黨鬬爭的工具……五七
行憲紀念日談修憲內涵與修憲體制……六一
有關監察院的修憲擬議……六六
國大職權與修憲問題的必要澄清……七〇
國民大會與權能區分說的釐清……七六
三、民粹政治與民主危機……八一
民主政治發展的危機與轉機……八三
兩種民主理念的對峙……八八
民粹政治與烏托邦……九三

民主轉型中的民粹危機……九六
總統直選全球大勢所趨？……一〇一
總統直選與憲政民主……一〇六
總統直選須防憲政危機……一一三
從政治角力看直選案是否會造成國民黨「積勝而敗」……一一五
四、國家認同與獨立自決……一一九
世臺會與臺獨問題……一二一
民主化進程中的臺獨危害……一二五
正視政治對立態勢的惡化警訊……一二九
李登輝總統對「臺獨」訴求的明確駁斥……一三二
以臺獨名義重返國際社會的幻想……一三五
在野的原則與理念……一三九
「黃華案」絕不可以政治干涉司法……一四三
爲什麼不接受臺獨？……一四九
「公無渡河，公竟渡河」——臺獨的結怎麼解？……一五二

五、政治效能與公共決策……一五五
街頭運動的氾濫與公權力的式微……一五七
內閣形象的重整與文官士氣的重振……一六一
從六輕設廠事件看公共政策的制訂過程……一六五
從林園事件看公權力的深重危機……一六九
從榮星弊案看議員操守與政治道德……一七三
對行政院組織法修正案的看法……一七六
提高檢察權獨立性的一項建議……一七九
檢察官如何能擺脫行政干擾？……一八三
解決議會無效能的一項方案……一八六
民氣與國運……一九〇
釣魚臺問題如何善解……一九三
政府處理危機成績不及格……一九八
國之重臣在那裏？……二〇〇
責任政治與政治家的風範……二〇二

內閣部長的形象與聲望……二〇五
從安非他命氾濫看臺灣社會的「代溝」危機……二〇九
六、學運與異議運動……二一三
憲政共識與理性抗爭……二一五
儘速提出憲政改革時間表挽救危局……二一八
學運如何寫下光榮的結語……二二一
應該如何看今天「五二〇」這個活動……二二四
民主的警訊，執政當局應深思……二二八
過於樂觀的制憲派主張……二三一
一個事件，四種層次！……二三三
學運如何譜下完美的句點？……二三五
民主不應只有一種聲音……二三七
七、民主化與政黨互動……二四一
民意的動向與改革的契機……二四三

國民黨要知恥知病的革新……二四七
反對運動者也要守法……二五一
促進政黨政治發展的應有認識與作法……二五五
李登輝時代的新階段與國民黨革新的新契機……二五九
黨政改革的新方向……二六二
黨政分離與健全政黨體制的作法……二六六
「過渡期」怎樣才能度過?……二七○
成立新黨的可能性……二七四
國共兩黨都必須革除列寧主義……二七八
八、選舉動向與選舉體制……二八三
地方派系與政黨整合……二八五
共同營造純淨的選舉環境……二八八
基層選舉結果凸顯的特色……二九二
評國大選舉辦法及選區劃分的爭議……二九五
政黨得票底線應降低……三○○

選區劃分的理念與實際……三〇二
從「選罷法」的有關決議談憲政民主的本質……三〇五
選罷法修正案令人失望的表決通過了……三〇八
大選後的省思……三一二

九、國是會議與憲政危機……三一七

對於召開「國是會議」的觀察與建議……三一九
國是會議的性質與功能……三二三
國是會議與政黨協商……三二六
國是會議的憲政共識……三三〇
國是會議可能帶來憲政危機……三三四
國民黨已自失立場……三三八
國是會議的警惕功能……三四一
國是會議留下的問題……三四四

十、國際視野下的反省……三四七

戈巴契夫與蘇聯總統制……………………………三四九
從立陶宛獨立事件看臺獨運動……………………三五三
從印度變局看開發中國家的民主困境……………三五七
從日韓兩國反對黨的挫敗談我國的政黨政治……三六一
知識野蠻主義與蘇聯症候羣………………………三六四
種族暴動與司法正義………………………………三六七
協商式民主與美國種族政治………………………三七〇
從英國大選看西歐政黨勢力的消長………………三七四

一、導言：憲政體制的內在衝突與重整

八十二年三月一日

憲政改革是近年來最重要的一項民主改革任務。憲政改革經過了兩階段的修憲，業已完成了部分的原訂目標。其中諸如動員戡亂體制的解除、臨時條款的廢止，以及第二屆國民大會、立法院的召開，均係值得稱道的具體成就。但是，憲改本身卻也帶來了一些新的問題，甚至造成新的體制性危機。本文將對這些問題做逐一的分析，並提出建言。

首先，是權責關係日益模糊，原先憲政體制的「議會內閣制」傾向，反因修憲而逐漸淡化，相對的，「雙重首長制」的特性，卻日益明顯。但是，在制度設計上，總統權力雖頗見擴增，但應負之責任，相較之下，卻顯然不成比例。此種制度設計，雖然十分有利於塑造新的強人，並使總統有權而無責，甚至可能因而形成另一種「新權威主義」的體制。但是對民主化的發展、政局的穩定及憲政體制的制度化與穩定化，卻是十分不利的。而且此種作法，也與「回歸憲法、取消動員戡亂體制」的憲改初衷，完全背道而馳。就此而論，憲政改革究竟是帶來民主的成長還是憲政的逆退，的確是頗堪斟酌的。

上述的困境與矛盾，具體表現在下列各方面：

一、原先在動員戡亂時期，依據臨時條款而設立，長期被批評爲「違憲的違章建築」的國家安全會議、國家安全局等機構，在修憲過程中並未廢除，反而獲得正式的憲法位階，成爲與原憲法精神不符的「歧出機構」。此種設計業已偏離了原先憲法的「議會內閣制」的精神，並實質擴張了總統的權力。但是相對的，卻沒有任何民意機構，可以實質的監督與約束這些機構的運作。這的確凸顯了權責不符的特性。

二、原先擔負國會功能一部分的監察院，改制爲「準司法」機構後，原先掌握的同意權，理應移轉給立法院，但是在修憲過程中，卻爲了政治妥協，討好國民大會，而將司法院、考試院、監察院三院的高層人事同意權，轉交給不經常開會的國大。一方面，這固然造成了原先總統的形式性提名權的實權化，使總統在五權關係上的角色日益強化，並可主導大部分的人事布局。另一方面，則造成國民大會與立法院之間的職權衝突，形成兩機構間的惡質性紛爭。這種爲了政治妥協及擴張總統權力而便宜行事、治絲益棼的作法，不但造成國大角色的過度膨脹，而且使擴權後的國大成爲眞正的「憲政之癌」。如果國民大會食髓知味，再圖利用修憲手段而行使創制、複決二權，那麼立法院的國會功能就將受到根本的威脅，而且將與國大之間形成持續性的抗爭。目前部分國大代表汲汲於設立「議長」，就已透露出其中躍躍欲試的擴權決心。這在過去憲改之前，是根本做不到的事，但在修憲之後，卻變得大有可爲了。這不由得使人反思：究竟幾年前因資深國大而引發的社會反彈及政治代價，在憲改之後，是否眞的有多少實質性的變異？這是不能不讓人痛思的。

三、監察院原先因爲賄選與「金牛」介入，而大受社會訾議，但改制後的監察院，卻依然充斥著德行、操守及學養不佳的政治人物。另外，由於對彈劾權的限制大幅度加強，這些由總統提名的監察委員，已愈來愈不易彈劾總統了。此一改變，的確印證了李總統所說，「監察委員已不再是御史大夫」，而且「與過去傳統割離」的講法。此外，由於原先監委所具有的免責權已在修憲過程中取消，更使監察權的行使，不易公諸於世，在缺乏民意實質監督，同時又受總統提名權影響的處境下，監察權如何能脫胎換骨，職司風憲，建立起應有的淸譽及風範，的確仍是頗堪疑問的。

四、在總統任期改爲四年，立法委員任期仍爲三年，而行政院總辭問題尙未制度化的處境下，總統府、行政院與立法院三者間的權責關係，恐將出現持續性的紛爭及混亂的變數。依照目前行政院總辭時所做的解釋，總辭爲的是建立「憲政慣例」，而總統府方面的講法，則是「個人總辭，不爲慣例」。無論上述兩者何是何非，立法院勢必要求建立「立法院改選，行政院總辭」的慣例。但另一方面，總統府方面也可能不會放棄「總統就職，行政院總辭」的慣例。果如是，在「總統任期四年，立委任期三年」的處境下，恐將出現四年內內閣三次總辭的局面，造成每屆內閣平均不足一年半的變動情勢，對於政局的安定及政策的持續穩定，自是十分不利的。除非主事者透過下一階段的修憲，將總統任期與立委任期定爲一致，否則此種多變的制度性安排勢將引發政潮，絕非幸事。

五、在下一階段的憲改之中，總統直選將成爲主要任務之一，但是爲了使總統的權責合一，並充分反映民意，因此，行政院長與總統之間的權責關係，必須加以釐清。否則一旦出現總統與行政院長爲不同黨籍或雙方理念不符的情況，政局的安定就成問題了。目前部分論者以爲，總統與行政院長不合並不足慮，而且援引法國第五共和中的「左右共治」經驗（一九八六年至一九八八年），爲例證之。但是在法國的特殊例證之外，我們也看到最近波蘭、薩伊等國總統與總理不合的例子，結果卻帶來相當嚴重的政治動盪。由此看來，未雨綢繆，釐清權責關係，是必不可少的。而無論是採取議會內閣制或總統制，總較採行權責不清的「雙重首長制」或「半總統制」，更爲妥適。

以上所述，是當前憲政危機與體制性衝突所呈現的第一個主要面向。至於第二個面向，則是因國家認同而引發的國號、國旗、國歌之爭，以及意識型態與理念上的紛歧。其中主要的爭議焦點，是反對黨民主進步黨所提出的「臺獨」主張。該黨強烈要求更改國旗、國號，廢除五權體制，將總統改爲直選，將國會定爲單一國會。而在執政的國民黨中，亦有不少人士附和此一主張。

目前的整體憲改趨向，是在基本的國家象徵性符號（國號、國旗、國歌等）上妥協較少，但在制度性問題上，折衷者較多，茲分二方面論之：

一、基本的國家象徵性符號方面，在執政的國民黨中，無論是主流或非主流派系，多主張「中華民國」的國號不變，但領土疆域問題，則有相當不同的意見。一派是主張維持憲法規定，不做任何調整。另一派則主張依現有統治權所及之範圍，只以臺、澎、金、馬爲限，而且明言國土不及於大陸。目前政府的實際政策及宣示，多以後者爲準，但究竟是否要透過修憲使其明文化，黨內則頗有不同見解。至於國旗、國歌部分，在國民黨內的爭議較少，多主張維持不變。但主張修改國歌中「吾黨所宗」一句者，則頗不少見。

至於民進黨態度，則完全是南轅北轍。基本上民進黨不承認「中華民國」稱號，而主張以「臺灣共和國」或類似稱號取代之。在立法委員、國大代表等宣誓的場合，民進黨籍民代也拒絕向國旗、國父遺像宣誓，甚至自行更改「中華民國紀元」爲「西元紀年」，以示其反體制的立場。就此而論，民進黨自非憲政體制下的「忠誠反對黨」，而係既在議會內運作亦在議會外遊走抗爭的「反體制政黨」。一旦其獲得多數而執政，中華民國恐將不再存在，「憲政改革」也將變成「憲政革命」，中華民國憲法亦將蕩然無存。

二、意識型態及政府架構方面，民進黨強烈反對三民主義與五權憲法，主張廢除考試院、監察院及國民大會；將立法院改成單一國會，並將原憲法精神的議會內閣制改爲總統制，以利該黨掌握政權。但是爲了建立穩定的民主體制，該黨願意在奪得政權後，再將憲政體制改回爲「議會內閣制」，因而亦提出了所謂的「兩階段論」。不過此種憲改觀念，頗不合自由主義與憲政主義的基本理念，而且其中的工具性、權謀性色彩太強，實不易讓多數人信服。另外承諾回歸「議會內閣制」的可信度亦不高，因此實無法視爲一種嚴肅的憲改觀點。

至於在國民黨方面，反對三民主義與五權憲法者亦頗衆，但多主張做實質性的改良，而不擬在名詞的更易上引發過多的紛爭。此種「共識」亦凸顯在過去兩階段的憲改工作上。監察院不再擔負國會職能，即其顯例之一。但是，爲了使總統直選通過而交換條件，進而使國民大會擴權的作法，卻頗不合五權憲法的原旨，並且已有使國大成爲「第二國會」的趨向，這已成爲憲改之後的憲政亂源之一。因此，如何確保立法院成爲「單一國會」，實係今後憲改工作的要務。

除了上述的爭議外，國民黨接納總統直選，設立憲法法庭，準備開放省、市長直選作法，均可視爲間接接納民進黨憲改擬議的作法。只是在象徵性符號方面，依然保留著原先憲法中的規範和五權體制的外貌，兩者間可說是「神似而貌不合」，但在政府架構上的實質差異，已是越來越爲有限了。

基於前述的分析，我們固然應該肯定過去幾年間兩階段修憲所達成的部分改革目標，尤其是廢除動員戡亂體制及達成全面國會改選，實有其象徵性與實質性的進步意義。但是，我們卻也必須指出，在動員戡亂時期許多違憲的作法，現在卻以「合憲」的新面貌重新呈現出來。而一向引人詬病的「總統有權無責」的強人體制，現在亦以貌似民主的包裝，重新成爲憲政體制的一部分。但是，在「蔣家能，爲什麼臺灣人不能」的臺灣民族主義與新權威主義的訴求下，當年動員戡亂時期的「回歸憲政」的呼聲，現在已不再得到朝野的重視。而堅持自由憲治主義的憲政學者，在新的族羣政治的氛圍下，也顯得「不識時務」、「不知變通」，而爲新一批的御用之士所嘲弄。在這樣的處境下，當年反對違憲濫權，並面臨政治迫害的自由主義者與憲政主義者，竟然在解嚴之後，甚至是憲改工作逐步進行之際，依舊面臨著新的強人政治的威脅，而且處於偏狹而排他的族羣氛圍之中，難以自處。但是，如果這些回歸憲政的自由憲政主義者的主張，只因不能迎合當前臺灣民族主義的新強人情結，而要重新面臨政治與社會的壓力，則多年來臺灣民主化、自由化的歷程，豈非一次「從原點繞一圈又回到接近原點」的弔詭循環？在這樣的循環過程中，過去的「威權主義」不過是換成了「新權威主義」，而「大中國沙文主義」也不過是變成了「臺獨法西斯主義」，兩者內容雖不盡相同，但其中非理性、非民主及反民主的特質，卻仍是不變的。如果臺灣的民主改革眞要以此自限的話，它的成長前景恐怕就和衆多的東歐新民族國家(Nation-State)一樣，雖然脫離共黨極權卻建立起民族主義、排外主義的新專制政體，其格局也就不相上下了。

但是，當前臺灣的經濟、社會發展條件與國民的文化及教育水準，卻決不允許這種只要「本土化」，不要「民主化」，只要「新強人」，不要「眞民主」的情況出現。而臺灣的民主改革者，也不應該在「新權威主義」與「臺灣民族主義」的格局下志得意滿，自我設限。而李登輝總統近來所表達的堅持民主、持續改革、廣納民意的強烈決心，更說明了民主改革已是一條不歸路。基於此，作者願進一步對當前憲政改革的困境及憲政體制的內在衝突，表達以下的看法：

第一，若以憲政「改革」而非憲政「革命」爲手段，未來的憲法只可能修正爲「雙重首長制」，或回歸爲「議會內閣制」，卻很難走向「總統制」。而在「雙重首長制」與「議會內閣制」之間，又以後者爲民主發展之正途，亦爲當今絕大多數民主國家憲政體制之常態。根據比較憲政體制的研究經驗，在全球二十四個穩定的民主國家中，有二十一個是採行「議會內閣制」，一個採取「總統制」（美國），而採行「雙重首長制」（正確的稱呼係「半總統制」）的國家，則只有法國第五共和及芬蘭兩國而已。相對的，普遍採取「總統制」的拉丁美洲各國，以及率多採行「雙重首長制」及「半總統制」的東歐及前蘇聯各國，卻多未能建立穩定的民主體制。因此，爲求權責相符，建立責任政治與穩定民主起見，今後修憲任務理應以回歸內閣制、強化立法院與行政院間的制衡機制爲要務。相反的，只圖爲總統擴權，卻不能使權責相符合的「雙重首長制」，如果不能配合其他的條件（如總統本人超越黨派，或總統個人不介入實際政務），則一旦發生總統與閣揆間黨籍與理念相異的情況，就將出現黨爭或政潮，甚至可能引發嚴重的憲政危機。這絕非憲政改革之初衷，更非全體國人所樂見。

第二，憲政改革的主要目標，應係強化民主機制、充分反映民意，而不是鞏固領導中心、形成新的民族國家。因此，企圖透過憲改，凝聚國民共識，藉以形成新而獨立的國家認同的想法，最後只會造成基本的國家象徵符號的破滅，進而並激化社會紛爭與族羣對立，使激進的民族主義者從中漁翁得利。近年來東歐的民主轉型經驗業已證明，無論是烏克蘭的克拉夫切克、南斯拉夫（塞爾維亞）的米洛塞維契或斯洛伐克的梅西安，都是以凝聚國民共識、形成新的民族國家意識爲號召，而在極短的時間內從強硬的共產黨領導人，轉型而爲激進的民族主義領袖。一旦轉變形象成功，這些舊政權的領導人就不再背負過去的包袱，而民主改革的訴求也逐漸變質，奠立眞實的憲政民主就不再成爲民主轉型的要務。相對的，排斥少數族羣、掀起族裔仇恨、拒絕外來移民等訴求，卻成爲新的動亂之源。在這樣的處境下，無論是烏克蘭境內的反俄羅斯運動，捷克與斯洛伐克的絕席分裂，乃至南斯拉夫境內分離主義所引發的血腥內戰，都未能眞實的提昇民主的品質及內涵。相反的，經濟發展的倒退、族羣關係的惡化與政局的對立不安，卻成爲難以化解的「民主轉型併發症」。如果臺灣的民主轉型要避免上述的併發症，只有從揚棄族羣對立、強化制衡體制這一正途著手。而維持基本的國家認同與象徵符號，避免挑起不必要的民族主義情緒，實係朝野政治人物應有的基本道德。若是不此之圖，卻以挑撥族羣爭端爲能事，臺灣恐怕將難以超脫東歐民主轉型的困境，最後則是平白的予中共政權可乘之機。

第三、爲了釐清權責關係與制衡機制，國民大會的權力絕不容再行擴張，而立法院的國會監督機能，則應進一步強化。無論是立法院的圖書館、幕僚羣與資料庫，均應大幅度的強化及擴張，藉以增益對行政院的有效監督。相對的，國大的職權與功能則應限於「國家」而非「政府」

的層面，亦即僅以修憲、變更國土及部分超越政黨政治的人事同意權爲限。因此，今後政黨政治的運作中樞，仍應係立法院與行政院。而國大則應和監察院、司法院及考試院一樣，以超越黨派，不介入政黨政治而自期自任。因此，國民大會絕非「第二國會」，而應是一個不介入黨爭的「政權機構」。國大越少行使職權，就意味著國家越安定，若是經常的集會運作，反而象徵著憲政體制本身存在著諸多的問題。基於此，國大應以「國家的穩定象徵」爲使命，更不可藉修憲之名而擴權、濫權。

第四，朝野各政黨均應以「民主政黨」而非「革命政黨」自任。因此，憲政體制的改良，應透過「改革」而非「革命」的途徑。至於採取改革的手段，也應以體制內與議會中的運作爲主體，卻不應以街頭的要脅爲尚。近年來，民進黨已逐漸減少街頭抗爭，並獲得相當多的選民支持。雖然仍未完全放棄「體制外抗爭」的立場，卻無疑已逐漸朝向「溫和的體制內政黨」邁進。但是，相較之下，國民黨內的派系之爭，卻始終未能透過黨內的民主程序及決策機制予以化解，而且憲改標的及國家認同上的嚴重差距，也已有不斷擴大與激化的趨勢。在這樣的處境下，民進黨反而逐漸與「主流派」合流，「非主流派」卻變成了眞正的制衡者、在野者。而部分「非主流派」羣眾走向街頭的最新警訊，也凸顯了社會上新的不安定因素。如果朝野三黨派之間的對立關係不能走上民主制衡的正軌，憲政改革與民主化的前景，必然是雪上加霜的，而憲政體制內在衝突的解決，也將是共識難立，前途未明的。

　　最後，我們必須呼籲朝野各黨派應該及早放棄以憲法爲鬪爭工具，以憲改爲擴權手段的想法及作法。唯有依循憲政主義及法治原則，才可能使憲政體制重上正軌，也才能使民主改革大步向前，一旦解除了四十年來威權主義與新權威主義的囿限，才能撥雲見日，重現自由民主的生機！

二、民主轉型中的憲政爭議

國民大會與基本憲政問題的辨正

七十七年九月十二日

有多位國民大會主席團主席，在九月十日表示，國大形象長期以來一直被醜化，國大平常無對外的代表機構，使得國大的國會權限始終未能伸張。他們主張，回復「五五憲草」的基本精神，使國大成爲政權機關，亦卽眞正的國會，並恢復行使創制、複決兩權。此外他們也提議提昇國大主席團的地位，考慮恢復「憲政督導委員會」，使國大有形化，以發揮政權機關的功能。

上述的提議，是近年來國大對自身地位較爲積極的一次爭權行動。而且目的也不止於「反對退職制度」而已，它所牽涉的基本憲政問題，是值得朝野重視的。

但是，在國大引發的憲政問題的討論中，首先，我們認爲，一個重要的現實前提必須先做考量，那就是中華民國憲法的優先性必須獲得尊重。當前輿論所要求的「回歸憲政」，乃是取消「動員戡亂臨時條款」，回歸民國三十六年制訂的憲法，而非重提民國二十五年的五五憲草。如果國大堅持回到五五憲草的基本精神，並重訂憲法條款的話，那麼就會有其他人會要求廢除憲法，另立國家基本法了。而其結果必然引起憲政認同的危機。最後必然造成憲政秩序大亂。

其次，我們認爲在當前的民主環境下，重提政權與治權的分法，並不恰當。國父孫中山先生有感於二十世紀初歐美民主憲政的缺失，而設計出政權機關（國民大會）與治權機關（五院）的五權制度，在當時的確頗富新意。而且他針對當時中國幅員廣大，交通不便而民智不高的缺失，倡議由全民投票選舉國大代表，再由國大間接選舉五院，在當時也的確有其必要。但在人口密度極高，交通相當便利，而教育水準又頗高的臺灣，重新倡議由國大代表間接選舉成立五院的作法，乃是開民主倒車的錯誤想法。事實上，今天不僅立法委員必須交由人民直接選舉，日後監察委員也可能改爲直接選舉（而非省市議員間接選舉），而總統直選的呼聲，日後也必然會成爲重大的憲政課題。部分國大代表想繞過中華民國憲法的規定，走回五五憲草的老路，是走不通的。

第三，對於回歸憲法規定的創制、複決二權，以補足立法權的缺失，倒是值得考量的課題。過去四十年間，國大對於恢復兩權制的呼聲，時有新聞，而且許多國大代表也提出了有關的制度設計，我們認爲皆值得考慮。但是，即使國大實施兩權，但根據現行憲法的規定，它的權限仍然遜於立法院，而只能成爲「第二國會」。而且，如果國大所創制的法律與立法院通過的法律有所扞格的話，何者優先，也應特別考慮。

第四，我們所有有關國會改革與憲政爭議的討論，必須落實在當前的民意之上，亦即必須由在臺改選的民意代表參與決策。在國民大會中，許多代表均係遞補產生，他們不但不代表臺灣當前的民意，甚至也不代表大陸當時的民意，他們的代表性自始卽成問題。因此，他們對未來的國會與憲政問題，不應具備投票權，但他們的發言權，則應維護。政府對於國會改革後他們的去路，除了退職金的安排外，也可保留「光復大陸設計委員會」，讓他們繼續對政策設計提出建議。

第五，有關「憲政督導委員會」的提案，以及擴充國大主席團職權的提議，我們認爲在當前皆非適當的建議。至於國大職權有限，今後何去何從的問題，我們認爲應維護憲法的至高權威，除憲法規定的職權外，不另做安排。因此，國大此一機構必須維持，選舉、罷免、創制、複決各權，也應實施，但由於其職權有限，因此今後國大應取消俸給，改爲無給職。

第六，對於部分國大代表認爲，當前執政黨提出的充實國會方案，訂定三個國會名額，眞正目的在改變國會體制。我們認爲上述的說詞是不了解臺灣當前民意趨向的情緒性提法。在民意思變的今天，如果政府再堅持老代表（委員）才代表法統的話，勢必引起以修憲另立國家基本法的政治訴求，其結果必然是憲政共識面臨威脅，民主前景出現危機。因此，我們認爲執政黨的充實國會方案是考慮到現實利害的漸進作法，絕非「毒辣」的手段。

最後，我們認爲今天改革憲政體制的眞正核心，並非國大職權的擴張與否，而係憲法中的內閣制與總統制的安排。依據憲法規定，行政院向立法院負責，總統命令需經行政院長副署，這些具內閣制色彩的制度性安排，才是日後有關憲政體制討論的重點。我們在此不願對憲政體制的內閣制或總統制特性做一論斷，但此一問題才應是朝野與國會本身研討的重要課題之所在。

權力擺盪下的憲政制衡體制

七十七年九月二十一日

立法院各黨派立委昨天為了應否邀請總統到院演講而起激辯，顯現委員們關切未來政治運作方向，並急於釐清國家最高決策人與最高立法機關的關係。

另外，國民大會代表最近企圖增加職權的努力，雖然未能成功，且因不合時宜，輿論多持保留態度，但在這些事的背後卻蘊涵了更為重大的基本憲政問題，亦即從內閣制到總統制的權力轉移與擺盪過程中，制衡體制究竟應如何有效的發揮它的應有功能；以及，我們的憲政體制，究竟應該如何在領導人與制度之間，做好定位的工作，俾使憲政體制及早擺脫「因人設制」與「因人成事」的窠臼。

憲政體制難以釐清

若進一步觀察近來政治現象，即可嗅出政治權力正醞釀重新整合的氣氛，臨時條款下的總統權力再趨穩固。雖然過去四十年來，到底憲政體制是內閣制或總統制的爭議從未稍歇，但依中華民國憲法起草人張君勱先生的原意，則無寧是傾向於內閣制的，在此一憲政設計下，行政院長即爲內閣總理，對民選的立法院負責。而總統則位高而權輕。相對的，負責選舉總統的國民大會也是職權有限，加以創制、複決二權從未實施，至今仍令許多國大代表感到有志難伸。而由於此一憲政的法制性安排，也使得亟思有所作爲的總統亦覺不易施展，乃有日後「臨時條款」的出現，除總統連任次數不受限制外，也擴張了許多總統原先未有的職權。基於此一擴張性的法制安排，今天吾人的確已不易釐清究竟當前憲政體制的特性爲何了。有論者以爲在動員戡亂時期實施的體制傾向總統制，並贊同擴張總統的職權以發揮行政職能。有論者則強調當前的體制既非總統制，亦非內閣制，而係五權憲法制。另外更有的人乾脆強調制度化的設計根本不切實際，他們認爲最好的制度就是彈性化的制度，隨領導者的權力運作而轉移，時而可總統制，時而可內閣制。在他們看來，拘泥於何種制度，只不過是憲政學者的書生之見罷了。

權力運作富於彈性

上述的最後一種見解雖然有相當的「反制度化」的犬儒色彩，但從實情觀察，卻也不失爲一種洞見。過去四十年來，在先總統蔣公時代，實施的的確是總統制，但在蔣經國先生擔任行政院長後，尤其是嚴家淦先生擔任總統時，則回到了憲法原意的內閣制，等到蔣經國先生擔任總統後，則是總統制。蔣總統過世後到今年七月間，則又接近內閣制。今年七月中以後，則又開始接近於總統制。上述的現象說明了，不管總統制或內閣制之間的爭議如何，但實際上的權力運作，卻未依循於一固定的體制。對於領導者而言，它的好處在，憲政體制可以隨政治領導者的主觀意願與權力運作而調整，而且必要時可擺脫民意機關的牽制。但從另一角度看它的壞處則在，法治的最高權威——憲法並未受到尊重，政隨人舉的結果是，法制化與合法性的原則都因而受到戕害，而且，政治的制衡與民意的監督也受到了妨礙。許多不能眞正做決策的官員要受到民意的指責，而眞正做決策的領導人卻不受民意的鞭策。

但是，更重要的問題則是，在當前執政黨與政府推行民主化的政策工作上，如果改革標的只及於國會改革與地方自治法制化等層面，卻不及於政府權力結構本身的憲政化，則民主化的基業終究只是片面的。而且其中所易引發的政潮與憲政危機，更是成本大、風險也大。

此處所謂的政潮或憲政危機，可以從東亞幾個近鄰的例證中看出。最近南韓的執政黨擬議將總統制改爲內閣制，以免上次大選中執政黨總統候選人得票未過半數的舊況重演。因爲一旦金大中與金泳三兩人在總統大選中携手合作，則執政黨日後恐怕就要面臨下臺的噩運了。反之，若實施內閣制的話，則由於執政黨議員加上部分溫和的反對派議員，輕易即可過半數的關係，政治傳承反而有更多的保障。但南韓執政黨的如意算盤是否能讓韓人接受，卻還在未定之天，而反對黨引發政潮的可能性，卻是非常高的。

內閣制有利權力移轉

另外，新加坡的李光耀爲了在總理期滿後仍能控制政局，已決意修改憲法，賦予原來的虛位總統較大的職權，以便接任總統後對政局仍能發揮其影響力。最近在權力交班的過程中，他與總理的預定接班人吳作棟之間的關係，也因而出現一些敏感的變化，顯示了體制與人事的變遷過程，並不如意想的順利。

過去西方與發展中國家的憲政發展史，證明了一個重要的現象：內閣制遠比總統制有利於權力的承平轉移，而且內閣總理往往比總統更富於議事經驗與領導能力。其中主要的原委是，內閣總理多曾擔任議員或黨內要職，並曾通過黨內民意的考驗，他們往往先成爲黨魁後，才可出任閣揆，而且在出任閣揆的過程中，選民直接票選的並非閣揆人選，而是當地的議員。因之，在內閣制之下，選民並不以閣揆個人爲投票對象，卻以政黨爲其訴求，這對於政黨政治的穩定發展，自較有利。

回歸憲政的原初架構

反之，在總統制之下，選民以總統個人爲投票對象，往往是「選人而不選黨」，結果卻可能選出形象好而能力差的總統。在政爭激烈的國家裏，選舉總統更容易造成政治不安，使得對立的黨派趨於激進，也爲選舉過程增添了危機因素。至於總統當選人的領導能力，也往往大成問題。在轉型期的菲律賓，總統艾奎諾夫人形象雖好，但統御能力卻是大受批評。同樣的，在民主的美國，前任總統卡特，也有相似的毛病。這種困境，在以英國爲代表的內閣制中，卻是少見的。

對於處於轉型期間的臺北政局而言，撇開或取消臨時條款所賦予的總統特權而回歸憲政的原初架構，使內閣制趨於穩固，在現階段是特別重要的。除了上述內閣制優於總統制的理由外，還有另外幾層原因：

第一，中國政治素重權威的持續與維繫，如果今後總統能以他既有的威儀領導全局，卻不直接負責政策得失，則今後議會的選舉成敗與立法院內的倒閣風波，都不致影響到最高當局權威的穩定性。換言之，總統將成爲內閣制權力不斷整合的過程中一項穩定性的要素，總統也將長期爲全民所尊崇與愛戴。

第二，執政黨目前正朝民主政黨的方向進行結構性的重組，政黨在選舉與動員上的重要性也日益明顯。今後選舉的得失應由閣魁與執政黨實際黨務負責人共同承擔。而總統雖身爲執政黨的最高領袖，卻應擺脫選舉得失，以維繫黨內的權威體制。基於此，身兼執政黨主席的總統也不應該爲實際的政務成敗與選舉勝負而負責。

第三，爲厲行政黨政治，貫徹民主建設，政府應以最大的決心與誠意，回歸憲政。既然選總統的國民大會職權無法擴張，則負責監督行政院的立法院功能就必須充分發揮，並成爲落實政黨政治的基點。在這樣的現實環境下，回歸當初憲法所設計的內閣制，乃是一項無可怠忽的民主基業與法治要務。

落實憲政制度理想

最後，從轉變中的中國政治文化的角度觀察，厲行內閣制與維持一個地位崇高的總統位階，將對政治的起承轉合，起著穩定的作用。當年先總統蔣公曾想請胡適之先生出任內閣制之下的總統之職，而由他本人出任行政院長，卽出於此一考慮。此一想法格於當年的環境與條件而未能實現，但也因強人政治的循環不已，而使憲政制度化的理想未能落實。

我們謹期待，在當前民主化的進程中，落實憲政民主的理想，能在憲法公布四十餘年後，終歸於實現。

對研修臨時條款的幾點建議

七十八年十月二日

執政黨中央政策會「中央法律顧問小組」的部分成員，日前透露了有關修訂臨時條款的一些方針。雖然中央政策會旋卽表示，目前執政黨中央對憲法與憲政問題，尚未獲致具體結論，因此部分學者的研修意見，尚不能代表執政黨的政策立場。但基於輿論獻言的立場，我們願藉此機會提一些建議，以供國人對此一問題進一步討論之參考，並請執政黨內之決策當局，從長計議。

首先，我們必須強調憲法乃是國家根本大法，在位階上無任何他法可以超越憲法。因此，如果在本身已與憲法基本精神不符的臨時條款之上，再加上「中華民國憲法」等字，則無異於一種修憲行動。過去基於國家之特殊處境，動員戡亂臨時條款凍結了部分憲法的基本功能，本屬無奈，但畢竟仍是違法之舉。現在卻要讓違背憲法精神之特別法戴上憲法的帽子，那就像是將長年違法的違章建築合法化一樣，不但不合憲政體制的基本原則，也有違民主法治的基本精神。基於此，我們認爲在當前民主化的進程中，對於憲政體制的整體性改進方向，應是回歸憲政，卻絕不是使這些違憲款合憲化。

其次，我們必須提醒執政當局，如果基於現實的考量，將臨時條款的違憲條款合法化，那麼在做這種「現實考量」的同時，就必須考慮到另一種「現實處境」，亦即在當前反對陣營中已不斷提出的各種修憲擬議，其中包括另立國家基本法、制訂「新憲法」凍結現行憲法，以及重新修憲的各種憲政設計。如果執政黨僅僅因為一部分的現實因素考慮而使臨時條款合法化，那麼這種形同修憲的作法，就已違背了過去不修憲的基本國策立場，最後卻必然會面臨另一形式的修憲壓力。其結果將是無止境的憲政爭議，甚至演變而為政治風暴。基於此，我們希望執政黨決策當局，必須同時考量上述兩種不同的現實因素，如果只顧其一，不及其二，必然會面臨日後極嚴重的憲政危機。同時我們必須提醒，此一憲政共識問題所掀起的臺海問題及統獨之爭等因素，勢將無法在短期之內化解，它的沉重代價，是絕不容低估的。

第三，我們希望參與研修憲政條款的法政專家們，必須以前瞻的眼光看待國家整體的民主發展前景。目前在有關憲政體制究應屬總統制或內閣制的討論中，我們聽到了一種特異的見解，意即依照中國傳統政治文化，總統必須賦與實權，因此必須保留臨時條款中賦與總統的特別權力。我們必須強調，有關中華民國憲法究屬總統制或內閣制的爭議，至今仍無完全定論，此處我們也不願多加討論。但是，我們認為「回歸憲政」，亦即依憲法之條款與精神進行制度安排，才是正途所在。任何人都不應先抱持某一既定成見，先假設總統制或內閣制較優，再以特別的法條加諸憲法之上，使其符合自己的既定成見。這種作法，是自始即已違背憲政原則與民主程序的。事實上，若要根據對中國政治傳統的見解做爲憲政安排的理據，我們也儘可舉證說明，依照淸末以來的憲政發展史，足以證明內閣制較爲優越，而且它較之總統制對政局穩定，也有更大的助益。但上述這種理論性的預設，卻不應做爲當前憲政研議中的前提。因爲，在當前國家邁向民主憲政的進程中，回歸憲政與恢復憲法基本精神，本來就應屬至高原則，至於憲法安排究竟是內閣制或總統制，卻應是較低階的理論性考慮。總之，我們絕不應以低階性的考慮，妨害了回歸憲政的至高原則。

第四，對於研議中的一些行政組織的地位，包括人事行政局、國家安全局、國家安全會議等，我們認爲均應透過正當的立法程序，賦與其合法地位。因此這些組織、機構的法定地位，均應送交立法院立法通過，方得奠立。如果立法委員以其違憲而否定它的法定位階，則只有送交國民大會，運用其創制、複決權限決定是否通過。一方面這可使只具其名，未曾實踐的創制、複決兩權眞正付諸實施，另一方面，也可使民主程序受到實質的尊重。這必然較之運用修訂臨時條款「挾帶過關」的方式，更獲得民意的肯認。因此，我們希望在憲政修訂的基本問題上，能以民主程序爲其優先原則，卻不要因爲「便宜行事」的考量而妨害了此一基本大原則、大方向。

最後，我們誠懇的希望，執政黨中央能更廣泛的考察民意與輿情，使這次研議臨時條款的工作，成爲今後建立憲政共識的來源，即絕不可因爲便宜處事的心態扭曲了憲政原則與民主程序，而造成更大的憲政爭議與共識危機！

如何修憲之爭

七十九年七月九日

憲政改革經國是會議一番論辯後，修憲之議已形成多數之共識，但是，如何修憲，則仍然是未曾獲致結論的問題。國是會議建議總統成立憲政改革小組，來推展修憲事宜；但李總統登輝先生尚未對此有所裁決之時，立法院先對國是會議有了反彈，上星期五立法院便有成立「憲政改革委員會」的呼聲，可是，立法院內部的爭執也隨之而起。

據有關報導，執政黨中央不贊同在立法院成立「憲政改革委員會」，檢討憲政興革事宜。另外立法院長梁肅戎也不贊成成立一個完全僅由增額立委組成的「憲改會」，他並且對國是會議前後的臺獨聲浪增長趨勢，深表不滿，準備以「抗退」做爲抵制手段。如此情況反映出國是會議的「後遺症」已經逐漸凸顯，甚至有惡化的徵兆了。

關於修憲途徑，目前各界仍在討論之中，我們且暫不提出批評，但我們認爲由立法院成立「憲政改革委員會」，不失爲可行途徑之一。事實上，由立法院提出修憲案，再交由國民大會複決，遠比由國民大會直接修憲，更符合民意所趨，也比較審愼周備。但是，以目前立法院議事效率不彰，審議民生法案進度遲緩的積弊看來，較爲適當的作法應該是由立法院延請專業的憲政學者及專家，成立專業性的「憲政改革諮詢委員會」，以兩年爲期，進行仔細研議，並提出若干選擇方案，最後再交由全體立委討論，決定取捨。這應比由立法委員各說各話，爭擾不休的議事慣例，更符合審慎原則，同時也能避免國是會議議而不決，缺乏共識的錯失。

至於立法院是否應以國是會議的結論內容做爲討論範本，我們的看法則是：立法院不應以國是會議的結論內容爲限，但卻必須包容國是會議中的各種不同意見。其中主要的理由是，國是會議本係總統的諮詢會議，但是總統本人並無修憲之權，而且根據總統就職時之宣誓詞，總統本人必須「恪遵憲法」而不可「違憲毀憲」。因此，具備修憲權的立法院，當然應就各種可能的修憲意見，加以整合，但卻不一定要以國是會議的決議爲限。基於此，儘管國是會議的主張爲何，總不是具有約束力的立法，立法院依然可以根據本身的合法立場與所肩負的民意，決議維持目前的修正式內閣制，總統以委任代表制實行民選，以及多院制的國會。如果國是會議代表認爲該會的決議應具約束力，我們的建議則是，這些代表不妨在兩年後的選舉中參選立委。如果他們能當選立委，則這些決議也就會發揮實質效力了。否則的話，國是會議的建議終究只是一種不具約束力的意見表達罷了。既然它不具備法定約束力，也就不能限制立法院的決議方向。

至於資深立委是否應參加「憲政改革委員會」的問題，我們認爲，只要資深立委和僑選立委繼續有效行使職權，就不能否定他們的參與權利，因此「憲政改革委員會」不應限制他們的參與。但是，我們認爲既然資深民代最遲將在民國八十年底全數退職，而預期憲政改革方案在兩年內全部完成，因此屆時在「憲政改革委員會」中，事實上將不再有資深立委。基於此，我們建議在現階段增額立委不必刻意排斥資深立委的參與，造成立法院內部不和，此一問題事實上是會隨時間而獲得實質解決的。

有關憲政改革方式的爭議

七十九年七月十二日

執政黨李登輝主席，在十一日的中常會中裁示，以副總統李元簇爲召集人，由十三位高層黨政首長組成「憲政改革策劃小組」，並在其下分設「憲法小組」和「工作小組」。根據參與成員的背景分析，此一小組包括了現任的行政、立法、司法、監察四院的院長（考試院長孔德成非國民黨籍，由副院長林金生出任）、國安會及國民大會秘書長、省主席、中央黨部秘書長，和前任的行政院長李煥、前省主席邱創煥，並由郝柏村、林洋港和蔣彥士出任副召集人。由這分名單看來，憲政改革策劃小組的確囊括了重量級的黨政要員，也包羅了各大派系領導人，在考慮上可說是十分愼重，足以顯示國民黨的改革誠意。但是，光從名單的完整，及派系的整合角度做考慮，卻不一定能够看淸問題的癥結，也不足以認識憲政改革問題的複雜性。

誠如立法院前院長倪文亞先生所說，「行動才是困難的開始」，如何落實國是會議中「各說各話、百家爭鳴」的所謂共識，的確是一大難題。以國是會議中爭論不休的「總統民選」問題和國會「一院制」的所謂「共識」爲例，就足以印證憲政改革工作的執行不易。

首先，就「總統民選」而論，如果要完全依照民進黨要求的直接公民票選方式進行，則非但在國民黨內將掀起嚴重黨爭，而且絕大部分的法政學者都會大力反對。因爲對一個穩定的民主制度而言，最佳的憲政體制乃是內閣制，而且應採取間接的方式選舉總統。如果國民黨完全屈從民進黨的決議，則勢必掀起黨內外的嚴重波瀾，更可能會提早面臨國民大會的存廢問題，造成憲政危機。事實上，如果主張總統直選的人士，最終目的是建立總統制的話，則修憲幅度必然甚大，而憲政改革時間表亦必然延緩，並且也極可能激起立法院內部的強烈爭議，這都是當前企望求治的政局所難以承受的。

其次，就「一院制」國會體制而論，則必將引起監察院的強烈反對。而且在「一院制」之下，獨大的立法院也不可能接受總統直選和總統制的訴求。相反的，立法院將會強烈要求建立以議會爲核心的內閣制，並逼使執政黨及早實施黨內民主，以走向「內造政黨」（而不再是「革命民主政黨」）。因此，「總統直選」和「一院制國會」這兩項國是會議的所謂共識，事實上是彼此互相衝突的，執政黨卽使有充分的改革誠意，也很難同時兼顧這兩者，由此就不難了解爲什麼行動正是困難的開始了。

至於在改革的程序上，由執政黨內成立改革小組，只能視爲改革工作的第一步，卽使假之以時，在黨內做成了決議，最後還是必須交付立法院和國民大會進行研議。依照憲法所規定的兩種修憲程序，包括：㈠國民大會直接修改，㈡立法院擬訂修憲案，再由國民大會複決。在上述兩種方式中，實以後者較符合民意。因此，儘管目前執政黨並不贊成立法院成立憲政改革委員會，但最後終究還是躲不掉這一關。而且，即使是先在執政黨內做成決議，再交由立法院通過，以目前立法院內的黨政運作實情看來，立法院仍然不會甘心僅僅扮演「橡皮圖章」式的角色，照章通過。基於此，執政黨內成立憲改小組的作法，只能視爲一種整合黨內歧見，強化和諧的必要步驟，卻不可能眞正的取代立法院本身的法定職權。

當然，執政黨也可能會堅持由國民大會直接修憲，而不經過立法院這一關。但是這樣的作法就必須將修憲時間表拖在兩年之後，亦即必須在資深國代全部退職之後，才得進行修憲。否則今年三月陽明山上的政爭再重演一次，逼得學生又上街頭，那豈不是對召開國是會議的一大反諷？

至於其他「全民複決」，或召開「制憲大會」等訴求，本來就已超過了修憲的範圍，也不爲國是會議所接納，就更不可能成爲憲政改革的可行方案了。由此可知，憲政改革的最後重心，還是在立法院和國民大會之內。

總統以委任代表方式產生的利弊得失

——兼論修憲的方向

七十九年十一月五日

根據報導，內政部及中央選委會官員日昨指出，未來總統、副總統選舉方式，黨政高階人士已達成共識，希望採取美國選舉人團方式產生「委任國代」，以進行總統、副總統選舉，政府有關方面並已進行「總統、副總統選舉罷免法修正草案」的研議，預訂在民國八十四年底之前，將現行的間接選舉方式透過修法方式廢止。換言之，從下任總統選舉開始，就將以委任代表的方式實施選舉。

另外，政府亦考慮以總額三百七十五人為國大今後的員額標準，並適度降低總統、副總統的連署人數。至於罷免總統、副總統的規定程序，亦將配合修正之。

我們認為，在現階段以委任代表方式實施總統民選，不失為一項合理的權宜之計，一方面，總統的民意基礎問題得到了合理的解決。另一方面，採取委任代表的選舉方式，亦可避免在某些總統民選國家（如南韓、菲律賓及拉丁美洲），因候選人直接對立，而造成選戰過熱、社會秩序崩潰的危境。但是，採取委任制仍有下列幾項困難需要先行解決：

第一，如何確保委任代表一定按選民意願投票選舉總統。亦卽，如何使未來的國民大會代表接受「強制委任」的束縛？過去美國的選舉人團，曾多次發生選舉人在最後投票時改投其他總統候選人的情事，在我國未來的總統選舉法中必須強制規定，國大代表應依選前承諾行使投票權。因此，在國大代表選舉完成之際，卽應視爲總統選舉結束，而不可再賦予國大代表違反選前承諾，隨其主觀意願投票，決定總統人選爲誰之事。基於此，「強制委任」必須是總統、副總統選舉時的具體法定要件，亦可視爲此一制度與美國選舉人團制之差異。

第二，在實施「強制委任」同時，必須考慮如何得以實施罷免權。旣然國大代表係受選民委任選舉某一位總統，他又如何能對同一位總統再行使罷免權？因爲選民只賦與其投票行使同意之權，但當總統、副總統面臨罷免等情事時，他卻無法確保自己的主觀意願仍係選民當初之意願。換言之，無論從法理及民意雙重角度看來，由同一批委任代表實施選舉及罷免兩權實在是不合宜的。除非使國民大會無形化，亦卽除了在行使選舉及罷免權時得召開國大外，平時國民大會根本不存在，方能免除此一困擾。在這樣的前提下，國大代表必須係無給職，而且在行使罷免權時，應再度實施一次選民委任投票，重新選舉國大代表，方得決定罷免案是否成立。

第三，在上述的前提下，國大代表將無法實施創制、複決二權，因爲國民大會係無形的，除了實施選舉、罷免兩權時召開外，平時並不存在。基於此，創制、複決兩權應由人民直接行使，方才合乎中山先生「直接民權」之基本理念。

第四，依據國大總額爲三百七十五席之構想，如果國大選舉係採單一席位小選區方式，則臺澎金馬地區經分割爲三百七十五選區後，每一選區可能比一個鄉、鎮、區還要小，這是否將造成各地區因選舉而形成政治分裂？如果係採取大選區多席次制，或比例代表制，則很可能造成小黨林立，甚至可能會造成無任何一位總統候選人超過半數的僵局。這時是應採取法國式的，由最高票的兩位候選人再做一次競逐，還是只要是相對多數的勝者即算當選？而總統選舉若是只要相對多數即算勝利，這是否會造成總統的民意基礎不足的困境？但是，如果採另一方案，即總統選舉要選過兩次或兩次以上才能決定勝負，這是否又將造成選舉程序過分繁複，甚至可能引發政治不安及社會動盪？上述各項問題，無疑都是有待愼思的。

第五，總統選舉的重要性無疑是與總統本身的職權密切相關的。如果維持目前憲法（不包括臨時條款）的「修正式內閣制」（這係憲法原起草人張君勱先生的觀點），則因總統的職權不大，影響亦不深遠，則總統選舉的實質重要性亦降低（但其象徵性意義仍十分重大）。但是如果今後的修憲方向係朝向「總統制」或「雙元領導制」，則必將導致各政黨間之競爭加劇，則因總統選舉而引發之爭議亦必極爲激烈。這也是必須重視的。

除了上列五項重要因素外，我們亦必須強調下列幾種憲政體制上的特別經驗，亦即：

㈠實施「內閣制」而採總統直接民選。這些民主國家包括西歐的冰島、愛爾蘭、奧地利與葡葡牙。雖然總統係人民直選，但仍係採內閣制，並不因總統直選而造成總統掌握大權（但其中有些國家總統則擁有立法權）。

㈡實施實權「總統制」，但總統由國會選舉產生。中東的黎巴嫩即採此制。其內閣需對總統負責，但總統則由議會選舉（而非人民直選），總統任期六年，但不得連選連任。

㈢實施「雙元領導制」，但總統由選舉人團選出。在一九五八年法國實施第五共和之初，總統係由約八萬名之選舉人團選出，但在一九六二年後，再經修憲改爲全民直選。法國第五共和憲政體制，一般被視爲「雙元領導制」，但在實際運作上，則往往偏向「總統制」，但在一九八六至一九八八年之「左右共居」時期，則被視爲偏向「內閣制」。

㈣總統擁有部分權力，卻由間接選舉產生。根據芬蘭憲法，總統擁有相當程度之實權（並非虛位元首），但總統卻是經由兩級選舉產生，先由選民選出三百零一名代表，再由這些代表以簡單多數通過總統人選。

我們提出上列的特殊例子，旨在強調：如果是實施「內閣制」，仍然可實施總統直選，如果實施「總統制」，則可實施總統間接由國會或選舉人團選出，卻不必然是總統直選。另外如係實施「雙元領導制」，則既可實施總統直選，亦可經由國會或國民代表間接選出。因此，直接選舉總統與否，並不一定影響未來基本政治體制之發展。基於此，「唯有實施總統直選，才能使總統掌握實權」的看法，是不必要，亦不合乎國際先例的。在此一意義下，「總統直選」必可造成「

總統制」的想法，乃是不合實情的。但是若能避免「總統直選」所可能產生的動盪，卻仍賦與總統某些必要的職權，卻是當前修憲所應考慮的方向。

從兩黨協商看未來憲政發展

八十年四月二十一日

這次兩黨通過的是一項「沒有共識的聯合聲明」。這項聲明充分顯露出，雙方在極度疲憊下只好達成協議的無奈。就談判策略而言，雙方都可以自稱是贏家，但談判過程卻凸顯出幾個重要的問題：

一、長期以來堅持回歸憲法的學者所反對的賦予總統緊急處分權的問題，這次並未成為兩黨爭議的焦點，顯示雙方的確存在著某種程度上的「總統」情結。

二、有關三個機構的歸屬與「日落」時間的問題，是用談判的方式來達成的，其時間訂在八十二年十二月，顯得相當奇特；因為立法院應在八十二年一月底以前完成改選，如果全力推動的話，應在其改選前完成立法。但由於國民黨所提的時間為五年，經過談判後折衷為二年半，才出現了八十二年十二月的期限。這個時間的訂定，找不到任何邏輯性，只能歸諸兩黨的妥協。然而在修憲問題上的妥協應該是有原則的。

修憲違反原則的情況除前述三機構時限問題外，像監委部分加了五個全國不分區代表的名額也是。立委的全國不分區代表是以政黨的比例代表產生；如果監委的不分區代表也以政黨比例方式產生，就違反了監察院不應帶有政黨色彩的重要原則。

當初，我國憲法起草人張君勱先生所起草的條文，雖經各黨派的妥協與修改，其重要的憲政原則仍然是緊守不變的；但動員戡亂時期臨時條款破壞了憲法中最主要的任期原則，因而張君勱寧願滯留海外數十年也不肯回國。

從上述觀點來看，這次修憲以及度過危機的過程，雖然有助於解決社會衝突，但對於憲政發展的基本方向則是負面的。其中最嚴重的是對於兩黨互動與國會紀律造成的長期負面影響。因爲反對黨未來只要議會路線走不通就上街頭，上街頭只要能鬧過一個晚上，國民黨就會來談判；這樣將會鼓勵反對黨繼續在議會路線與街頭路線遊走。而民進黨也表示，在下次選舉中如果選輸了，還可以採取同樣方式。如果在民主程序中選敗了還走上街頭，那就意謂著民主政治將永遠無法落實，國會紀律與兩黨的良性互動也永遠無法建立。而且，這也凸顯，民進黨有充分特權，十幾個小時的非法遊行，不僅無法依法處理，國民黨籍議員還歡迎民進黨回到議會。民進黨的這種特權，更會對於整個社會教育有不良的影響。

兩黨在這次憲改過程中暴露出一些通病：第一，朝野兩黨都將憲法視爲權力爭奪的工具，並且可以爲此無原則地不斷妥協。而不是肯定憲政主義和法治原則。

第二，兩黨共同分擔了相同的政治文化和決策程序，即朝野都採取了「兩階段憲改論」。

國民黨稱之爲「兩階段修憲論」；在民進黨，第一階段稱爲民主大憲章，第二階段則可能是中華民國第二憲法，但也可能是臺灣共和國憲法。

第三，兩黨的黨中央皆傾向於賦予總統相當的實權，並主張權力不清不楚的混合制或折衷制。尤其，兩黨共同參考的版本是法國第五共和；憲政主義發展很不成熟的法國，竟成爲兩黨共同心儀的對象。並且，兩黨都未重視多數法政學者長期以來所主張，採最有利於民主成長與政治發展的內閣制。雖然兩黨的在野派都有很多人主張內閣制，但黨中央卻都主張混合制或折衷制，因爲這種制度最有利於奪權鬥爭，但最不利於權力制衡。

如果這樣的憲改過程繼續發展下去，憲政主義將永遠不會來臨，憲法將會繼續成爲權力鬥爭的工具。在這種情況下，憲改前途實在很難令人樂觀。

此外，有關制憲的主張仍然不斷，並不因第一階段修憲完成而終止，但制憲卻有如下的缺點：

第一，當今所有新憲版本，若評估其水準，較諸當年中華民國憲法制憲人如張君勱、王寵惠等人，無論在政治胸襟、格局以及法律、政治素質、憲政知識，皆顯不足。

第二，制憲必然會牽涉到臺海兩岸互動以及國家認同問題。而在中共宣稱不放棄對臺用武情況下，制憲可能帶來臺海危機。

第三，表面看來，修憲似乎是兩黨協商，制憲是堅持原則，但實際上一部新憲從起草到完成是經過一連串妥協，不是某黨堅持到底即可完成，亦即無論修憲和制憲都是需要經過妥協。

第四，根據現行憲法修憲，可達成最小幅度的修憲，如果連最小幅度的共識都不能達成，另起爐灶，豈不是更難達成共識？

第五，憲法不是奪權的工具，而是人民權利的基本保障和政府基本架構的安排。但現在我們顯然缺乏這樣的立憲主義，如果又歷經多次制憲過程，則憲政主義的傳統就越不易建立。

第六，憲法本身是注重安定性。有人認爲中華民國憲法不合時宜，但我們看美國憲法中也有不合宜之處，但美國卻保留下來，由此觀之，憲法合不合時宜絕非制定的理由。

最後爲了使修憲能建立在民主原則，我建議採「二機關不定期修憲論」，即按最審愼的修憲原則，先由立法院一次提一條修憲案，送交國民大會複決，如果國民大會不同意，那國大自己重新提案，但立法院可不斷提修憲案。美國在過去二百年共通過二十六條修憲案，平均一條需六至七年，尤其是這其中有許多是憲政慣例轉換成條文的。

修憲如果能改由最具民意的立法院提出修憲案，其所挾之民意將遠超過國大。一般民眾也許弄不清修憲是什麼，但他們會質疑國大中有百分之八十五是不具民意的老國代，但如果選擇「兩機關不定期修憲」，這次的憲政危機就可避免。

總之，憲法的修正必須符合憲政主義，制憲越多，不代表我們有深厚的憲政主義傳統，相反的，卻正凸顯了憲政主義的危機。

兩機構不定期修憲論

八十年五月五日

第一階段修憲已經告終，總統也已正式宣布結束動員戡亂時期，現在朝野各界都在爲第二屆國大的選舉摩拳擦掌，民進黨則在積極準備之餘，保留「罷選」的可能性。無論選舉結果如何，第二階段的修憲肯定是爭戰不斷，困難重重，甚至可能因朝野之間爭執不下，最後誰也無法在修憲案上勝利，結果是白忙一場。

但是，換另一個角度來看，如果憲改方案不是由國民黨中央或總統府主導，而是以民意機構本身爲主體，依照憲法所賦與的職權，慢慢的，不斷的進行必要的修憲，就像美國在過去兩百年間，平均每六、七年才通過一條修憲案一樣，視民意的動向和民主選舉的結果，決定修憲的進度和幅度。這是否會比現在動輒進行的「朝野對決」、「黨內鬥爭」，冀望「畢憲改之功於一役」的急切心態，更爲適切呢？事實上，對民主有眞正信仰的人都知道，每一代的民意都有屬於自己這一代的獨特選擇。任何一代的人想要爲下一代的民意決定一部「適合當前時空的憲法」，到頭來，都還是過時的。基於此，如果堅持必須「制憲」，則每隔若干年可能就要有一部新的憲法出籠了。結果一部部過時的憲法陳列著，可能只有證明我們的確是欠缺自由民主與憲政主義的傳統。基於此，我們認爲，應以「不定期修憲」做爲今後修憲的原則，只要民意認爲必要，就進行修正。而爲了加強民意的監督功能，最好是由立法院先提修憲案，再交由國大複決。這種「兩機構不定期修憲」的原則，才是眞正最符合民主理念，不由任何非代議機構主導，而且受到雙重民意監督的可循模式。

堅持修憲立場，否定毀憲主張

——對朝野兩黨憲政主張的看法

八十年七月二十九日

據報導，執政黨高層人士表示，對於第二階段的修憲工作，執政黨所堅持的底線，是「修憲」而不「制憲」，並堅持「五權憲法」體制。換言之，憲法的基本架構及「憲章」部分將不做更動。至於國民大會的存廢，則尚無定論，因爲由全體國民行使政權，藉以使國民大會無形化，本身並不牴觸現行憲法的精神。但是國民大會的定位及存廢問題，將視總統到底是否直選，再做一決定。

相對於國民黨的高層決策，民進黨的「制憲會議」及「中央政府與國會工作小組」日前也做出初步決定，主張下列三項原則：

㈠總統直接民選。

㈡人民直選產生的總統具有基本職權，並非完全的「虛位元首」。

㈢中央政府體制將採傾向內閣制精神的雙重行政首長制，但內閣閣員必須由國會議員產生。

雖然民進黨仍然以「制憲」而非「修憲」爲訴求，但上述的三項主張，已與過去該黨所提出的「民主大憲章」中的「強權總統制」不同。而且，雖然該黨目前仍強調「雙重行政首長制」，但又以「傾向內閣制精神」爲其前提，事實上已與當前的憲政體制若合符節。因此，儘管該黨的主張仍與國民黨的修憲原則存在相當差距，但已非「南轅北轍」，而且也與目前法政學界的主張日益接近。這可說是一項值得鼓勵與重視的發展趨向。

不過，有鑑於憲政主張本身牽涉到複雜的學理及歷史背景，我們願意以列舉的方式，將有關當前中華民國憲政體制的各項爭議，做一澄清，進一步再提出我們具體的主張。

首先，是有關「內閣制」、「總統制」及「五權憲法制」之間的爭議問題。許多人以爲上述這三種制度是完全互斥的。但是誠如「中華民國憲法」的起草人張君勱先生所指出的(見張著《中華民國民主憲法十講》)，中華民國的憲政體制乃是一種「修正式的內閣制」，與「五五憲草」相較，此一「修正式的內閣制」有下列幾項特色：

㈠維持五院體制，但國民大會(政權機構)的權利大幅度縮小。僅包括選舉、罷免總統、副總統以及部分的修憲權。至於創制、複決二權則因全國未及過半數縣市實施自治，而予凍結。

㈡總統職權大幅度縮小。雖然總統不一定是「虛位元首」，但權力不大，終係事實。

㈢行政院對立法院負責，形同責任內閣。事實上，目前國人多以「內閣」稱之，亦體現了內閣制的實質特性。

㈣立法院變成主要的國會。相形之下，監察院及國民大會雖然亦被視爲「國會」，但職權及重要性卻遠不同立法院。

換言之，此一「修正式的內閣制」實係一種「五權式的內閣制」或「中國式的內閣制」。亦卽結合了五權憲法與內閣制兩者的精神，並配合中國政治環境的實際需要。從此點我們卽可證明，當前的憲政體制並非「總統制」，也不是「純粹的英國式內閣制」，而是「五權憲法下的中國式內閣制」。

澄清了上述的疑點後，我們卽可明白的指陳，當前的憲政體制，如果摒除了業已廢止的「動員戡亂時期臨時條款」的內涵，絕不是一般所指以法國第五共和爲代表的「雙重行政首長制」，而係以行政院長（閣揆）爲核心的「單一行政首長制」。在此一體制之下，總統係「國家元首」而非「行政首長」，他雖非「虛位元首」，但卻不必爲實際政務而負行政責任。換言之，總統是國家最高的權威象徵，但卻不必負擔政治責任，亦不必向立法院等國會負責。這與美國式的總統制，總統同時身兼「國家元首」與「行政首長」二職的情況，乃是完全不同的。

那麼，在這種「單一行政首長制」與「修正式的內閣制」之下，總統究竟應該是人民直選，還是經由間接選舉（由議會選出）呢？我們的看法是，如果是按照內閣制國家的通例，包括德國、義大利和西歐各國的制度，應係採間接選舉。但是有通例卽有特例，在實施內閣制或修正式內閣制的國家中，也有奧地利、葡萄牙、冰島、愛爾蘭等少數國家，係採直選總統，但總統卻不因爲係直選產生，卽享有大權，變爲「行政首長」。另外，我們也必須指出，在另外一些總統握有大權的國家中，也不一定就必然是採取總統直選的方式。例如當前的美國和芬蘭兩國，和一九五八至一九六二年的法國，均係採取間接選舉產生總統（由選舉人團選出）的方式。基於此，直選總統或間接選舉總統，與總統權力的大小，並無必然的關係。換言之，如果今後中華民國總統卽令以直選產生，卻不一定會影響到總統權限的大小。

若是採取總統直選，是否會影響到國民大會的權限呢？我們的答案是肯定的。但是我們也必須指出，這仍然是符合憲政精神的。因爲憲法起草人張君勱先生最初的憲草中，卽是主張「國民大會無形化」，亦卽「全國國民行使選舉、罷免、創制、複決四權，謂之國民大會」。雖然後來因爲政治協商的理由，而改爲仍然使國民大會有形化，但從國民大會目前極有限的職掌這一特性看來，「國民大會無形化」並不是絕不允許的。只是，我們要問的是：如果憲政改革的方向是維持五權體制，並維持以內閣制爲主導的政治體制，那麼實施總統直選，或主張廢除國民大會，便使人不禁發出疑問，這樣的主張，終究是爲什麼呢？是爲了滿足「人民直選」的訴求呢？是爲了擴張總統的職權呢？還是爲了逞一時之快，以推翻憲政體制、顚覆民主政治爲樂事呢？

我們之所以提出上述的質疑，是因爲從朝野兩黨現階段的憲政主張中，我們實在看不出任何與當前憲政體制有著根本不同的制度設計內涵。例如，在民進黨的決定中，指出總統以後將不是「完全的虛位元首」，這點實係當前憲政體制的既成事實，而提出此一主張只不過是肯定現實罷了。至於「閣員必須由國會議員產生」，也只需要修改憲法第七十五條，改爲立法委員「得」兼任官吏即可，這也可以透過局部修憲而完成。另外，關於「傾向內閣制精神」的主張，也與前述「修正式內閣制」的憲政精神相符。因此，若要透過「制憲」來達成上述主張，實係多此一舉。

至於國民黨方面，既然「動員戡亂時期臨時條款」已經廢除，回歸憲政的任務也已大體完成，就不必再承擔過去「違憲」或「爲總統謀違憲之權」的惡名了。因此第二階段修憲只需對絕對必要修正的條款做一調整即可。如果國民黨不此之圖，反而想從「廢除國大」、「總統直選」等處動手，大事更張，結果勢必造成廢除國民大會，形成總統與行政院長間的職權衝突，並釀成五權體制的崩潰危機。這種作法，不僅會造成目前還在任的國大代表和年底的國大侯選人的集體反彈，而且還可能造成立法委員、內閣制的支持者和五權體制的擁護者的聯手抗衡。而主張毀憲的制憲派人士屆時可能還會提出更激進的要求：「大幅度修憲還不如一切毀掉，重新再造！」這樣的作法所引起的後果，恐怕就眞是治絲益棼，自毀長城了！

基於此，我們認爲，既然目前朝野兩黨的憲政主張日趨接近，就不要再往「雙重行政首長制」的歧路上走了。我們必須了解，所謂制衡乃是行政、司法、立法不同系統間的制衡，卻絕不是在行政系統內以雙頭馬車作自我抗衡，甚至是在行政系統內部出現兩黨分控的局面，造成嚴重的憲政危機。法國在一九八六到一九八八年間的「左右共治」（左派的總統和右派的總理），造成行政體系雙頭馬車，窒礙難行，即可爲之殷鑑！如果我們不希望日後出現國民黨籍總統和民進黨籍行政院長（或對調），而且兩者各擁實權，均係行政首長的分庭抗衡局面，那麼否定「雙重行政首長制」的虛妄安排，實係現階段的修憲工作參與者，不能不有的政治智慧！

最後，我們誠懇的希望所有中華民國臺灣地區的從政人士，均能以民主憲政的護法者自任，卻不要以毀憲毀法者自豪！中華民國憲政體制乃是四十多年前全中國最傑出的憲法學者和政治家的智慧心血結晶，有一般理論的根據，也兼顧現實的特殊性，毀滅它便無異毀滅憲政體制了。

修正式內閣制與總統民選問題

——並論總統民選的各種方案

八十年八月十二日

據近日報導，執政黨中央正考慮以「修正式內閣制」爲未來修憲方向。其中修憲的主要內涵包括：

第一，立法委員得兼任閣員，藉以提昇閣員的民意基礎。

第二，將立法院的倒閣權自三分之二的多數降低爲二分之一的簡單多數即可。

第三，賦與行政院長提請總統解散立法院之權，以維持較平衡的制衡關係。

我們認爲，上述的修憲方向是值得肯定的，這不但將使目前的憲政體制更趨向內閣制，而且也可使行政權與立法權之間的關係，更趨於平衡，使目前立法權過度擴張的現象，得以遏阻，也使制衡體制日趨健全。另外，在具體的修憲工作上，上述的修憲幅度並不大，而且也與目前民進黨最近提出的內閣制原則相接近，因此求取共識並不困難，這均可加速憲改工作的進行。

但是，在走向「修正式內閣制」的同時，目前總統民選問題卻存在著諸多問題，也牽連到修憲的幅度與政治體制的基本內涵。當前有關總統民選的問題，有下列數種不同主張：

㈠採取人民直選，類似拉丁美洲各國目前的方式。

㈡採取間接選舉，類似美國的總統選舉人團制度。

㈢採取比例代表的間接選舉制，由各政黨依得票率分配議席，再由選舉人團間接選舉，類似目前芬蘭的制度。

㈣採取大選舉人團制，成員包括中央及地方各級議會的議員及民意代表，由其間接選舉總統，類似一九五八至一九六二年法國第五共和的制度。但目前國內的支持者頗爲有限。

㈤維持目前的制度，由國民大會代表選舉總統。

在上列的五種制度或方案中，民進黨有意選擇第一種拉丁美洲式的直選制。而國民黨則在第五種現制及第二種美國制及第三種芬蘭制之間徘徊，尚未定案。我們願就上述這四種制度的利弊得失做進一步的分析，進而提出我們的主張。

第一，拉丁美洲的直選制。直選總統似乎是最直截了當的方式，但卻可能發生下列幾項嚴重問題：

㈠可能會出現少於百分之五十選票的總統。如果規定總統當選人只要得到相對多數卽可，則總統的民意基礎薄弱，勢必會影響到總統權威的行使。以南美的智利爲例，一九七〇年人民團結陣線（左派）候選人阿連德僅以三成餘的相對多數當選總統，當選後卻因民意支持不足而使其權威大受影響，最後甚至因軍人政變而倒臺被弒。

㈡若爲了增強總統的民意基礎，在無任何一位候選人獲過半數票支持時，倣效目前法國第五共和制度，規定由最高票的前二位候選人再做另一次競逐，以決定獲勝者。但是這種選舉方式卻無異將使總統選舉時限拖長，選戰也將益發激烈，對社會實有不良影響。

㈢在目前臺灣選舉氣候下，選舉失利者往往會指責選舉不公，甚至聚眾遊行，造成嚴重的社會不安與政治紛擾。如果現在驟行總統直選，落選者勢必會如法炮製，要求重辦選務，甚至造成社會的動盪不安。

㈣目前的憲政體制偏向內閣制，如果採總統直選，而且當選人是以相當多的勝面當選的話，他的支持者勢必要求再度修憲，增強總統職權，此定將影響到「修正式內閣制」的基本精神，同時也會造成「因人修憲」的局面，使憲政主義的精神及憲法安定性的特質受到雙重扭曲。如果這種「因人修憲」的情況一再發生，則憲政民主的精神亦將蕩然無存。

基於以上的理由，總統直選表面看來雖然對反對黨最爲有利，但對民主體制及憲政發展卻最爲有害，而且可能帶來嚴重的政治危機，因此也是最不足取的。

第二，美國式的間接選舉制。美國式的總統選舉，雖然在外表看來，與直選制幾無不同，但實際上卻在一百餘年前，發生過選民總選票居少數，選舉人卻居多數而當選總統的例子。此一制度以目前環境而言，實不合理，但因美國憲政體制頗重安定性，修憲程序頗爲嚴格，因此至今仍未廢除，再加上此一制度對各大州頗為有利，各大州可運用「勝者全拿」（即勝者囊括全州所有選舉人票）方式，大幅度的增強其影響力，此遠比總統直選對其更為有利，因此目前此制尚無廢止的跡象。而我國若採此一制度，將使國民大會完全虛位化，也與憲法規定之四權行使（除選舉總統、副總統之權外，還有罷免、創制、複決等權）的規定不符。再加上公平性不足，因此並不值得倣效。

第三，芬蘭式的比例代表制。目前芬蘭總統選舉亦採間接選舉，由人民選舉出選舉人團，再由選舉人團選總統。但由於選舉人團係依照各政黨得票率分配席次，亦即完全按比例代表制由各政黨依得票率派遣選舉人，因此不致發生上述美國的選民選票率與選舉人團票數差距頗大的情況。換言之，此一制度是最接近選民實際選票比例的一種間接選舉制。同時又由於它係採間接選舉，當候選人中無任何一人過半數當選時，可舉辦第二輪選舉，以增強總統的民意基礎，又可避免直選制所可能引發的動亂不安。因此，可以說是一種較佳的設計。

根據以上三種制度的比較，我們認為芬蘭式比例代表制的間接選舉方式，實係較佳的選擇。但是由於芬蘭的制度是採取完全的比例代表制，亦即完全只投票給政黨而非個人，而根據我國選民「分離投票」的傾向，多係投票選人時投給執政黨的候選人，而在投票選政黨時卻多願支持反對黨，因此此一制度恐怕是對反對黨有利，對國民黨較不利。但是我們認為，為了強化政黨政治的穩定發展，執政黨實應抱持「犧牲己利，成全大我」的胸襟，接納這種比例代表制的選舉方式。而反對黨(尤其是民進黨)也應放棄可能帶來動亂危機,但卻對該黨較有利的直選制,而選擇此種安定性較高、公平性亦最高的選舉制度。

在上述的分析之後,我們願意就芬蘭式比例代表制與我國的國民大會現行體制做一結合,並提出下列的具體方案:

㈠國大代表每六年選舉一次,任期與總統任期相符。

㈡國大代表選舉採完全比例代表制,即選民直接投票給政黨,由各政黨依該黨得票率分配議席,由各政黨自行安排國大代表人選。換言之,若國大總席次為四百席,甲黨得票率為百分之五十一,則該黨分得二百〇四席。乙黨得票率為百分之三十,則可分得一百二十席。

㈢各政黨僅得推出一組總統、副總統候選人,並明列於選票之上。若甲黨得票百分之五十一,則該黨之候選人即當選總統、副總統。

㈣若無任何一政黨候選人獲得過半數支持時,由新當選之全體國大代表(而非選民)舉行第二輪選舉,選舉時只有最高票前二名的政黨候選人得參選。換言之,得票第三名以後的各政黨將會進行不同的聯合,決定到底支持排第一名或第二名的政黨。此次選舉的結果,將會造成各政黨之間的不同聯盟關係。

㈤國大代表因係由各政黨所派遣,若在任期中退出該黨,則應由該黨派遣新代表繼任。

㈥除選舉總統職權外,有關國大其他罷免、創制、複決各權的行使,依現行憲法規定,不做調整。

(七)在此一制度中，無黨籍候選人必須加入政黨，否則無法在政黨比例代表制選舉中，獲得議席。

我們謹提出上述的方案，供朝野各界參考。

憲法不可成為政黨鬪爭的工具

八十年八月二十六日

憲法是一國之基本法，乃是國家命運之所繫，人民福祉之保障，全民意志之共識；絕不能、也不可以成爲政黨鬪爭的工具。基於這樣的認識，我們要對民進黨所舉辦的「人民制憲會議」及其所提出的「臺灣憲法草案」表示一些意見。

必須首先指出的，這是民進黨舉辦的「制憲會議」，而不能稱爲「人民制憲會議」。民進黨代表的民意，根據該黨對年底大選的情勢預估，大約可以掌握四分之一的選票。即令如此，亦表示有四分之三的絕大多數人民並不支持民進黨，而今民進黨搞「制憲」，卻以「人民」爲名，並不妥當；有違社會多元價値的原則，也易引起不同黨派與意見的對立。世界各國除了共黨專政政權僭借「人民」之名外，並無任何一個民主政黨如此做的。民進黨提出的「臺灣憲法」政黨章旣然明確規定，政黨不可爲「革命政黨」，然則，民進黨何以如此表現革命政黨的作法？這樣的「憲法」名不正言不順，如何能使「人民」信服！

第二，所有的憲法及制憲或修憲主張，都必須通過民主程序的考驗。因此，除非此次提出的制憲主張經年底大選的過半數選民支持，否則將只是一種「毀憲主張」，而不是眞正的「制憲藍圖」。同樣的，如果國民黨現階段的「修憲方案」未能獲得過半數民意的支持，也只是一種「修憲假說」。因之，修憲或制憲主張的實踐必須以掌握多數民意支持爲前提，否則就不是眞正民主的。換言之，反對派主張只是一種「聲音」，必須經過更多聲音的考驗。

第三，由民進黨自去年國是會議時提出的「民主大憲章」到最近提出的各項制憲主張看來，民進黨人的立場先後矛盾。從「雙重行政首長制」到「以內閣制爲中心的雙重首長制」，再變爲「總統制」，只不過經歷了一年左右的時間，無一定的憲改立場可言。這種作法，充分顯示，民進黨的制憲行動，並不以西方民主國家所奉行的「憲政主義」爲前提，亦卽建立一套穩定的憲政共識，藉以保障民權，規範政府結構，奠立國民共識。相反的，民進黨一變再變的憲改主張，充分凸顯該黨係以制憲做爲權力爭奪的工具。

第四，由於民進黨制憲立場的一變再變，而憲政體制可選擇的版本又很有限，因此民進黨的憲改立場，顯示基本上在毀棄「中華民國憲法」、更改國號這兩項原則，因爲其他各項與國民黨的憲改主張，事實上有許多雷同之處。在國民黨人的修憲主張中，卽有不少人支持「總統制」或「雙重首長制」。因此，除非民進黨立意要毀棄「中華民國憲法」，更改國號，它的其他主張並無反對黨的特殊立場。這又如何表現民進黨在國民黨之外找尋到什麼憲改空間？

第五，民進黨提出廢除國大、監察院，調整大法官會議、考試院名稱等作法，本係許多國民黨人的主張。但國民黨不願大幅度調整五權架構的主因，是深恐修憲幅度過大，造成憲改工作費時太久。現在民進黨提出廢除五權架構的主張，不過是提出一分較徹底的改革書，新意並不高，但卻仍然無法解決前述縮減修憲時間、削減修憲幅度的前提。

第六，與現行憲法相比，此次民進黨提出的憲草無論在憲政格局、制度安排、現實可行性，以及文字運用能力等方面，均遠不如四十餘年前完成的「中華民國憲法」。除了更改中華民國國號這一點上凸顯了民進黨制憲的取向外，實無足以觀。

由以上幾點看來，我們認爲此次的制憲工作雖然名稱看起來堂而皇之，政治意圖也極爲明顯，但它成爲眞正憲改藍本的可能性卻不高，成爲眞正的「民主憲法」的機會更是微乎其微。因此，我們只能將其視爲眾多的「毀憲藍本」中的一個新出爐的版本，卻與眞正的憲政主義或立憲主義無涉。

不過，把憲法當作政黨鬥爭的工具，卻是危險的作法。譬如在會議中，有某位民進黨領導人竟是公然指稱，總統制只是現階段反對運動制勝的策略，必要時還可再改，便引起與會學者反駁，認爲憲法攸關國家基本立國精神，不可隨意更改。尤其民進黨正式提出「臺灣共和國」的稱號及主張，否定中華民國的存在，而且不惜再度激起統獨之爭及對岸大陸政權的緊張，並爲年底國代選舉，提供了新的敏感議題，實在令人爲之憂心忡忡。

此外，民進黨提出的「臺灣憲法草案」，也還有許多可批評之處，舉如：

一、受直接民主理念的影響，在憲草中凸顯列出「公民複決」等章，對各項法案進行複決，卽甚且引起民進黨籍地方首長及政治人物的質疑，認爲常態實行，將造成執行困難。

二、雖然與會學者多主張總統制，但仍不少與會者質疑此種制度的安定性，認爲此制將導使民進黨與國民黨陷入「零和遊戲」的困境，甚至引發社會動盪不安。

總之，民進黨舉行這次「人民制憲會議」原是針對年底大選及修憲工作而來，民意將會作嚴正的裁判，絕大多數選民將不會接受否定中華民國國號、毀棄中華民國憲法的主張的！

行憲紀念日談修憲內涵與修憲體制

八十年十二月二十五日

今天是行憲紀念日，這一紀念日凸顯出中國人民追求民主憲政現代化的共同意志。此一紀念日今年緊接著二屆國代選舉結束的到來，尤具落實憲政，推展憲政改革的積極意義。二屆國代是修憲國代，明年初召開二屆國民代表大會後，修憲工作便將具體展開。我們迎接憲政新時代的來臨，願就修憲內涵與修憲體制，提出一些看法。

對於中華民國憲法的修訂，目前朝野之間有各種不同的看法。有的人主張大幅度修憲，也有人主張僅做局部修正，除非絕對必要否則不應修訂。至於修憲的體例，也因上述不同的看法而有相異的主張，其中大略可以分爲三種類型：

第一，美國式修憲。亦卽憲法本文全文不動，以修憲案方式逐條列於憲法本文之後。而且依「後法優於前法」之原則，卽使修正案的各條文之間發生矛盾衝突，亦無妨礙。只要民意允許，通過修憲程序，就可以藉新的修憲案推翻舊的憲法或舊的修憲案的規定。而採取此一體例的最大優點，是尊重憲法傳統，肯定憲政主義，並且頗富彈性，可以任由不同階段的民意決定憲法的適用及修定內涵。

第二，法國式修憲。某一條文若需更改，則直接將此一條文內容變更，並註明修憲時間。例如原「第五共和憲法」規定，總統係由選舉人團間接選舉產生，後經修正爲由人民直選產生，此一規定，卽係通過直接修正原條文的體例而呈現。此一方式的優點是變更的內容明白而清晰，但卻可能發生時空變化而多次修正某一個別條文的情況。另外，如果是準備註銷某一條文，使其失效，則將會發生某一條文空白（如缺第三十條），條文號數無法銜接的困境。因此其彈性及完整性並不如前述的美國式修憲案。

第三，更動全文的大幅度修憲。亦卽使憲法以全新的面貌呈現，旣修訂條文，也變更條文的號數及次序。在這種修憲方式下，目前的中華民國憲法可能會增至一百九十條或二百條，也可能會減爲一百五十條或一百條。憲法的整體面貌將大幅更易，對憲法的研究也可能將出現新的分水嶺。這種修憲方式，雖然比較乾脆、徹底，但卻不符合目前某些要求制憲者的想法，因爲他們所要求的是更爲激進與徹底的制訂新憲，亦卽要求變更國號及憲法名稱的「憲政革命」。因此，他們並不願接受這種立基於舊憲法之上的修憲，換言之，支持此一修憲方式的人數並不多，亦難獲激進反對派支持，所幸在這次選舉後，「制憲」的主張事實上已遭大多數選民否定。

在討論了上述的修憲體例之後，我們若進一步分析修憲的具體內涵，則無疑的將發現更多的歧異。有的修憲主張認爲，一次就必須更動憲法條文四、五十條，甚至多達一百條，也有人甚至進而公開放言，除了憲法前言及總綱外，一切均需修訂。但是如果我們體察憲政主義的基本精神，當可了解，所謂「民主憲政主義」，並非全盤推翻舊的憲政秩序，或再造新國家、新政權，更非依照某些政治人物或學者的理念，製造一部部的新憲法。這種想法和企圖，恰恰好是違背憲政主義精神的。憲政主義所眞正強調的，是尊重憲法，並依照憲法而樹立法治秩序及政府權威。基於此，憲政主義強調的是，必須全力維護憲政權威及憲法傳統，絕不輕言修憲，並且將修憲程序釐訂得十分愼重。由此可知，一個民主憲政國家絕不是一個經常修憲或制憲的國家。相反的，經常修憲或制憲的國家，如中共及其他共黨國家，卻與憲政主義十分悖離。

在這樣的前提下，我們並不認爲一部原先適用於全中國的中華民國憲法，就不能適用於當今的臺澎金馬地區。否則的話，在原先北美洲東部十三州基礎上訂定的美國憲法，恐怕也就無法僅通過局部的修憲程序，而適用於二百年後，人口眾多、幅員廣大的美國了。基於此，我們認爲通過局部修憲，並且在不同的修憲擬議間尋求共識，才係修憲的最後準則。

在不同的修憲擬議間尋求共識，可以由在不同的修憲方案間形成交集的方式，予以表達。目前在各種不同的修憲擬議之間，至少有下列的基本共識及交集存在著，我們可稱其爲「最小幅度的修憲共識」，其具體內容如下：

(一)修訂憲法第二十六條有關國民大會代表之產生方式，以因應當前臺澎金馬地區的處境。

(二)修訂憲法第六十四條有關立法委員之產生方式。

㈢修訂憲法第九十一條有關監察委員之產生方式。

當然，如果僅修正上述三條，許多人恐怕都不會滿意。但是，其他的修憲擬議，可能就不一定是大家都願意接受的「全民共識」了。這些修憲擬議中，爭議較少（但不是沒有）的，包括下列各項內涵：

㈠修訂憲法第二十七條，將創制、複決權委由全國人民直接行使，而不再由國大代表代為行使。

㈡修訂憲法第七十五條，規定立法委員得兼任政務官，但不得兼任常任官或文官。

㈢修訂憲法第九十條及第九十四條，將監察院行使之同意權取消，改交由立法院行使，藉以維繫更合理之制衡關係，並降低監委本身的黨派色彩。

㈣修訂憲法第一百六十四條，不具體規定教育、科學、文化、經濟所佔之政府預算比例。

但是，無可諱言，對於上述的修憲內涵，仍有許多人會不表同意。其中諸如立法委員是否得兼政務官、監察院是否應保留同意權等，爭議仍夥。至於其他更激進的主張，如廢除憲法第十三章（基本國策）、直選總統並廢除國民大會（第三章整章）等擬議，就更難成為「全民共識」了。基於此，我們認為最理想的解決方式，是由選民自行決定選擇他們理想的國大代表後通過憲法第一百七十四條規定的修憲程序，由新的國民大會在下屆會議開會後，經由國大代表總額五分之一提議，三分之二出席及出席代表四分之三決議，修改憲法。

藉由此一修憲程序，將可為具體的修憲內涵建立一些共識。但無論此一民主折衝過程如何，我們仍願在此次大選後，就爭議最少的修憲內涵提出一項修憲案，亦即前述的「最小幅度修憲方案」，並以美國式修憲案方式表達之。

這項修憲案的內容是：

「中華民國憲法修正案第一條：修正憲法第二十六條、第六十四條、第九十一條，有關國民大會代表、立法委員、監察委員之產生方式，應另以法律訂定之。」

至於其他較無爭議的修憲擬議，則可以第二條、第三條……的方式繼續增列。但無論如何，民主修憲程序才是這些修憲條文通過與否的最後決定關卡。我們雖然也希望看到較大幅度的修憲，但主張不宜背離憲法本身所規定的修憲程序。

有關監察院的修憲擬議

依據執政黨方面的規劃，第二屆監察委員將改採由總統提名，經國民大會同意後任命的方式產生。而監察委員的資格將大幅度提高，比照大法官或考試委員的資格。同時爲了使監委超出黨派之外，成爲職司風憲的「準司法官」，執政黨今後將裁撤監委黨部，使其獨立行使職權。

對於上述的修憲擬議，我們基本上願表示贊同之意。但是由於監察院的改革牽涉到許多相關的制度安排問題，我們願以分項列舉的方式，將這些問題做通盤之處理，使其改革後之整體面貌得以清晰陳示。

首先，是有關監察院的職權問題，依據現行憲法之規定（第九十條），「監察院爲國家最高監察機關，行使同意、彈劾、糾舉、審計權」。其中「同意權」這一項，實係西方民主國家之議會權限，制憲當時特將此一權限加入（原先的「五五憲章」只賦與監察院彈劾、懲戒、審計權），實有將監察院定位爲西方議會兩院制中的上議院、參議院的意圖。現在爲正本清源，使監察院依五權憲法原意，超越黨派，職司風憲，則取消其中之同意權，將其轉交立法院，方係合理之安排。

依照立法院之性質，無論是根據中山先生的遺教或現行憲法的安排，均係西方意義之「國會」，而國民大會則是「政權機構」，代表人民實施間接民權，亦即中央層次的選舉、罷免、創制、複決四權，及相關的變更國土、修憲等權。但是國會之同意權則係「治權機構」（即五院）之間權力的行使，因此斷無將「治權」轉交「政權機構」的國大代爲行使，破壞「權能區分」，即「政權」與「治權」之區分的道理。基於此，監察院的同意權取消後，實應轉交給立法院（國會）而非國民大會（政權機構）。

在取消了同意權之後，我們認爲監察院職權中應增加一項「檢察權」。在西方三權體制下，爲求檢審分立，檢察權乃列在行政系統之下，但爲求司法公正，特別強調檢察權應擺脫行政干預，尤須免受政黨政治之影響。但是在我國司法風紀仍然有待澄清，法治精神亦未貫徹的現實處境下，我們認爲最合宜的安排，是將檢察權和檢察系統自行政院下移往監察院，受超出黨派之外，職司風憲，又具備準司法職能的監察院督導。或許有人會質疑監察院的功能不彰，金牛當道，但是一旦監察委員的資格大幅度提高，監委黨部撤除後，這些現階段的負面影響應可一併革除。而在檢察系統移往監察院後，也可強化監察院的彈劾權、調查權和懲戒權。同時也可使檢察系統所受到的行政系統壓力，大幅度降低。基於此，我們積極主張應在監察院職權中增列「檢察權」，並將檢察體系自法務部之下移往監察院。

其次，是有關監察委員的任期、資格和員額問題。基本上，我們認爲修憲時應將此三項問題比照司法院、考試院的相關規定（見憲法第七、第八兩章）辦理，只做粗略的規定，並將憲法第九十一條的規定，比照第七十九條（司法院）和八十四條（考試院），明定爲「監察院設監察委員若干人，由總統提名，經立法院同意任命之。」另外則比照第八十八條（考試院），增列「監察委員須超出黨派以外，依據法律獨立行使職權」。至於具體的員額和資格問題，則在監察院組織法中再做明定。

但是對於監委資格之釐訂，我們認爲應特別愼重，並比照大法官和考試委員的資格，以及監察院本身的職掌，明定爲：

一、曾任最高法院推事（卽法官）十年以上而成績卓著者（比照大法官）。

二、曾任大學專任教授十年以上聲譽卓著，有專門著作者（比照考試委員）。

三、高等考試及格二十年以上，曾任簡任職滿十年，並達最高級，成績卓著者（比照考試委員）。

四、曾任會計師、精算師十年以上而聲譽卓著者（新增）。

五、曾任國際法庭法官或有比較法學之權威著作者（比照大法官）。

六、曾任最高檢察署檢察官十年以上而成績卓著者（新增）。

上述的規定，基本上係參考大法官和考試委員的資格，至於新增的第四項係考慮到監察院之下審計權之行使而增列，新增的第六項則係考量擬議新增的「檢察權」而增列。但是除了上述的資格規定外，我們特別剔除了「曾任立委九年以上」（大法官資格之一）和「學識豐富、富有政治經驗聲譽卓著」（考試委員資格之一）等資格，因爲監察院既定位爲「超出黨派之外」，就不應再有立法委員這樣政黨背景的人士參加。另外「學識豐富，富有政治經驗」這樣模糊的資格也不應列入。此外，「曾任監察委員」這一項也不應列入，因爲目前的監委中有許多人完全不具備「職司風憲」的資格，未來的監察院，也不應再特別將這些不適任的舊監委列入考量。

至於監委的員額問題，我們認爲可以在考試委員和大法官的員額上做比照，取其奇數，十七位（大法官）或十九位（考試委員）均可。

在任期問題上，我們則具體建議改爲九年，並得連任，以期比照大法官之有關規定。基於此，憲法第九十三條的規定宜改爲：「監察委員之任期爲九年，得連任。」

最後，是有關監察院長、副院長的產生問題，到底是由委員互選產生，還是由總統提名，立法院同意後任命。目前執政黨的憲改方式傾向於後者，我們並不反對。但我們以爲，採取前一安排亦有其優點，因爲院長、副院長若由監委互選產生，應可增強其獨立性、自主性。但是如果考慮到選舉可能造成的各種後遺症，改爲由總統提名，亦無不可。

國大職權與修憲問題的必要澄清

八十一年一月十三日

中國國民黨二百九十一位國大代表，日昨發表聲明，一致決議共同尊重大法官會議釋字第二八二號有關無給職之解釋，不領取不應獲得之報酬，專心致力修憲。這使得連日來囂擾多時的「有給」、「無給」風波，終告平息，甚爲可慰。

但是在無給職風波告一段落之後，有關國大職權問題，以及相關的修憲內涵，仍牽涉諸多的爭議，值得國人愼思之。我們願以分項的方式細加檢討，供朝野各界參考。

首先，是關於創制、複決權的行使問題。現行憲法是以當全國過半數以上縣市行使此二權限之後，國大方得行使的規定，限制（實質上則爲凍結）了此二權限的運作。過去國大中一直有所謂的「兩權派」，要求提前行使此二權利，目前新科國代中亦有人支持此一主張。但是由於創制、複決權的行使，極易與立法權的行使發生衝突，造成立法院與國民大會之間的職權扞格，甚至有人認爲爲了徹底解決此一問題，唯有從解散或廢除國大著手，否則難保未來的國大代表不再重彈舊調，造成嚴重的憲政爭擾。

我們認爲根本解決此一憲政爭擾，唯有從國父孫中山先生的權能區分學說出發，再衡量中華民國憲法的制訂背景，才能掌握到問題的癥結。

關於權能區分學說及國民大會的基本職能，過去有許多人提出批評，認爲此一學說並無道理，雖係中山先生創見，卻無思想史與制度史上的前例可言。而國民大會的設計，更與蘇聯、中共等共產體制下的「蘇維埃人民代表大會」如出一轍，實不足取。但事實上，上述這些說法完全誤解了權能區分學說的精要。

中山先生的權能區分學說，事實上與英國自由主義大師約翰·彌爾的權能區分學說有相當重要的關係，而他的「國民大會」設計，也與約翰·彌爾的「人民議會」制度若合符節。

彌爾氏受英國自由主義之影響，主張代議民主、有限政府及專家政治。中山先生則兼受早期英國自由主義及十九、二十世紀之交的美國進步主義之雙重影響，主張直接民權、萬能政府及專家政治。但彌爾氏雖主張「有限政府」，卻也在十九世紀的時空背景下，預見工業化及社會變遷的影響，而強調政府角色將與日俱增。而中山先生則在目睹西方議會政治的腐化之餘，特別強調萬能政府及人民直接行使政權，監督政府的重要性。

我們由是不難了解，「國民大會」的制度設計亦與「人民議會」的制度安排，有其實質相通之處，卻與共黨的「蘇維埃」制，不相關涉。但是，就憲政現實面觀察，我們卻必須鄭重提出下列的觀察及設計：

第一，中山先生將國民大會的成員界定爲一縣一代表，乃是考慮民初的現實情況而做的安排。但就直接民權的原始理念而論，國民大會的成員代表性，應該與全體國民的構成成分，完全相符。因此如果現實情況允許（如交通便捷、國民教育程度提高、民生富裕等條件具備），國民大會實應成爲全民直接行使四項政權的代名詞，或者使國大代表成爲完全之委任代表，方才合乎「政權機關」的旨意。基於此，在制憲之初，中華民國憲法起草者張君勱先生即主張「全國人民行使選舉、罷免、創制、複決四權，謂之國民大會」，此實係繼承中山先生原始理念的合理安排。雖然國大無形化的設計最後並未成爲事實，但目前修憲擬議將使國大代表在選舉總統時成爲完全之委任代表，亦即完全反映民意而無其個人主觀意志的設計，亦係一項合理之安排。

第二，在上述的前提下，國大若欲行使創制、複決兩權，仍應係完全秉持民意而行使，亦即在「完全委任制」（而非「法定代表制」）的前提下運作。其制度設計應依據下列三項原則：

㈠全國各縣市人民先直接行使創制、複決兩權。

㈡規定在全國若干人口連署下（如全國選舉人口百分之五，或逾五十萬人），得提出創制、複決案。

㈢在完全的比例代表制之下，全國人民投票選舉國大代表，而國大代表在選前即應公布其對創制、複決案的可否態度，當選後亦必須依選前承諾而行使創制、複決權，在行使過投票權後，其國代職權亦即終止。

第三，行使對總統、副總統之選舉、罷免權亦應比照前項辦理，即係完全之委任代表，選後其職權即應終止。

第四，有關國代之修憲權，由於修憲本身屬專門知識，應依「專家修憲」之原則，組成專門之「修憲委員會」，就修憲問題討論研擬，提出若干不同之修憲方案，供民眾採擇，由民眾選舉國大代表，國大代表在投票前亦應表明其支持何種修憲方案，並依完全比例代表制及法定代表制原則行使職權，選後亦即終止職權。

依據上述的分析及安排，國大代表將不再有所謂的「任期」，而採任務制，某一項任務（如選舉總統或行使創制權）結束後，其職務亦即告終。因此國大代表之職權，亦即與直接民權之行使無異。對於此點，論者或將質疑，既然是直接民權，爲何不直接委諸國民行使，卻要繞一個圈由國大代爲行使呢？我們的理由如下：

㈠由國代行使對總統的選舉權，可規定總統必須獲得國大代表的過半數（即規定必須是「多數總統」）支持，並規定當總統候選人中無任何一人獲得過半數支持時，得由獲票最高的前兩名再行決選決定勝負。此時排名第三名以後的總統候選人所屬的政黨，可逕行決定該黨國大代表應支持前二名候選人中的那一位，亦即將形成「政黨聯盟」，以便產生最後的「多數總統」。但是若係實施總統直接民選，此時選民就必須前後投兩次票，造成兩次的全國性選舉動員，不但費時，而且可能會造成嚴重的社會成本，甚至引發社會動盪。但若採取國大委任選舉方式，則僅牽涉千百位的國大代表，影響範圍有限，過程亦較平和。而「多數總統」產生後，其民意代表性亦較「少數總統」更爲充分。

㈡創制、複決兩權之行使，目前在全球民主國家中，多僅限於某一地方或局部地區，如縣、市、郡、州等，卻很少以全國爲範圍實施者（瑞士及義大利是少有的例外），如果今後我國將實施以全國爲範圍的創制、複決權，次數亦將不會十分頻繁，若係在總統選舉年實施，更可將創制、複決案合併列在總統選舉的同一選票上。因此採取委任代表制及完全比例代表制（卽與民意完全合一），將可一併解決選舉權與創制、複決權的行使問題。

但是我們卻也必須強調，上述四項政權之行使，必須係以委任代表制及完全之比例代表制爲其前提，卻絕不可採取由國代自行決定權利如何行使的法定代表制。因此我們絕不贊成目前部分國代擬議，透過修憲，賦與其自身在「法定代表制」前提下，逕自行使創制、複決二權。因爲如果國代係透過自己之主觀意志，行使創制、複決二權，實已悖離直接民權的理念，更有違中山先生憲政學說之本意，亦與各國實施創制、複決權之本意完全不符，這也是完全違背權能區分之旨意的。

基於以上的討論，我們願就當前各種相關的修憲擬議提出下列的總結性看法：

㈠國民大會係「政權」機構，行使四項政權時必須完全依據民意，因此應採取眞正合乎民意之完全比例代表制及委任代表制，而不可根據國大代表個人意志，行使法定代表職權，造成國大與立法院的職權衝突，更造成「政權」與「治權」間的矛盾。

(二)國大代表既然係政權機構的代表，就不應行使五院（治權機構）之間的制衡權限。基於此，目前擬議廢除的監察院同意權（對考試、司法院的同意權），實應交由立法院行使而不應轉由國大行使。面對監察委員本身的同意權，亦應交由立委行使。否則將使權能區分的理念完全斲傷。

(三)國大代表既然應完全反映民意，就不應對其候選學歷、資格加以限制，藉以完全反映國民之間的各種不同代表性。但立法委員則必須具備專門職能，因此其學、經歷必須大幅度提高，尤其應側重其法律知能，方才合乎「專家立法」之原旨。另外，監察院若準備定位為「準司法」機構，監委資格更應大幅度提高（可比照大法官及考試委員），員額則可減少，並硬性規定應擺脫政黨政治之影響，使五權之間的職權分工，更合乎權能區分之基本理念。

國民大會與權能區分說的釐清

八十一年一月二十日

最近朝野各界正爲國民大會的職權問題爭擾不已，事實上，從權能區分學說的觀點出發，國民大會的角色及職能問題，一直是引人爭議的。從民國二十五年的「五五憲草」至今，國大的角色也一直在「國會」與「民權機構」之間擺盪。有時國大職權被安排得十分龐雜（如「五五憲草」），有時又萎縮到幾近與美國總統「選舉人團」相類。

但是如果我們從思想史與制度史的角度溯源，當可發現，中山先生的權能區分學說，事實上與英國自由主義大師約翰·彌爾的權能區分學說有相當重要的關係，而他的「國民大會」設計，也與約翰·彌爾的「人民議會」制度，若合符節。

簡而言之，約翰·彌爾的權能區分說與孫文學說之間有下列的異同點：

一、彌爾氏將「權」定義爲人民的主權或對政府的最高控制權。中山先生則將其定義爲「政權」或「民權」，亦即人民管理政府或國事之權，兩者十分接近。

二、彌爾氏將「能」定義爲管理與處理眾人之事的能力。中山先生則定義爲「治權」或「政府權」，即政府本身做事之權。兩者性質亦頗類同。

三、彌爾氏將國會定名爲人民議會（Popular house），由於人數眾多，不擔負立法職權，但擁有通過或拒絕法律草案的權利。中山先生則將政權機構定名爲「國民大會」（英譯爲National Assembly），行使選舉、罷免、創制、複決四權。

四、彌爾氏主張立法功能由「立法委員會」承擔，其成員係少數受過高度訓練的政治專才。中山先生則在「人民議會」決定制定某一法律後，始由「立法委員會」接續，擔負起立法任務。中山先生則主張由立法院行使治權中五權（行政、立法、司法、考試、監察）之一的立法權，立法委員需由經過考試及格的專家擔任，其職掌亦係「專家立法」之性質。

五、彌爾氏受英國自由主義之影響，主張代議民主、有限政府及專家政治。中山先生則兼受早期英國自由主義及十九、二十世紀之交的美國進步主義之雙重影響，主張直接民權、萬能政府及專家政治。但彌爾氏雖主張「有限政府」，卻也在十九世紀的時空背景下，預見工業化及社會變遷的影響，而強調政府角色將與日俱增。中山先生則在目睹西方議會政治的腐化之餘，特別強調萬能政府及人民直接行使政權、監督政府的重要性。可是國民大會本身卻是由國民代表代行直接民權，因此本身仍是行使「間接民權」的機構。

基於以上的分析，我們不難了解，中山思想可能受到彌爾氏的學說很大的影響，「國民大會」的制度設計亦與「人民議會」的制度安排，有其實質相通之處，但卻與共黨的「蘇維埃」制，不相關涉（國民大會此一名詞是在民國五年提出，當時蘇聯共黨十月革命尚未爆發）。但另一方面，我們卻也從萬能政府、五權分立、直接民權等方面，看到了孫文學說的獨特性。

第一項重要特性，是國民大會本身的雙元特質。一方面國民大會是人民行使「政權」，尤其是進行「總投票」的代稱。另一方面則是由各縣代表（一縣一代表）組成「國民大會」，代行有關中央政府的四項政權。有些學者基於此兩者的分野，特別強調前者才是「國民大會」的眞正意旨，後者則應特稱之爲「國民代表大會」。在此一界定下，目前的國民大會應改稱之爲「國民代表大會」，而由人民直接行使四權方才合乎國民大會的眞諦。但學界對此仍有不少爭議。

第二項重要特性，是前述第二意義下的國民大會（卽「國民代表大會」）乃係「間接民權」而非「直接民權」的機構，過去有許多評論者認爲，中山先生將創制、複決兩項直接民權交由國民大會行使，實是誤解了這兩項權利的「直接民主」內涵。但事實上，中山先生對此早有淸楚的認識。他在「中華民國建設之基礎」一文中，卽明白指出：「政治之權在於人民，或直接以行使之，或間接以行使之。……分縣自治，行直接民權，……國民大會由國民代表組織之，……爲間接民權。」由此可知，目前的國民大會雖係「政權」機構，但實際上行使的仍係「間接民權」。因此，今後國民大會在修憲過程中，若要定位爲「行使直接民權的政權機構」，則只有從完全比例代表制及委任代表制兩條途徑著手。

第三項重要特性，是國民大會本係政權的行使機構，而非眞正的「國會」。眞正的「國會」，實係立法院。雖然司法院大法官會議以釋字七十六號解釋，將立法院、監察院及國民大會共同認定爲「國會」，但這是基於現實考慮及現行憲法的制度安排所做的解釋，卻與中山先生的原意不符。此外，在一九二一年「五權憲法」演講中，他也明確的指出「立法機關就是國會」、「五權憲法的立法人員就是國會議員」，這均說明只有立法院才具備國會的屬性及職能。

根據以上的歸納與分析，我們可以針對當前的修憲議題，得出幾項與權能區分學說相關的修正意見：

第一，依據中山先生的原初設計（雖然他在不同時段有時會有不同的意見，尤其在「建國大綱」中更有迥然不同的安排），國民大會應定位爲「政權機構」，而非「國會」。其職權與立法院的「國會」職權，頗有不同，兩者不應重疊或發生衝突。因此創制、複決權的行使，必須極爲慎重。

第二，國民大會行使創制、複決等權，必須以各縣市已完全自治爲前提，亦卽唯有當各地已實施創制、複決權後，國大才能實施此二權。事實上，在當今先進民主國家，大多數均曾在地方（如縣、市、州、郡）實施區域性的創制、複決權。但在中央層次實施此兩權者，僅義大利、瑞士等少數國家而已。因此，在當前中華民國地方自治權限尚難稱完備之際，吾人實應先從擴張地方自治職能及改善四權之行使方向著手，等到實際成果具現之後，才考慮應否在國大著手實施此二項權限。而此一程序的先後問題，也不容錯置。

第三，無論約翰·彌爾或孫中山，均強調立法人員的專家性質，中山先生更明白指出欲擔任代議士者必須先通過考試，方能參與選舉。以臺灣實施民主選舉的經驗而論，高學歷者雖然不少，但通過「異常」途徑而獲得高學歷資格者亦不罕見，而各學校之間的素質往往又參差不齊，水準實頗不一致。因此，與其以形式檢覈方式審定候選人的資格，還不如返本溯源，以通過合理（請注意這兩個字）設計的考試鑑定制度，鑑別其適任資格，或將更為合適，此亦有助於代議政治素質之整體提昇。

第四，依五權憲法之原初設計，司法、考試、監察三院人員的任命，實應以立法院的同意為其前提。

第五，國大的職能，實應依中山先生之本意，儘量使其清晰，並與超然於政府（五院）之上的總統相對應，扮演「統而不治」的角色，成為超越政府層次及治權運作之政權代表。同時，為了使直接民權之理想充分實現，在幅員及人口範圍均不大的臺灣，更應儘量將四項政權委由人民直接行使，非不得已，不必再由國大此一間接民權機構代為運用。因此，簡化國大職權，使其成為充分之委任代表；或採取完全之比例代表制，使其成為各政黨全權指揮之代表，並秉持所屬政黨之意旨而行使權限，這均係值得考量的制度性安排，也才是維持五權憲法精神的一項應有的修憲作為。

三、民粹政治與民主危機

民主政治發展的危機與轉機

七十九年二月二十六日

在議會政治日趨暴力激進之際，最近的一段日子裏，我們看到社會中出現了幾種針鋒相對的意見，對於臺灣民主政治的前景有極其相異的看法。我們願就這些看法分別加以探討，並且特別針對民意的動向，提出警惕性的意見。

對於議會政治及羣眾運動日漸暴力化的趨勢，有些人雖然表達了憂心的看法，但卻又傾向於指責動盪的根源在於當前憲政與國會體制的不合理性。並且強調，如果不是體制本身的「暴力本質」存在的話，羣眾的暴力應該是不會存在的，亦卽「暴力無罪，罪在體制」。因此，與其指責反對黨的暴力傾向，以及激進的羣眾運動的非理性，還不如更深一層的反省「動亂的禍源」——國會結構及憲政體制的不合理。換言之，除非體制本身的缺失能及早解決，否則街頭的暴民活動及議會中的暴力行徑是不可能消弭的。而且這種暴力本身也是必須被容忍的。

上述的看法事實上已違反了自由主義及民主政治的基本原則。自由主義的基本立場認爲，任何的政治改革與社會演進，都必須以人的自由與尊嚴爲至高前提，絕不可輕易的以道德與集體目的爲名，輕言犧牲人的生命與自由。因此，卽使爲了一個道德或正義的目的，只要行事的手段違反了尊重他人的自由與尊嚴，造成無謂的犧牲，並以戕害社會的福祉爲代價，這樣的手段就不可能被一個眞正的自由主義者所容忍。這樣的手段也就不會因爲其目的本身的神聖性而變爲合理，相反的，它本身就變成是不道德的了。

除了違反自由主義的原則外，這種說法事實上也違反了民主政治的基本原則。持這種說法的人似乎認爲，只有他們找到了問題的根源，卽體制本身的不合理性，除非國會全面改選，否則問題不可能解決。但是，持這種看法者事實上是誇大了自己而忽視了更廣泛的民意。因爲，全面進行國會改選早已是目前民意的主流趨勢，很少有人會昧於某些宣傳手法而忽視問題的本質所在。但是，眞正的關鍵在於，絕大多數的民意並不認爲唯有以暴力才能解決當前體制的困境。而且，他們不久前才在大選中以溫和的投票手段，大幅度增加反對黨的運作空間，希望能透過議會中的民主運作，增強制衡力量，藉以加快民主改革步伐。

但是，選民們並不願意見到民主殿堂的議會本身變成武道場，也不願意立法院本身因爲暴力橫行而無法運作，不但不能解決體制中的困局，反而進一步造成行政系統因議會效率遲滯，無法推動政務。大多數的民意更不認爲，應該容許無法無天的街頭暴力，或者應縱容暴民傷人毀車，以社會的基本安寧爲其代價。事實上，民主政治的演進不可能是一步登天的。民主也絕不是「全有」或「全無」。卽使是高度民主的美國，今天仍然存在著嚴重的法律與人權上的不公正現象，但是，大多數的美國人並不因爲美國並不擁有「百分之百的民主」，就縱容主張「百分之百民主論者」施展暴力，追求他們所認爲的「神聖目的」。同樣的，我們也不因爲我們的民主離「百分之百民主」還很遠，就縱容這樣的暴力行徑。

基於此，對於上述有關人士探究「問題本質」的說法，我們認爲是站不住腳，也違反民主立場及自由主義原則的。

相對於上述的說法，另一種相反的意見則認爲「民主是無望的」。這種看法認爲，當我們的民主發展日益進步之際，暴力行徑反而層出不窮，社會治安日益惡化，投資環境也日漸艱困，逼使移民者日眾，這足以證明，中國人是不具備民主人格，也不適宜發展民主的。因爲，民主的發展不但未帶來社會安定與進步，相反的，卻只能帶來人心不安、社會失序和治安惡化。換言之，我們只看到了暴民政治，卻得不到祥和的實質民主與法治秩序。因此，這種看法悲觀的人以爲，民主在臺灣是前途黯淡的，即使有朝一日反對黨獲勝執政，情況可能比當前還要更壞。

針對上述的看法，我們不願也無法就其中屬於預測性的部分加以分析，但我們認爲「中國人不適合施行民主」這樣的講法，是過分命定化的。我們固然承認，過去中國人從來沒有建立過眞正穩定的民主體制，但這並不意味以後也一定無法做到。因爲，在整個人類歷史上，多元式民主本身就是近代才有的一項成果，就西方各國而言，他們的民主發展經驗，或長或短，但長則不過數百年，短則僅數十年或數年，這都無法印證「過去沒有，未來也不會有」這樣的分析論式。

另外，從現實層面分析，我們也不認爲情況如此悲觀。因爲，參與街頭暴動的民眾，以及在議會中施展暴力的議員，人數均甚有限，而聲援他們的人士，也絕非多數，因此，到目前爲止，認同這種作法的人仍是相當少數。光從此點我們就可肯定民主的前景，並非如此黯淡。

更重要的是，我們當前的政治體制雖然已處於「威權政體的解組」階段，但並未瀕臨「公權力的解組」、「經濟秩序的解組」和「社會秩序的解組」的時刻。更何況，在共產主義普遍式微的今天，外在環境也對我們頗爲有利。因此，我們的社會雖然已出現危機，但並未進入危急狀態。這些危機，相對於過去四十年的承平與安定而言，的確是一大警訊，但還未到無法解決與整治的惡劣情況，因此，雖然我們同意當前困境重重，但卻不贊同這種「民主無望」式的悲觀看法。

那麼，究竟如何化解上述兩種針鋒相對的歧見呢？從務實的角度看來，如果持第一種「暴力無罪，罪在體制」看法者減少，則持第二種「民主無望」看法者也就自然減少。相反的，持第一種看法者如果成爲主導的聲音，那麼憂心忡忡的「民主無望論」也就會日益增長了。而其間情勢的消長，則主要視下列三項條件的發展而定，亦卽：

㈠執政黨內上層的權力能否眞正整合，是否會發生分裂。如果分裂或長期無法統合，政府應變能力日衰，公權力勢將式微，則朝野間的鬥爭亦將激化，終至治安惡化，社會失序，民主無望。

㈡議會中是否能建立良性之互動規範，是否能將反對黨之問政訴求導向實質之公共政策。如果反對黨捨棄公共政策而以基本憲政與國家認同爲主要訴求點，則議會政治將永無寧日，街頭暴力也將日益擴增，則移外人民日眾，產業亦加速移出，臺灣將因經濟及治安環境惡化，導致民主前景堪憂。

㈢反對黨能否在短期內改變氣質。如果反對黨能在漸進的過程中由地方而中央的問政及施政經驗，發展出一套成熟的公共政策及黨綱政綱，則勢將逼使執政黨順應民意，調整政策，反對黨也將以成熟的政績爭取執政機會。但是如果不經過這段漸進的成熟過程，卻以激進的憲政及省籍認同訴求爭得選民支持，則執政之後，必定造成施政品質日衰、抗爭事件不斷，甚至因臺獨問題造成臺海危機。則將造成民主危機，甚至引發軍人干政，或使法西斯式的黨派崛起（如一次大戰後的義大利或德國），最後使民主體制壽終正寢。

從以上三項因素，我們就不難了解臺灣民主發展的前景如何了。因此，在民主危機已經出現的此刻，我們必須化危機爲轉機，否則危機日增，暴民政治持續發展，民主就眞正無望了。

兩種民主理念的對峙

——「總統直選」聲中的警思

八十年八月十二日

最近的一段日子裏，有關「總統直選」的爭擾甚囂塵上，頗引起朝野各界的關注。有些人認爲「總統直選」乃是直接民主精神的體現，非直選不足以凸顯民主的基本理念。有的人則認爲「總統直選」正好是對穩定民主的一種威脅，因爲直選所造成的政治對抗與全民對決，對民主的成長十分不利，甚至可能造成持續的動盪與民主的終結，因此並不是一種好的制度。但是在上述的爭議中，事實上牽涉到了兩種不同的民主理念，值得吾人深入的探討與反省。

間接民主與直接民主

粗分起來，可以分爲間接民主和直接民主兩大類型。間接民主或稱代議民主亦通稱爲自由民主。而直接民主則有許多種不同的內涵，其中最徹底的是某些東歐國家（如南斯拉夫）所實施的工業民主，以及馬克思主義者所嚮往的經濟民主，另外巴黎公社所實施的七十二天的短暫民主經驗，也被許多直接民主的倡導者，視為一種典範。但是，除了上述幾種較為徹底，也較為空幻的直接民主型態外，直接民主也表現在許多其他層面上，諸如美國新英格蘭地區的社區參與及城鎮會議，和瑞士各州的直接投票制，以及歐美各國創制、複決權的行使。另外，還有一種在新興民主國家及威權解體的國家日漸普遍的訴求，即是要求總統直選及民粹式的權力政治。

民粹式民主理念特點

這種民粹式的民主理念和自由民主理念有下列幾方面的重大歧異：

第一，自由民主是以議會政治（或代議政治）和政黨政治為其核心，而民粹政治卻對議會政治有著高度的不信任感，而且對政黨體制及憲政制度也不敢寄以厚望，因此寧願轉而相信少數強人領袖的領導風格及人格魅力。在最近幾年東歐的民粹政治中，就產生了幾位代表性的強人，諸如波蘭的華勒沙、俄羅斯的葉爾欽和塞爾維亞的米塞洛維契等人。但是，東歐政治的觀察者卻普遍懷疑，這些民粹政治家真能為這些國家帶來真正穩定的民主？相反的，他們卻相信，過去阿根廷的培倫所建立的威權體制和強人政治，卻可能是這一波民粹主義風潮的最後苦果。

第二，自由民主國家既然是以議會政治為核心，因此幾乎均是以議會制（即內閣制）為其主要政治型態（美國則係主要例外）。亦即，透過議會政治和政黨政治的折衝，間接產生國家的最高行政首長（即「總理」）。而且幾乎所有的自由民主國家，均不採取直接民選總統的方式（美國和芬蘭均係由選舉人團間接選舉總統）。至於奧地利、冰島、愛爾蘭等國，雖採取總統直選，但這些國家卻係採議會制，因此總統只是「國家元首」卻非「行政首長」。但是，相對的，在民粹政治盛行的國家，卻多因剛剛脫離威權政治或極權體制，則多採總統直選制。但是由於總統直選容易造成全民動員及社會敵對勢力的全面對決，因此往往會帶來政治動亂，或族羣及敵對勢力的全面對決，因此往往會帶來政治動亂，或族羣及敵對團體間的嚴重對立。最近幾年，南韓、菲律賓、拉丁美洲、波蘭等地的總統選舉所造成的問題，均是具體的例證。

第三，實施自由民主的國家均以自由主義為其民主基本信念，其中包括四項內涵：㈠肯定憲政主義及法治，因此，政府、人民及反對黨派均應守法，並受到憲政原則的規範。㈡肯定人本主義的價值，人是一個不得被任何集體目的（如國家、革命）犧牲及化約的道德主體，人權乃是基本的自由內涵。㈢肯定理性的力量，強調經由教育及啟蒙的方式開啟人類的理性，並經由漸進的改革以改造政治現實。㈣強調以中介性的政治團體及機構，如議會、社會團體及政黨，承擔起利益及權力的整合任務。對於過度的及高度的羣眾動員，則抱持懷疑態度，認為這種直接民主的運作方式，容易帶來社會對立及政治動盪。

民粹式領袖行動激烈

相對於自由民主體制，民粹政治亦展現了四項不同的特質：㈠因缺乏憲政主義及法治的傳統，多主張推翻舊體制，並重新制憲，而且認爲新的憲法應該爲新政府或新的領導階級及黨派所充分利用，如不合用，則應再度制憲。㈡因威權體制或極權體制被推翻不久，多不主張維護舊體制下當權者或得利者的人權，有時甚至主張應對「前朝人物」清算鬪爭、斬草除根，才算完成「解放」之使命。㈢民粹型領袖爲了動員羣衆，爭取人民的支持，往往以情緒性的口號、族羣性的訴求，引發社會的對立與鬪爭，藉以從中取利。例如去年波蘭大選時，華勒沙以「反猶」爲口號，向其舊日盟友馬佐維茨基（被疑有猶太血統）挑戰，藉以轉化選民對其領導能力及知識不足的疑慮。另外，在俄羅斯、立陶宛、拉托維亞等地近年自由化的過程中，均出現民粹主義領導人運用排外性訴求，轉化內部矛盾的具體例證。㈣由於議會政治才剛發展，政黨政治亦未成熟，選民往往不信任制度及政黨，而將信任感寄託於少數能言善道（甚或是蠱惑大衆）的民粹型領袖身上，但也因此而形成對人而非制度的效忠，最後自然也容易因承諾無法兌現而造成對領導者的失望，這也益發使得民主體制不易穩固奠立。

民粹式政治難免動亂

綜合上述的對映觀點，我們實不難看出當前世界上有兩種不同的民主發展類型，亦即：

㈠穩定的自由民主，亦卽議會民主體制。主要係採取議會制（卽內閣制）的國家，施行區域多半集中於西歐、北美。

㈡新興的民粹政治，它的民主體制剛剛萌芽，但尚未穩定成熟。主要係採取總統直選的雙重首長制（如波蘭、南韓、蘇聯），施行區域則集中於東歐、東亞及拉丁美洲。

很顯然的，當前臺灣的政治發展趨向是上述的第二種而非第一種。許多政治人物目前的訴求也多半集中在：總統直選、雙元行政首長制（卽「混合體制」）、制憲、改國號、改國旗國歌、省籍之爭、誰在出賣臺灣人、樹立新的國家認同、省籍人士當家作主……等議題之上。在這樣的處境下，我們似乎很難避免總統直選、社會對立、省籍紛爭、政治激化和強人擡頭的民粹政治困局。但是，只要這種臺灣式的民粹主義趨勢持續下去，我們的政治民主就不易穩定化與制度化，而一個眞正的自由民主體制，也就無法眞正的降臨於臺灣寶島了。

這也許正是目前所有醉心於民粹政治與總統直選的人士，眞正應該痛切反省的大問題。

民粹政治與烏托邦

——從立院與國大的兩黨衝突談起

八十年四月十日

面對昨天國民大會與立法院的嚴重衝突，國人多感憂心忡忡，而不同政治立場的人士，亦可能會對朝野兩黨做不同程度的指責；或者是對兩黨各打五十大板，指責雙方的不是。但是，在上述的批評之外，我們卻不能忽略了另一項重要的事實，那就是：臺灣民主發展中的民粹政治已經逐漸出現，而簡單卻完美的烏托邦訴求，卻已成爲其中的主流。

此處所謂「民粹」政治，係相對於「民主」政治而言，兩者的基本分野是：

㈠民主政治強調議會路線、民主程序與憲政權威。而民粹政治則強調直接、純粹、不假代議制度的羣眾民主，亦卽以街頭抗爭、羣眾集會等直接方式表達民意，而反對漸進的民主程序；尤其重要的是，民粹政治家反對既有的憲政權威，要求重新制憲，並且向舊的國家權威進行全面的挑戰。

㈡民主政治強調溫和、務實、漸進的憲政改革，以及透過代議機構及代議民主以改變公共政策及利益分配。而民粹政治則要求為社會中的中低階層和「受難者」發言，並以急進、快速，甚至有時是以暴力路線（但並非必然）達成社會利益的重分配、再分配。

㈢民主政治強調民主只是一種手段，民主並不能解決所有的問題，而任何掌權者也不可能是聖人，不但不可能解決所有的問題，而且必須以制衡手段，限制主政者的權力，以免其濫權。相反的，民粹政治家卻要以「道德無瑕」的受難者立場，強調一夕之間的全面解放，而且立即可看到社會正義的充分體現，使過去受壓抑者的冤屈及早得以伸張。一旦民粹政治家掌握了政權，所有受迫害者就可以揚眉吐氣，頂天立地的過著有尊嚴、有道德的生活。

上述的分野，並不意味國民黨的憲改就是民主政治的一種體現，而反對黨方面則必然傾向於民粹政治。相反的，兩黨均有兩種成分，只是程度不同。但是，在目前隱伏不安的民意中，已可察覺一股民粹政治的潮流，已經逐漸形成，其中的烏托邦內涵，更是昭昭在目，這包括下列的觀念與想法：

㈠「反對」本身是道德的，批評反對黨則是不道德的。

㈡只要目的本身是道德的，手段問題就不必計較了。為了更大的神聖目標，可以犧牲程序正義。

㈢既然現狀是不合理，以不合法的手段推翻它，仍是正義的。而且一旦推翻之後，一切就可以重歸於道德與正義了。

上述簡單的思想論式，事實上正是過去各種解放論者、革命論者的訴求目標，也是民粹政治家的典型訴求。但也正因爲這種心態與訴求，造成了許多次的民主夭折，也造成了民主尚未奠立，但新的法西斯、專制者或極權政體，卻相繼而起，目前這幕戲正在東歐和蘇聯上演，並且已造成民主進程的嚴重頓挫，但是我們卻不知，中華民國的臺灣——或者臺灣人的臺灣——能否免於這樣的窠臼與災難？

這或許才是在兩黨之外的所有國人在看完打架之後，眞正應該深思的重大課題。

民主轉型中的民粹危機

根據美國紐約著名的「自由之家」（Freedom House）的年度報告，在去年一年間，全球自由民主的成長頗爲迅速。在一七一個國家中，名列「自由國家」之林的有七十五國；列爲「部分自由」的，有五十五國；而列入「不自由」的，則有四十一國。中華民國臺灣，列入「部分自由」國家的最高層（卽第三級），大陸的中共政權，則列入「不自由」國家的最低層（卽第七級）。西方先進的民主國家，如英國、法國、德國，都因境內的人權問題，而列入「自由國家」的第二層（第一點五級），但大多數穩定的民主國家，如澳洲、奧地利、丹麥、芬蘭、荷蘭、美國等，則列爲第一級。

但是在上述的自由國家中，卻有相當多的國家目前仍處於政局動盪、經濟蕭條、社會隱隱不安的狀況，其中包括：第二級的阿根廷、智利、捷克、匈牙利、波蘭、委內瑞拉，第二點五級的南韓、玻利維亞、巴西、愛沙尼亞、拉脫維亞、蒙古等。在上述的這些國家中，基本上若不是從共產黨極權的解體中剛剛解放出來；就是歷經了長期的威權專制，並且曾經擺盪在民主與威權之間，而目前則重新走回民主的道路。在臺灣的中華民國，自然是較接近於後者，但是由於過去中國國民黨曾經仿傚列寧主義政黨，建立了「黨國」體制及「黨軍」架構，同時又面對著強鄰中共的威脅，因此在民主轉型期中，問題特顯複雜。同時由於它兼具了列寧主義黨國與威權主義政權的雙重政治遺產，特別使得自由化與民主化的任務，不易在一時之間快速達成。

但是，和上述的新興民主國家相似，在臺灣的人民與政治精英，現在卻又面臨著另一層的嚴峻挑戰，對中國國民黨及其他的在野黨派而言，這是指的在列寧主義黨國遺產及威權主義遺傳之外的第三項考驗，亦即：民粹主義及直接民主的激進訴求。如果臺灣朝野無法通過此一挑戰，則民主的逆轉、強權政治的回頭，甚至是威權專制的重臨，都將無以避免。如果陷入此一泥淖，非但穩定的自由民主體制無以建立，臺灣恐將因威權黨國體制的解體，以及中共的強敵環伺，而面臨比過去四十年更惡劣的局面。那就是：非但自由民主未得保障，而國家安全、經濟福利及國民生計等，均將陷入危境。

關於民粹主義及直接民選的激進訴求，國際學界的分析頗多，其中尤以對拉丁美洲、東歐、前蘇聯等地的研究最受重視。至於在臺灣的相關討論，則不多見。基本上，臺灣地區的民粹主義，是以直接民主(而非反西方及工農運動)爲前導，並表現出下列各項獨特的內涵：

第一，由於左翼運動在過去四十年倍受壓抑，勞工政黨亦難以蓬勃發展，因此臺灣的民粹運動乃是以直接民主爲主要訴求，而不以勞工參政、工人權益至上爲標的。換言之，拉丁美洲培倫主義式的左翼民粹運動，至今尚未得到充分發展的空間。相對的，臺灣的民粹運動則比較接近東歐，尤其是烏克蘭，是強烈的反對隔鄰的老大哥（在臺灣是指大陸和中共，在烏克蘭則是指俄羅斯及昔日的蘇聯），並要求體現獨立的國家意識及民族認同。因此，透過直接民主，選舉國家最高領導人；透過公民投票，決定國家前途；以及透過全民公決，重返聯合國；一直是臺灣民主運動中的熱門話題。而任何反對上述三項目標的人，都可以被簡單的化約、標籤爲「反民主」、「不民主」或「臺奸」。這在過去兩年的東歐，也可常見類似的口號與現象。

第二，臺灣的民粹運動，和過去沙皇時代的俄羅斯及一九三〇至一九六〇年代的拉丁美洲不同，並無強烈的反英美、反西化的色彩。和十九世紀末美國的民粹運動相異，它也並無地方農民反對都市精英的傾向。但是臺灣的民粹主義卻結合了「地方民族主義」，尤其是以閩南爲主體的臺灣意識，而強調「民間文化」、「本土文化」的色彩。這可從中華文化復興運動總會近來轉向的發展目標，以及政府近年來提倡地方曲藝等的文化政策，找到具體的例證。從此點觀之，臺灣的民粹運動，又與沙俄時代民粹知識份子的主要要求：「回到民間去！」若合符節，也更確定了它的民粹主義特性。

第三，雖然臺灣內部並無勢力龐大的反美、反西方運動，而且由於國際安全體系的影響，逼使它不得不採取政治上、經濟上的親美立場，但是臺灣的民粹運動仍然表現出強烈的「敵情意識」和地方偏狹色彩。對內，則以挑撥省籍意識、挑起閩客對立爲主軸，以泛政治化的鬥爭手段，製造內部分裂；對外，則以強烈的「反中國意識」及「臺灣意識」為核心，有意的藐視強敵中共，認為中共不過是紙老虎罷了，絕不必太過在意。這種自「反大漢沙文主義出發」的敵情意識，近來已有強化而為「閩南沙文主義」的趨勢。這在臺灣地區的各種民意機構和輿論媒體間，均可找到充分的論據。

第四，和許多民粹運動的先例相異，到目前為止，臺灣尚未出現重要的民粹型政治領袖。而民粹型領袖的共同特色：善於演說技巧、勤於煽動羣眾、精於權力運作、勇於為弱勢者發言等特性，在目前中央級的領袖中，尚不多見。在反對黨派中，則有幾位政治人物符合上述的條件。如果直選總統運動終於成為事實，民粹運動的發展條件也充分成熟，這些民粹型政治人物將有可能擊敗目前還在臺上掌政的政治領袖，而成為名副其實的民粹政治家，並將臺灣帶進「民粹主義時代」。

第五，由於臺灣的民意政治快速為金權所腐化，代議民主的可信度日益下頹，直接民主的訴求已獲得越來越多的羣眾支持，激進學運的發展空間日漸擴展，因而也將為民粹政治提供更大的溫床。而目前的政治領導階層多出身世家或權貴之門，除非重新下鄉歷練出草根性格和平民作風（過去蔣總統經國即是一成功範例），否則他們將在直接民選的大氣氛中，逐漸淘汰出局，而政治領導階層的整體接班工作，也將逐漸展開。

第六，由於民粹政治本身蘊涵的反憲政主義、反代議民主特質，使得基於公平競爭規則的民主運作日顯困難。相對的，基於「以力服人」、「以勢服眾」的「較力原則」，則日益重要。赤裸裸的權力鬬爭，也將無以避免。如果在民粹型領袖執政期間，政績斐然，則強權領袖聲望如日中天，所謂的憲法將成爲他個人的權力運用工具。如果政績不佳（有如目前的東歐），則政局將長期不穩，而在夾縫中求生存的少數族羣的政治人物，將可能成爲替罪羔羊。如果是領袖政績不佳，而民間聲望又大跌，則反對派人物將會走上街頭，公開向其挑戰，並以直接的「力的展示」，圖謀奪權。基於此，民粹政治的持續發展，必然意涵著三項可能的結局：㈠強權專制、㈡政治動盪、㈢街頭紛爭。並因競爭規則未能奠立，而持續發生動盪，直至爲各方接受的憲法及憲政秩序產生爲止。

綜合以上所述，臺灣的民粹政治目前已逐漸展現了直接民主、民間文化（臺灣意識）、敵情意識、領袖更替、政治接班和「較力」原則等六項特質。這也使憲政主義（「回歸憲法」）、自由民主（採行「議會內閣制」）等主張，特別不易推動。不過，如果我們以平情的眼光看待臺灣終究只是一個新興民主國家的事實，卽使是經濟、教育等民主發展條件業已成熟，但由於嚴重缺乏憲政主義、公民文化（Civic Culture）及自由主義的傳承，因此，卽使臺灣終將走上東歐或拉丁美洲的民粹主義覆轍，甚至擺盪而回專制威權，我們也只有無奈的說：這畢竟是臺灣人民與政治精英的不幸抉擇！這乃是結構性的歷史命運！

總統直選全球大勢所趨？

八十一年三月二十二日

十六位國內著名的學者與政論家，日前發表了「修憲前夕我們對憲政體制與權力之爭的看法」，明白表示反對總統直選，並且指出「執政黨既反對獨立建國及改變憲制，那就必須回歸中華民國憲法的基本理論與結構，切不可輕率地擴大總統與國民大會的權力或改變總統的選舉方法。」此一聲明，無疑爲目前甚囂塵上的修憲與總統直選問題，提供了新的反省素材，值得吾人再三深思。

事實上，總統直選若眞是某些人所說的「全民共識」所趨，實在沒有不開放直接民選的道理。而國民黨既然是執政黨，當然必須充分反映民意，也就應該順應民意歸趨。但是，根據下面的各項訊息，我們卻不得不質疑總統直選究竟是不是所謂的「全民共識」。這些訊息是：

一、根據「中華民國民意測驗協會」最近的民意測驗顯示，百分之三十七點一的民眾贊成「直選」，百分之十六點五贊成「委任直選」，百分之十四贊成「維持現制」，百分之三十二的民眾則表示不關心或不知道，因此支持「直選」的民眾雖居相對多數，但比例上只及三分之一強，離所謂的「全民共識」，還差得很遠。而支持「委任直選」或「維持現狀」的人則亦佔了三成左右的比例。另外無意見者亦佔了三分之一左右。由此看來，一般民眾的意見實係「三分天下」，並無任何一種看法居絕對的多數。

二、大部分的法政學者，包括發表上述聲明的十六位學界及輿論界領袖，多支持內閣制或維持基本憲政體制（即「回歸憲政」），並反對總統直選。這種觀點雖然不具絕對意義，但畢竟反映了一種專業性的精英意見趨向。

三、根據執政黨的調查，黨籍國代中主張「委任直選」者佔七成五，主張「公民直選」者僅有三十多人（佔一成多），而執政黨在去年國大選舉中取得四分之三以上的席次，由此可見「委任直選」乃是被大部分選民肯定的主張，亦係大多數（過半數）國代的共同主張。

當然，民意很可能是變動不居的，因此反駁者儘管可以說：民眾、學者及民意代表的意見都可能會發生變化，也許昨天支持「維持現況」或「委任直選」的，過幾天就變成支持「直選」了。我們姑且不論上述的質疑是否合理，也不願對是否一定要採取直選表示絕對固定的立場，但我們卻必須對主張直選者，提出下列的問題，做進一步的探討。

㈠是不是只有「總統直選」，才稱得上民主呢？先進的民主國家，包括美國、德國、瑞士、義大利等，無任何一國是以人民直選方式產生總統的。在上述這些國家中，總統不是由國會間接選舉產生，就是由選舉人團間接選舉產生，但卻絕不因為未採取總統直選，就降低了該國的民主屬性。另外，採取內閣制的許多民主國家，如英國、丹麥、瑞典、荷蘭、日本等，都是由虛位的國王擔任國家元首的角色，並不發生「總統直選」的問題。在全球穩定的民主國家中，只有奧地利、冰島、愛爾蘭、哥斯大黎加與法國這五國是採取總統直選的，但前三國係採「內閣制」，總統只是「虛位元首」；法國則係「半總統制」，總統與總理各享實權。而眞正採取總統直選的穩定民主國家，就只有哥斯大黎加這一國是賦與總統獨大的實權的。換言之，在全球二十餘個穩定的民主國家中，只有法國和哥斯大黎加這兩國，是採取總統直選並賦與總統實權的。其他絕大多數的民主國家，總統均非由直選產生，或者雖係由直選產生，但卻未被賦與實權。這說明了在「總統直選」與民主之間，實在劃不出等號關係。

㈡但是，在「總統直選」與「民主體制不穩定」之間，卻有比較明顯的關係（雖然並不是絕對的因果關係）。我們且看採取總統直選的國家，包括拉丁美洲的巴西、智利、阿根廷、哥倫比亞、海地、洪都拉斯、瓜地馬拉、墨西哥、尼加拉瓜、玻利維亞等，以及亞洲的菲律賓、東歐的俄羅斯、烏克蘭、波蘭、捷克、保加利亞、南斯拉夫各邦等，雖然都已採取總統直選，但民主體制卻相當的不穩定，其中有的更隨時面臨著強人專政或軍人專政的危機。因此，絕大多數採取總統直選，並賦與總統實權的國家，除了前述的法國和哥斯大黎加這兩國之外，多未能建立穩定而持久的民主。這雖然並不意味著，總統直選必然會導致民主的不穩定，但總統直選所可能帶來的負面影響，卻是吾人不能不愼察的。

㈢如果總統選舉是採取直接民選的方式，則必須同時考慮是否應規定「多數總統」的產生要件。如果我們只要求總統得到「相對多數」即可當選，則總統有可能是只獲得了少於百分之五十民意的支持，亦即成爲「少數總統」，這對總統未來權力的行使，是相當不利的（智利阿喜德政權即是一個失敗的先例）。如果我們要規定，總統必須是獲得絕對多數（過半數）的選票才能當選，則總統選舉就有可能必須舉行兩次或兩次以上（由得票最多的兩位或三位候選人再行決選，直至絕對多數產生爲止）。在這樣的情況下，總統直選很可能會造成多次的全國人民大動員，這對民主的穩定成長，是相當不利的。尤其是，如果不幸發生了選務糾紛，落選者聚眾抗議，則由於總統選舉的支持者是來自全國各地，更可能帶來嚴重的治安問題與民主危機。這在上述第二項的許多國家中，都曾多次發生，有的甚至造成民主中輟，或威權專政復辟的現象，這樣的負面經驗，對於剛走向民主改革不久的我國，是必須慎重行事的。但是，如果我們是採取總統委任直選或維持現制的選舉方式，都比較能避免上述的問題（第二輪以後的選舉由國大代表而非全民進行）。尤其是若能維持現行憲法的內閣制精神，進而推動議會政治與政黨政治的健全發展，則上述的民主危機更可根本避免。相關的學理分析已多，無須吾人在此贅述。

㈣若採取總統直選，則是否應爲總統增加更多的權力，這是否會連帶的影響到五權體制的權責關係？目前執政黨提出的憲改方案，雖然強調五權體制維持不變，但是若準備給總統增加任何實質的權力，卻可能會影響到五院及國民大會的職權，並造成憲改、運作上的實際困難。目前在

「反對修憲、主張制憲」的人士中，多半主張以三權取代五權，以總統制取代內閣制，但是這樣的作法，卻可能使憲改工作，一改再改，也使憲改爭擾，永無已時。其因無他，蓋總統制本身，實有嚴重的權責不清問題，而且缺乏彈性，往往不是造成總統與國會之間的嚴重對立（指當兩者係不同黨籍時），就是形成總統權力過大的危機（指當總統與國會多數同一黨籍時）。

基於以上的分析，我們以爲，「總統直選」雖非不可爲，但卻必須審愼將事。惟有仔細考慮它與民主體制發展的積極關係，以及它所牽動的五院職掌及修憲幅度等問題後，我們才能把它當做另一種選項，列爲憲政改革的參考方案。換言之，我們絕不可僅根據所謂的「全民共識」或「全球大勢之所趨」這樣缺乏學理及事實根據的講法，就混淆了憲政改革工作的方針大計。

總統直選與憲政民主

——國際經驗的比較

最近朝野各界正為總統應否採取直選方式議論紛紛，而此一難題，正是許多新興的民主國家所面臨的共同問題，它也將影響到民主化的進程，以及社會與政治的安定發展。為了清晰的呈現其中複雜的經驗與學理，我將先以結論呈示本文的主要論點，再根據比較政治的基本知識，做逐一的說明。

我的基本觀點是：

㈠總統直選並非穩定民主國家的大勢所趨，但卻有許多剛走向民主的國家採行此一制度。不過，絕大部分採取總統直選的國家，並未能因此而建立起穩定持久的民主體制。

㈡總統直選並不如許多人所期待的，能够凝聚新的國民意識，形成「新而獨立」的國家認同。相反的，由總統直選而產生的領袖（尤其是在新興民主國家），往往在就任之初的「蜜月期」度過不久，卽面臨選民唾棄的噩運，或者因族羣傾軋及獨立訴求，而面臨內部分裂的危機。

㈢企望在「總統制」與「議會內閣制」之間尋找折衷制度（如「半總統制」或「雙重首長

制」）的努力，往往既不能得到「折衷」的好處，而且反而造成體制運作上的困難，甚至釀成政爭或憲政危機。

先論第一項。在一般公認，全球民主體制最穩定的二十三個民主國家中，一共有五個是採取總統直選制度。其中，法國第五共和係雙重首長制，哥斯大黎加是採取總統制，另外奧地利、冰島、愛爾蘭，這三國則接近議會內閣制（但亦有人將其列爲「半總統制」）。至於法國在一九八六至一九八八這兩年間的「左右共治」，則被視爲「半總統制」（總統與總理各享權力），但因在此一期間總理的權力較爲凸顯，亦有人將其歸類爲「議會內閣制」。

但是在上述五個國家之外，其他的十八個國家，均不採取總統直選。因此，我們可以說，在絕大部分（三分之二強）的穩定民主國家中，均非採取總統直選制。（參見附表）

但是，其他部分民主、半民主或新興民主國家中，卻有許多是採取總統直選的。拉丁美洲、東歐及獨立國協的眾多成員，都是明顯的例子。亞洲的菲律賓、南韓、斯里蘭卡、孟加拉，雖然均未建立持久而穩定的民主，卻都採取了直選制。上述各國中，大部分國家之所以不易建立穩定持久的民主體制，其中原因甚多，（諸如經濟衰頹、社會動盪、族羣傾軋等），但主要成因之一，則是採取總統直選所造成的全國性動員、政治大對決，以及因選務糾紛而掀起的社會政治動盪。另外，則是因爲總統直選而形成的總統制，造成強權總統的出現。大多數憲政學者均承認，總統制比較不利於民主的穩定發展。著名的拉丁美洲及西班牙政治專家林斯（Juan J. Linz）在去年

全球主要民主國家的憲政體制

民主程度	體制類型	國家元首產生方式：人民直選（普選）	國家元首產生方式：間接選舉或繼承（君主立憲）
穩定民主國家	議會內閣制	奧地利、冰島、愛爾蘭	德國、以色列、義大利、印度、澳大利亞、比利時、加拿大、丹麥、日本、盧森堡、荷蘭、紐西蘭、挪威、瑞典、英國
	總統制	哥斯大黎加	美國
	混合制	法國（一九六二～）	芬蘭、法國（一九五八～一九六二）（半總統制）、瑞士（委員制）
部分民主與新興民主國家	議會內閣制	葡萄牙	西班牙、新加坡、匈牙利、巴貝多、百里茲、千里達、多米尼克聯邦、格瑞那達、牙買加、馬來西亞
	總統制	俄羅斯、烏克蘭、喬治亞、亞美尼亞、摩達維亞、塞浦路斯、哥倫比亞、多明尼加共和國、烏拉圭、阿根廷、智利、委內瑞拉、孟加拉、玻利維亞、巴西、厄瓜多、非律賓、宏都拉斯	波札那、黎巴嫩
	混合制	捷克、波蘭、尚比亞、南韓	土耳其、希臘、馬爾他

的美國《民主季刊》上即著文指出，由於拉丁美洲各國採取了總統制，使其在從威權轉型到民主的過程中，倍感困難；但語言文化相同、背景相似，而政治傳統相類的西班牙，卻因採取了議會內閣制，而使民主轉型遠爲順暢。

同樣的情形也發生在東歐及斯拉夫各國，目前在東歐各國中，以匈牙利的民主轉型經驗最爲平和順利。而匈牙利卻是其中極少數採取議會內閣制的國家。至於採取總統直選的捷克、波蘭、羅馬尼亞、烏克蘭、喬治亞、俄羅斯等國，民選總統卻面臨著各種不同的挑戰，其中包括：

㈠捷克總統哈維爾，以溫和穩健形象著稱於世，但卻面臨到日益嚴重的國會反對勢力的挑戰，以及斯洛伐克獨立運動的嚴峻考驗。捷克目前已將總統選舉方式自普選改爲國會間接選舉，根據紐約時報報導，哈維爾的連任成功機會已大幅降低，國會對他也採取了許多抵制的措施。

㈡波蘭總統華勒沙，雖係團結工聯領袖，但卻已一再面臨昔日工人同僚的激烈反對。他在選民中的聲望也已急遽下跌，主要的支持者及政治顧問亦紛紛棄他而去。根據最近的民意測驗，華勒沙的聲望竟然比下臺的共黨領袖雅魯塞斯基還要低。華勒沙過去曾一度想以總統身分自兼總理，但卻因國會強烈反對而作罷。

㈢俄羅斯總統葉爾欽，在去年六月十二日，以百分之六十的多數當選民選總統，並在去夏的流產政變後，取代戈巴契夫而成爲新的權力中心。但半年多來，俄羅斯政經情勢逆轉，物價飛漲、盧布慘跌、治安惡化，民不聊生，戈氏身邊的顧問及政治又陷於嚴重分裂。俄羅斯境內的韃靼、車臣等自治共和國，更要求獨立，脫離俄羅斯而去。去年曾預言政變發生的前蘇聯外長謝瓦那澤，認爲另一次的流血政變，可能無法避免，葉爾欽也警告西方，如果西方再不大力支援，則俄羅斯走回獨裁專制的老路，恐將難以避免。

㈣喬治亞總統甘薩庫迪亞，在去年五月二十六日的大選中，以百分之八十七的壓倒性多數，當選民選總統。但在九月間卽因反甘示威而在首都提布里斯爆發流血事件，最後更演變爲嚴重內戰。甘氏曾一度逃亡至亞美尼亞，後又潛返回國，但政權卻已不保。

由於篇幅所限，其他羅馬尼亞、保加利亞、烏克蘭等國的情況，無法在此詳述，但由上述的直選總統的例子可知，直選總統所獲致的民意基礎，在短暫的「蜜月期」過後，卽已失去效用。而企望透過直選總統而形成新的國家認同的努力，也因直選本身所帶來的政治動盪，以及因「獨立症候羣」所掀起的民族獨立風潮，而造成嚴重的民族傾軋危機。在上述直選總統的國家，目前主張獨立而去的例子，層出不窮，例如南奧塞狄亞要求脫離喬治亞，克里米亞要求脫離烏克蘭，斯洛伐克要求脫離捷克，都是因直選總統所形成的獨立風潮之後的併發症。由此看來，所謂的「葉爾欽效應」，到底對這些國家有那些積極正面的影響，的確是頗成疑問的。如果中華民國臺灣也走向這一步，恐怕「葉爾欽效應」尚未生效，「葉爾欽後遺症」卽將爆發，而客家、原住民、外省第二代等少數人口羣走上街頭，要求政治資源再分配的訴求，也將不易避免。這樣的動盪情勢，對臺灣的民主成長，實在是十分不利的。

由此可知，「直選總統不利於民主成長」和「總統制不利於民主轉型」的比較政治學理，實在不只是「學者的囿見」而已。這兩項學理實在也是政治智慧的結晶，雖然這樣的智慧結晶，對許多被直選與獨立風潮沖昏頭的人，不大受用罷了。

最後，關於半總統制、雙重首長制等折衷混合體制的不易學、不能學的問題，早已是比較政治學上的常識。事實上，就以一九八六至一九八八這兩年法國的「左右共治」爲例，左派的密特朗總統，雖然依第五共和憲法規定，享有廣泛的外交與國防權限，但在國會由右派政黨主導，總理由席拉克擔任的情況下，他的權力實多已被架空。例如密特朗總統的外交資訊管道，即被外交部長雷蒙下令封鎖（雷蒙是密氏同意的人選）。雷蒙下令外交電務人員，不要將各外館的一般性之外交「電訊」送交總統府，他又訓令駐外大使將重要的「外交電報」（原只送給總統府）轉爲「電訊」，送交外交部或總理府，使總理能充分掌握外交動向，總統卻無法透過外交「電訊」而控制全盤外交情勢。其結果則使席拉克總理成爲外交事務的實際主導者。在國防方面情況亦然，席拉克命令「對外安全總署」之主管減少與總統的合作項目，使得許多重要的國防安全事項（如在查德與伊朗危機中的法軍應對行動），均由席拉克所實際主控。（以上參見劉嘉寧著《法國憲政共和之研究》，臺北，商務版，一九九〇）

由此可知，如果今後中華民國修憲是朝向法國式的折衷混合制，並賦與總統國家安全、外交及大陸政策等之主導權，則在總統與行政院長共屬同一政黨時，總統的權力運作自無問題，甚至可能因爲總統係執政黨之領袖，而享受到「只享其權，不負其責」（責任由行政院長負擔）的好處。但是如果總統與行政院長分屬不同政黨，總統的憲法權力恐怕就會被實質架空，進而造成「府院」之間的嚴重對立了。基於此，爲了避免日後可能出現的政爭及憲政危機，「半總統制」或「雙重首長制」的憲政設計，實應儘量避免。

綜合上述，今後的憲改工作，實應以「回歸憲法」、「回歸內閣制」爲主要考量。我們只要反省西班牙相對於南美各國，以及匈牙利相對於東歐各國的穩定成長先例，以及絕大多數穩定民主國家均採議會內閣制的原由，即可知，眞正的民主憲政，實應以「議會內閣制」爲依歸。而權責不清的混合制與強權領導的直選總統制，卻可能成爲阻滯我們憲政發展與民主成長之癌！

總統直選須防憲政危機

八十一年三月九日

執政黨憲改方案總統產生方式如果由委任直選變更爲公民直選，將爲我國憲政體制投入巨大變數，尤其是對總統權力的設計，更增添了不易捉摸的變化。但如果按照目前的憲法做修正，要改爲總統制是非常困難。因此，總統直選所帶來的憲政方向應有下列幾種可能：

第一，與目前實施總統直選的內閣制國家相近，總統雖是直選，但主要權力仍在內閣，這一類的國家有冰島、愛爾蘭與奧地利。但目前我國若採總統直選，總統權力將大幅增加，因此，走向這一趨勢的可能性不大。

第二，走向「半總統制」，亦即法國第五共和體制，總統由直選產生，總理則由國會多數黨產生。如果總統與總理（行政院長）同一黨派，則權力中心移至總統，如果兩者分屬不同黨派，則總統分擔一部分的外交與國防權，總理則擔負主要的內政職責。但此一體制若在臺灣實施，而且總統與行政院長恰分屬不同黨派，則憲政危機與嚴重的黨爭勢將爆發，也爲我國民主體制帶來不穩定變數。

第三，芬蘭式的分工制，總統由德高望重的超黨派人物出任，任期頗長，總理則由政黨人物產生，任期相對較短。在這一制度下，總統在外交、國際關係上享有最高發言權，總理則承擔內政責任，但總統本人不介入政黨政治，維持國家一個權威中樞，但此一經驗是芬蘭特殊國際情勢下的產物，是否能在我國實現，實是一大問題。

如果在上述三項可能的方案中，以目前的情勢觀察，制度設計最有可能走向法國式和芬蘭式，但法國式不可學，芬蘭式不易學。

因此，除非我國政黨體制在未來數年內趨向穩定與制度化，同時不再出現國家認同問題，否則採取此兩種體制，都將帶來憲政危機，並因國家認同問題與統獨之爭而與起臺海之間的緊張關係。

所以總統直選非不可爲，但後續的憲政設計卻才是造成民主化得以順利成長與否的關鍵。在目前的政黨互動關係中，最適宜的憲改方案，應是仿奧地利、冰島和愛爾蘭的內閣制，一方面既滿足直選的民意訴求，另一方面又劃清楚權責關係，使內閣成爲眞正的權力中樞，唯有如此，憲政民主的成長與直選的訴求才能在安定中獲得堅固。

從政治角力看直選案是否會造成國民黨「積勝而敗」

八十一年三月十七日

一九四九年，大陸沉淪前夕，當兵馬倥傯，人心惶惶之際，一位資深的報人與他的友人，感嘆間提到了一個問題，世界上有那幾個政權像國民黨一樣，是「積勝而敗」的呢？北伐勝利了，剿匪成功了，對日抗戰歷經艱辛而終於獲勝，但積大勝之餘，卻遭到了空前的慘敗，甚至丟掉了整個大陸江山，被迫退守海隅。這樣的歷史教訓，能不讓人們驚愕與警惕？能不讓後人深自省悟？

但是，四十三年之後，國民黨似乎又要面臨一次「積勝而敗」的噩運。解嚴之後，經過了幾次艱辛的選戰，國民黨的表現或好或壞，但大抵總算保住了執政的權力，也主導著修憲的方向。可是，現在修憲的方向卻充滿著變數，如果「直選總統」方案最後通過了，那麼反對黨民進黨就變成「輸了選舉，贏了憲改」。

根據新聞報導，民進黨主席許信良在美國已強烈要求，總統立即在憲改完成後改選，否則總統將不具「直選的民意」。他並且表示，如果把直選拖到總統任期截止的一九九六年，則五年的耽誤，將「讓一個不具直選民意的總統無法獲得支持。對臺灣在內政外交各方面的推展，不但難有作爲，而且會引起社會不安。」民進黨國大黨團也將推動直選及立即的總統改選，列爲該黨的主要方針。

不論總統是否眞的要改選，但堅持必須改選的黨派一定是不會放棄此一議題，甚至會走上街頭，激烈抗爭的。從此點觀之，國民黨就已是「積大勝爲小敗」了。

如果眞的舉行另一次總統大選，總統候選人奔波全島的辛苦尙且不計，如果選舉過程中有任何差錯，造成選務糾紛，如一九八九年的臺南縣事件一樣，那麼卽使國民黨再獲勝利，也不過是流汗、流淚、盡心、盡力，卻得到「慘勝」二字罷了。

但是，如果反對黨派推出能說善道、又具羣眾魅力的候選人，獲致了勝利，那麼國民黨就眞的是「積勝而敗」了。現在或許有人會懷疑這樣的可能性，但我們且不要忘了，美國的杜威、英國的邱吉爾、法國的戴高樂，他們都是卓富聲望的政治領袖，但最後卻都敗在民主選舉和公民投票上。沒有任何人是永遠不會敗的。

不過，政權轉移和選舉勝敗還只是相對而言的小事，而且終將成爲民主運作的兵家常事。眞正的危機，卻是海峽對岸的中共，目前正陷入激烈的派系權力鬭爭，他們如何看待臺灣總統直選的問題，才是關鍵所在。我們絕不可忘了，一個可以在天安門廣場血洗學生與羣眾的政權，是什麼事都幹得出來的。如果兩派相爭不下，決定一致槍口對外，情況就絕不樂觀了。

在後冷戰的時代，我們必須避免「零和」的遊戲。對國民黨而言，在從中國國民黨變爲臺灣國民黨的過程中，更應避免這樣的「零和」困局。不過更重要的是，如何避免另一次的「積勝而敗」，不要既失了政權，更失去了中華民國，也丟了國民黨的命脈。

四、國家認同與獨立自決

世臺會與臺獨問題

七十七年八月一日

行政院副院長施啟揚，在七月三十日出面會晤民進黨代表尤清、邱連輝等人，對世界臺灣同鄉會返臺召開年會一事，達成部分協議。行政院表示，歡迎國民回國，室內集會無需提出申請。但也要求世臺會在臺開會期間，不得鼓吹臺獨言論、不得主張分裂國土、不得從事違法活動。尤清等人僅同意世臺會承諾遵守本國法律，不從事違法活動。至於臺獨問題，則不予承諾。世臺會會長李憲榮隨後表示，言論自由為中華民國憲法所保障，他們不接受有關不鼓吹臺獨、不主張分裂國土的但書。使得世臺會回國開會的計畫，可能受阻。

我們認為，行政院有關不得鼓吹臺獨言論，不得主張分裂國土的要求，事實上是合乎法律要求的。國安法中本已有相關的規定。同樣的，即使尤清等人不願承諾上二項要求，但既然承諾將遵守本國法律，而國安法又為國內法律之一種，因此事實上也已經間接承諾了。至於李憲榮的「不接受」，則顯然是言明不接受約束於先，政府針對這樣「先說明白」的態度，自然是難以讓步的。

但是，就法論法，既然法律中已有不得主張分裂國土等要求，爲何政府在要求守法之餘，又重複要求要守這兩項特別的法令呢？顯然，這是基於兩點考慮：

第一，世臺會開會期間很可能會觸犯這兩項法律。

第二，政府很不願意動用這兩項法律來處理違法事宜。

如果根據「法治」的原則，所有的法律都應合乎憲法或高層法律規定，沒有「惡法亦法」的問題，則違法事件必須處理，上述的兩項考慮實在無需在意。但如果只是「依法而治」，惡法亦法，則運用政治溝通以彌補法律漏洞與缺失，就有特別的必要了。

但是，不得主張分裂國土與不得鼓吹臺獨言論的法律，雖難稱之爲「惡法」，卻有執法上的困難。許曹德等鼓吹臺獨案至今仍在審理之中，也已引起許多爭論。政府基於政治安定的考慮，又希望避免日後執法發生困擾，先做預示，自屬應當。但是如果世臺會堅持「不買賬」，開會期間又堅持鼓吹臺獨問題，政府就必須繩之於法了。因此，對於行政院所提的幾項原則，我們認爲是應支持的。

不過，我們卻認爲行政院同意的「從寬辦理入境」一事，實有可議之處。因爲「從寬」、「從嚴」之類的說法顯然都是因人而異。溝通之前從嚴，溝通之後從寬，顯示了政策的不穩定性，絕非正常、公平的施政態度。我們認爲，針對過去多次不幸的闖關事件，以及今後仍可能發生的類似問題，行政院應該訂定「一致的」入境標準與條件。在尊重國民返鄉權利及兼顧國家社會安寧的雙重標的下，擬訂出一套客觀的、一致的標準，並公諸於社會大眾，使過去一向被視為神秘的「黑名單」問題，及早獲得因解。

關於這套客觀的、一致的標準，具體的研擬工作雖有專人負責，但我們認為，它至少必須考慮到下列幾項問題：

第一、參加共黨及叛亂組織的問題。眾所周知，美國海關每年都拒絕許多左冀及右冀極端分子入境，原因是他們曾加入共黨及其他恐怖組織。基於相似的理由，中華民國政府自然有權拒絕一切它所不歡迎的人入境。但是「不歡迎」的理由卻必須具體而清楚，同時應允許被拒者有申復之機會。譬如說，此次世臺會成員中，許多人被列入「黑名單」的理由是曾參加叛亂團體「臺獨聯盟」，但是如果情報有錯，某些成員強調他並未參加，則應允許其公開聲明，未參加臺獨並反對其主張，則其參加叛亂組織的不得入境理由即應祛除，並得入境。如果他拒絕做此聲明，則自應繼續摒除於國門之外。

第二、外籍人士問題。此次世臺會成員中，許多人擁有雙重國籍，許多人則只擁有外國國籍，針對此二種情況，政府應做不同處理。對於雙重國籍者，政府應尊重其返鄉之權利，並容許其返國參加政治活動。至於僅擁有外籍護照者，則應視為外國人，並得禁止其參加本國之政治活動，必要時並得驅逐出境。政府需知，外國國民早已宣誓效忠他國，絕無容許參與本國政治之理，否則效忠對象相斥，干涉他國內政而又受母國保護，必生利害衝突。政府必須杜漸防微，禁制於先。

第三、有關叛亂犯的返鄉投案問題。如係海外僑民參與叛亂組織，政府自可拒其入境。但如係公開通緝之叛亂犯返國投案，則必須繩之以法，就地逮捕，不宜縱離。政府必須謹守法治之原則，凡違法者必須治之以法，絕不可以政策之考慮否定法律之權威。如果政治考慮實在高於法律要求，則應取消通緝之法律宣告，絕不可容許通緝而不逮捕之情事一再發生。

第四、有關海外僑民之政治活動問題。政府有權禁止外籍人士在臺從事政治活動，同時亦應避免國內政治組織在他國從事政治活動。過去國內政黨常在美國設立同盟或支部，並利用在美鄉親發展組織，美國政府雖甚為注意，並運用情報機構監視，但除非必要，多不予干涉。但是在近鄰的新加坡，該國政府雖亦頗友好，但卻不願見我國政治團體在該國活動。基於尊重他國內政之原則，今後政府應督促國內政治團體減少在他國之政治活動，否則一方面禁止外人在臺從事政治活動，一方面又縱容本國人在他國從事政治活動，實屬不當，又將貽人口實，最終將衍為國際問題，更不易解決。過去政府有關機構與美國的「臺灣同鄉聯誼會」關係密切，對「臺灣同鄉會」卻較疏遠。今後應維持中立的立場，並避免干涉各會會內活動，以免構成負面形象，並造成同鄉之間的猜忌，釀成國內黨爭之藉口，不斷製造內政不安。

總之，政府對於入境及相關問題，必須秉持法治之原則，毋縱毋枉，才能樹立法之威信，減少政爭。

民主化進程中的臺獨危害

七十七年八月二十二日

最近幾天，由於世臺會的召開，臺獨聯盟的代表公然露面，臺獨的呼聲又甚囂塵上。政府所憂慮的政治訴求再度成爲朝野各界的爭論議題，不但法之威信又面臨考驗，而且再度爲日後的民主化進程，平添許多困擾。

不管是從民主或人權的立場出發，我們認爲世臺會的政治訴求均已偏離了民主的原則與法治的規範，同時我們對政府事前所採取的審愼立場，也不得不表示贊同之意。對於世臺會會長李憲榮所發的議論，指責國民黨政權是一個「無法治、無人權、無義理的強盜政權」，並鼓勵推翻政府，以建立「一個新而獨立的國家」。我們則認爲是喪心病狂的情緒謾罵，不值得多花時間爭辯。同時我們也對一個號稱有數萬甚至十數萬會員羣眾的世臺會，深致惋惜之意。因爲他們居然選出這種格調低劣、又不具政治智慧的會長，充分顯示了當前海外的反對派人士中，的確是水準低落。但是，撇開這些人事的因素之外，我們卻覺得有一些影響深遠的現象，值得多加檢討。

我們所憂心的，乃是在民主化進程中，持續不歇的臺獨訴求。過去，在解嚴之前，許多人將臺獨與民主視為一種關聯，認為「臺獨」的壓力足以推動民主。但是隨著蔣經國總統的政治自由化措施，以及後繼的國民黨領導人的種種民主改革，這一年多來的民主化進程已經充分證明：撇開臺獨的無謂訴求，民主的果實更可確保。現在，卽使是民進黨與反對派人士當中，也已有不少人肯定，推動國會改造才是民主化運動的重點，臺獨建國實在是不必要、無理性，更深藏危機的虛妄要求。但是，卽使它是一個虛妄的烏托邦，為什麼還有這麼多對政治熱中的人，要一而再的把它提出來，喊得這麼響呢？

一般人對此一現象的解釋有兩種。第一種卽所謂的「臺獨情結」或「二二八情結」。也就是從仇視國民黨與外省人的立場出發，以報仇的偏狹意識為訴求重點。他們不但要求平反當年的積怨，而且要以拒說國語、拒寫中文、拒絕中國文化的絕對立場，否定臺灣與中國的一切關係。甚而走至極端，則連不會說閩南語的客家人與山地原住民，也算不得純種的「臺灣人」，也和外省人一樣，同列為拒斥之列，並因而在反對派陣營中受到閩南人的歧視。採取這種偏狹立場的臺獨人士，甚至將一切與國民黨有關的閩南人，視為「半山」。因而，卽使是「半山」成了臺灣的政治領袖，對他們而言，也還是「革命大業未伸」。在他們的眼中，只有在臺灣排斥了一切國際間的反對聲浪，並抵拒中共的一切威脅，而且正式宣布臺灣獨立建國之後，臺灣的民主化才會眞正落實。至於臺灣獨立後要採取何種憲法與政體，要怎樣對待外省人、客家人、原住民等「少數民族」，以及如何處理與中國大陸的關係等問題，則到目前為止，基於階段性考慮的原因，並不在他們深究範圍之內。

至於第二種採取臺獨立場的理由，則係基於一種策略性考慮，認爲只有採取一種國民黨所絕對反對的政策，才能突出它與國民黨的差異，並彰顯自己對民主的「貢獻」。採取此一立場的反對派人士認爲，如果只強調民主而不要求臺獨，則由於國民黨正在實施民主改革，則民主的成果終將成爲國民黨的政績重點。因此，唯有採取國民黨所反對與畏懼的臺獨訴求，才是凸顯反對立場的有效手段。這種反對立場的人士，由於對具體的公共政策無法提出獨特有效的政策方針，乃轉而以國家基本認同做爲訴求對象，因而，這種反對黨派，並非民主國家以憲政爲依歸的民主反對黨，而實係以推翻憲政體制、另造政體爲旨的革命反對派。不管是英美或歐陸民主國家，都只允許民主的反對黨派參與政治，至於以非法手段與另造政體爲基本訴求的革命反對派，則多難逃法治的監督與制裁。美國的各種左、右翼革命團體，長期受到情治單位的監督，而他們的國際同路人並被美國政府禁止入境（「黑名單」共約四萬餘人），也早已是美國朝野共知的事實。

但是，不管是基於上述何種理由而主張臺獨，我們認爲都是非法與不正當的，而且對於當前民主化的前景，都將構成障礙而不會有任何助益。事實上，所有曾與美國外交界人士接觸過的臺灣反對派人士，都清楚的知道，美國絕不會爲了臺灣的獨立而與中共翻臉，更不會爲了臺灣的獨立建國而製造東亞的緊張局勢。而中共方面當前爲了推動經濟改革、改善民生，也不願意昇高臺灣海峽的敵對關係。以目前臺灣的情勢看來，除非臺獨勢力成爲主流或迅速間膨脹，中共並無理由去製造臺海的緊張關係。然而，既然臺獨無任何國際上的好處的話，那麼高喊臺獨，除了滿足情緒上的困結外，究竟還有什麼意義呢？

唯一的理由，恐怕就在製造紛爭與對時局的不安全感了。臺獨人士眞正企圖的，乃是以非法的、激進的政治訴求，來考驗政府與執政黨的法治決心。同時，也希望藉此而激起執政當局內部的紛爭，如果能因而製造保守派與開明派間的對立，那就更合乎臺獨人士的陰謀與暗算了。如果，這樣的企圖眞正導致了臺灣內部的紛爭與不安，則由於許多臺獨人士安居海外，或早已與海外有所牽連的關係，則情勢越亂，卻對他們越爲有利。因爲他們退一步可依靠海外的奧援，進一步則可利用混亂的局勢，多奪得一些政治資本與經濟利益。

總之，無論從臺灣民主的發展、國際的支持與中共的威脅等各角度看來，當前的臺獨訴求都是有百害而無一利的。我們今天必須針對臺獨分子的眞正居心，而採取有效的因應，這一重大的政治課題，政府有關當局應愼謀能斷的拿出辦法來。

正視政治對立態勢的惡化警訊

七十八年四月十七日

自從《自由時代》雜誌發行人鄭南榕自焚而死後，臺灣各地的反對運動與抗議行動都已出現了新的變數，政治抗爭行動日趨激烈，兩極化的趨勢日益高升。無論是日前在臺大校門口發生的對靜坐抗議學生潑鹽酸事件，或是近日新聞報導，反對派人士準備的擡棺遊行，擬闖總統府等預定計畫，都將使朝野之間的政治對立，發生態勢惡化的危機。所有堅持和平與民主的人士，都應正視此一警訊。

首先，我們必須強調，鄭南榕選擇自焚雖然出於自己的悲憤抉擇，但卻絕非目前反對運動的正途，而且自焚一事本來就已違背人道與和平民主的原則，絕不值得鼓勵。因此，我們認爲無論朝野，都應就此一事件冷靜檢討，在人道的惋惜之餘，不應以動輒擡棺遊行的方式做爲謀取政治利益的本錢。因爲這不但不符中國人「入土爲安」的風俗原則，而且也有違民主運作的常規。想憑「擡棺遊行」而得到民意支持的人，也一定無法通過民主程序的最終考驗，是絕不足取的。

其次，我們必須正告司法當局，鄭南榕拘提案的程序雖然合法，但是在鄭案之後，也有傳播媒體和過去鄭氏所主辦的刊物一樣，刊載了臺獨建國的憲法全文。我們不希望司法當局再以同樣的作法來處理此事。但由於檢方是以「涉嫌叛亂」起訴鄭南榕，今後如有類似的情形繼續出現，到底應如何因應，的確是值得深思的。司法當局如何能夠既堅持法律的權威，又能避免雙重標準的情形出現；如何能夠既強調司法公信力，又能眞正的取信於民，恐怕在現階段還是一大難題。爲了因解上述的困境，我們的建議是，應將「言論自由」與「行動層次」作一嚴格與確切的區分，若只是牽涉言論層次，不必過分反應。但若已牽涉到實際行動，或侵犯到他人之安全或社會之秩序，則應嚴予法紀制裁，不容怠忽。

再者，針對靜坐抗議行動中的潑鹽酸事件，我們認爲這是不幸事件之後另一項不幸的發展。鹽酸事件滋事者的身分與意圖不明，但大抵不出兩種理由，一種是對鄭南榕自焚和反對派聲援一事心生不滿。另一種則是想藉鄭南榕事件升高朝野衝突，並從中獲利。不管是出於上述那一種意圖，我們都主張應對滋事者追究到底，必須查個水落石出。因爲除了堅持法治的立場之外，我們認爲此一新增的不幸事件對於朝野雙方都是不利的。不管肇事者是極端的反動派或極端的異議運動人士，都有意將政治對立情勢激進化，這對堅持和平與理性的朝野民主力量而言，都會造成負面的影響。這對臺灣整體的民主發展遠景而言，更是不利的。

基於此一潑鹽酸事件的教訓，我們願向反對運動與政府執法當局共同呼籲，今後在所有合法的街頭集會場合，都應有執法人員維持秩序與安全。一方面這是避免參與集會者情緒與行動失控，違犯法紀與公共秩序；另一方面則是爲了保護參與集會者的人身安全，以免遭受他人攻擊，使類似不幸事件重演。

同時，我們也特別要向反對運動者說明，由於此一潑鹽酸事件的發生，顯示某些意圖不明的暗流正在滋長，因此在情勢未明朗之前，不應輕率的再召集任何過激的羣眾集會，更不應以「硬闖總統府」之類的訴求，製造新的緊張情勢。因爲既然不幸事件已連續發生，就不應再以情緒憤慨的理由，製造新的機會，爲目前情況不明的暗流所乘。否則若再有不幸事件發生，就將演成惡性循環，永無已時了。

最後，我們要特別向鄭南榕的不幸家屬及爲事件中不幸受傷的執法員警表示關切之意。因爲儘管他們雙方的立場不同，但卻都是此一事件無辜的受害者。如果鄭南榕事件是一次教訓，那就應該是讓我們療傷止痛，重新反省民主與法治的進程及其缺失，但卻不是藉機擴大事端，擴大衝突面與抗爭面，最後製造更多的流血與紛爭！

李登輝總統對「臺獨」訴求的明確駁斥

七十八年十一月十二日

李登輝總統日昨在軍校學生聯合畢業典禮中，發表書面致詞，指出國軍效忠國家的具體目標，是忠於三民主義的憲政體制、忠於實現三民主義的建國理想。國軍的敵我區分，卽以是否認同三民主義以爲斷。對於少數妄圖竄改國號、分裂國土的行爲，固難逃法律的制裁，而三軍將士爲維護復興基地安全，尤應隨時警惕，以克盡本身職責。

李總統的政策昭示，無疑對目前因選舉而甚囂塵上的「臺獨」與「新國家」、「新憲法」等訴求，作了有力的駁斥。也爲國家基本國策作了明確的闡述，自可爲當前許多相關爭議，產生澄清作用，我們願藉此指述四點：

首先，是所謂國民黨與中華民國業已「獨立」四十年說法。這種說法事實上是爲了政治目的，而扭曲事實，主張臺獨的人心知肚明，中華民國政府與執政黨從來就是堅決反對臺獨的，甚至經由法院判決，將鼓吹臺獨者繩之以法。而目前執法當局也已進行廣泛搜證，準備對鼓吹臺獨者進行司法處理。這種明白的政策立場與司法態度，絕對不可能是一個主張並實施「臺獨」的政府，所願意從事的。因此，無論從法理、施政或對外宣示的角度看來，中華民國政府是全然反對「臺灣獨立」的。

第二，「新國家連線」的候選人了解，過去在解嚴以前的各項改革訴求，包括開放黨禁、報禁、改革國會、經濟自由化等，多已爲執政黨所接受，或列入改革議程，但唯有臺灣獨立、改立國號、新訂憲法等三項，是執政黨所斷難接受的。因此，在這些反對者找不到更佳的公共政策改革方案以對抗執政黨之際，他們只有背棄自己的良知與負責任的政治道德，將臺灣前途與臺海安全做爲賭注，置全臺灣人民的安危於不顧。但的確唯有如此，他們才能提出與執政黨和其他負責任的反對黨，完全涇渭分明的政策黨綱。這也就證明了「新國家連線」及其他臺獨訴求者，並非民主政治下的忠實的反對者或負責任的反對派，而是不擇手段，置臺灣前途不顧的政治煽動家。

第三，「新國家連線」中一部分人士的詭辯說，如果眞的因爲「臺獨」而招致中共武力犯臺，那只是證明我們的國防不行罷了。但是我們不要忘了，說這些話的人，也同時在力主要削減國防經費、減少國軍武力支出，並裁減軍力兵員。如果他們是負責任的反對者，他們儘可從政治制衡的立場，要求監督國防預算的執行、要求民衆對國防業務有更多的了解，並切實監控國防支出，使其符合經濟與效率的原則。但他們卻不應該在要求削減國防預算的同時，故意製造敵人攻臺的藉口，招致臺海不安。因爲任何政府，任何政黨，都不可能制訂出在敵人威脅日增之際，又加速削減國防預算的政策，更何況這樣的威脅竟然是由於自己內部的反對者所激起的！

第四，對於應該容許「臺獨」言論自由的說法，我們亦認爲應有適當的規範。因爲在解嚴之後，邁向民主化與自由化的改革路途中，我們應該同時堅持法治，亦即政府必須守法，人民也應該守法。因此，如果言論自由的範圍並未侵犯法律的權威，自應保障，但若逾越了法律所賦與的自由範疇，則必依法處理。我們絕不贊成以「政治上的實力」做爲司法裁判的參考標準，更不應顧及對違法行爲繩之以法是否會造成同情者日增、反蒙其害的說詞。因爲既然以法治爲優先原則，就不應再爲政治的理由而犧牲法治。

基於此，我們認爲李總統對「臺獨」難逃法律制裁的宣示，應作爲處理臺獨訴求的基本準則。希望司法當局，基於法治威信的前提，處理「臺獨言論」問題。如果它確實在言論自由的保障範圍內，就應使其公開，並予以合法保障。如果非是，則必須切實依法處理。

以臺獨名義重返國際社會的幻想

七十九年七月十六日

外交部長錢復日昨在立法院答覆立法委員洪奇昌質詢時指出，過去我國對聯合國中維持「雙重代表權」一案，並非採取堅決否定的態度，而係以不干預的立場對待，但是有關「雙重代表權」的提案卻仍然失敗了。因此，外交空間開拓的主要障礙並不在於我們未能以「臺灣」的名義重返國際社會，而係由於中共的刻意阻撓，以及國際現實環境的限制，使得我們無法進一步地擴展外交關係。但此一問題的解決，卻絕不是以「臺獨」名義就得以奏效的。

根據洪奇昌委員所提的數據，全球只有十個國家承認「臺灣是中國不可分割的一部分，而中華人民共和國則是代表中國的唯一合法政府」，其餘近百國則只用含混的字眼表達臺灣和大陸的關係，或是完全未提及臺灣部分，因此洪委員認爲，如果放棄中華民國名義，改用臺灣名稱，將可拓展外交空間。

但是外交部官員也指出，單純的改動名稱並不足以解決問題。在上述十一國（而不是洪委員所稱的十國）中，就有幾內亞比索和賴索托二國，基於現實利益（而非國號）的考慮，而放棄了與中共的外交關係，並與我國建交。另外，在承認中共，卻未提及臺灣的近百國之中，近年來也有賴比瑞亞、貝里斯和格瑞那達等三國與我建交。這也證明了外交空間的拓展，並不以更改國號爲前提。

我們認爲，外交空間的拓展，主要的理由應是現實的利益，卻不是象徵意義的國號。而且我們認爲，如果想以更改國號來拓展外交空間，則所面臨的阻力，必然遠較目前的「中華民國」國號更爲艱鉅。其中主要的關鍵因素是：中共並不願見我們以臺獨的國號重返國際社會，甚至可能因此而更加刻意的予以阻撓。而且中共極可能不惜以昇高臺海兩岸的緊張關係，逼使我政府在此一問題上讓步。

面對上述的理由，許多反對者可能會立即反彈的說：「又要以中共武力犯臺的理由嚇人了，看看嘛，眞正打打看，到底誰怕誰！」我們充分了解這種反彈心態的根由，但是我們也必須指出，說這種話的人可以是任何人，可以是任何尋常百姓，但是卻不應包括負責任的政治家在內。任何有遠見、肯負責的政治家，都不能輕忽臺海危機可能昇高的任何一項因素。如果動輒以改國號、變更國體和向中共挑戰爲訴求，卽使能獲得少部分選民的認同，甚至博得「果敢」之虛名。但是卻無法眞正的爲臺灣人民帶來安定與福祉，更無所謂尊嚴可言。基於此，我們不能同意所謂臺灣獨立，更改國號，卽可重返國際社會加入聯合國，甚至變爲「東方瑞士」的虛幻說法。因爲這種講法非但不可能爲國際社會所接受，而且也不可能爲海峽對岸的中共政權所容許。

當然，反對者也許還會說：「難道我們什麼事都要考慮到中共因素麼？那不是太沒骨氣？」我們同意上述的質疑，但我們也必須說，我們國家的某些部分施政的確不必考慮中共的臉色，但唯獨在外交空間的拓展和「臺獨」問題上，特別需要考慮到中共的反應。其中主要的原因是，中共是一個以民族主義掛帥的政權，對於臺灣發展的成就，它或許能以中國人的立場而予以肯定。但是如果臺灣發展的最後方向竟然是「臺灣獨立，脫離中國」，它就會不計一切代價，以武力收回臺灣了。否則，中共又將如何應付西藏、新疆非漢民族的獨立要求？事實上，近來中共政權已一再重申，中共不願聲明放棄「以武力攻臺」的主要理由，是深恐臺灣會走向獨立之路。而且中共方面過去也一再聲明，它雖然不同意國民黨的統治，但卻必須肯定，國民黨堅持一個中國的立場，是值得稱道的。由此看來，臺獨的確是中共武力攻臺的一大藉口。

當然，我們相信還是有異議者會問：「中共事實上可能以任何理由攻臺，但問題的眞正關鍵是它有沒有攻臺的能力。因此，臺獨並不是中共可能攻臺的眞正理由。」但是我們只要看看過去幾個月裏，臺灣地區支持臺獨者對大陸民運人士所採取的敵視態度，就可了解到雙方雖然均肯定民主和多黨政治，但是雙方卻在臺獨問題上發生了嚴重歧見。部分大陸民運人士甚至認爲，如果臺灣獨立，勢將面臨中共的武力威脅。對於他們的看法，無論我們是否願以「大漢沙文主義」稱之，但這種普遍反臺獨的心態卻是不得輕忽的。這也說明了臺海兩岸的民主運動者，對於臺獨問題的看法，的確是充滿歧見的。

當然，上述的各項理由可能均無法眞正說服臺獨的支持者。對於這些立場偏激的人士，我們的具體建議是，請他們到美國、日本、西歐和中國大陸去尋求支持者。如果他們眞能得到歐美、日本和大陸政權的允諾，若以臺灣的名義重返國際社會將能換得雙重承認，並與中共在國際社會同時立足，則臺獨問題也就自然成爲事實了。但是，我們卻不希望他們在普遍聽到回絕聲音之際，仍然堅持臺獨是臺灣的唯一出路。因爲，這種非理性卻固執的態度，就不是說理說得清的了。

在野的原則與理念

——在野黨派應積極參與國家統一委員會

七十九年九月十日

李登輝總統將於今（十）日下午三時三十分，邀請十位各黨派人士，就籌設國家統一委員會一事，進行溝通並諮詢意見。

我們認為李總統廣納朝野不同意見的作法，是極富前瞻性的。我們也希望總統府的國家統一委員會，應偏重最高層的決策，尤其是執政黨與在野黨之間經過政黨協商而獲致共識。因此，國家統一委員會的成員，應該是跨黨派的。而根據目前的擬議，此一委員會中的三位副主委之一，即準備延請在野人士出任。因此，我們認為在野人士不但應積極參與國家統一委員會的諮詢工作，而且在日後此一工作的推動上，更應積極表達意見，才能從異中求同，為國家統一大政發揮監督職能，並逐漸建立起朝野共識。

目前在野人士當中，大部分均已表示了樂於參與的態度。民進黨的領袖黃信介，也表達了應邀的決心。同時他主張，國家統一委員會應該正名為「自由民主統一委員會」，才能更明揭的凸顯國家統一的前提與方向。但是黃信介的態度，卻激起了民進黨內的反彈，許多在野人士強烈質疑黃先生不應在「國家統一」的前提下與會，有人甚至公開指陳，民進黨員中支持國家統一的人數不足百分之五，因此黃信介主席不應參與此一會議。

我們認為上述的質疑是站不住腳的，而且也是危險的。誠如民進黨籍立委林正杰所指出的，民進黨本身只預設了「自決」的前提，而自決的結果可能是獨立，可能是統一，也可能是維持現狀。因此，既然有的民進黨員可以主張「臺獨」，甚至加入臺獨聯盟，為什麼黃信介主席就不能參與「國家統一委員會」呢？難道說，只有「臺獨」才是「自決」的唯一方向麼？果如是，則民進黨就不如提早公開支持臺獨的立場，甚至改名為「臺獨黨」好了。但是，很顯然的，民進黨內仍有不少人士是反對將「臺獨」與「自決」劃上等號的，也就是說，他們認為民主的前提是優先於臺獨的。因此，強將「自決」解釋為「臺獨」的作法，是危險、褊狹，而且違反民主原則的，這種質疑也是自失立場的。

同時，我們認為「國家統一委員會」的地位與「臺獨聯盟」絕不可同日而語。「國家統一委員會」是直接隸屬於總統府下的高階層、跨黨派的諮詢機構，參與此一機構一方面意味著認同中華民國，另一方面也表示在野的地位受到了國家的肯定。因此，拒絕參加此一委員會不但不能凸顯民主的決心（相反的卻顯示了反民主的褊狹心態），而且更顯示了「反體制」的騎牆心態。因為，既然參與選舉，扮演著反對黨的角色，就意味著認同國家的憲政體制；但是另一方面卻又反對憲政體制所揭櫫的國土統一立場，甚至拒絕「國家統一」的稱號，這豈不是處廟堂之中卻又拆廟堂的牆腳？事實上，黃信介先生的立場就遠爲持平而理性。他提出「自由民主統一」的立場，一方面固然揭櫫了一位反對黨領袖的抗議立場，另一方面卻也體現了肯定憲政體制與國家統一的決心。這種在國家認同前提下抱持異議的作爲，才是眞正的「忠於國家，反對執政黨」的正確作法，也才是一個在野黨所應效法的政治原則。

「忠於國家，反對執政黨」的原則，事實上正是源自英國反對黨的「忠於女王，反對政府」。而且，在任何一個上軌道的民主國家，反對黨「忠於國家」的立場，也都是不可或缺的。因此，一個忠於國家的反對黨，固然要受到民主規範的合法保障，而一個反對國家及憲政體制的反對黨，卻難免不爲國家法律所認同。基於此，雖然同屬左派陣營，但是在義大利，義共卻屬合法政黨，但「赤軍連」卻是非法組織。在目前中華民國的法律制度之下，共黨固然是非法組織，而主張國土分裂的「臺獨聯盟」，也在國法制裁之列，但是民進黨卻是一個合法的政黨組織。如果部分民進黨人士竟然願縱容其黨員違法的加入「臺獨聯盟」，卻不能容許民進黨主席參與總統府的「國家統一委員會」，這又怎能讓人肯定他們對民主與法治的認知呢？這又如何做民主的表率呢？

基於此，我們一方面肯定黃信介先生「忠於國家，反對執政黨」的作爲，另一方面，卻必須駁斥部分在野人士遊走於體制內外間的騎牆作法。另外，我們也藉此機會呼籲所有應邀參與「國家統一委員會」的在野人士，都能積極扮演在野制衡的角色，切實監督政府，廣納民意，使國家統一工作能兼顧朝野不同政見，走往更合理而富建設性的方向。

「黃華案」絕不可以政治干涉司法

七十九年十二月十九日

立法院昨日又發生嚴重的議事衝突，其間雖然快速的通過了有關公務員任用、俸給、考績的三項法案，但立法院內的火爆氣氛，再次令人深感痛心！這些日子以來，民進黨為了以政治力量干涉黃華案的司法審判，不但使朝野關係緊張，而且更使立法院陷於癱瘓，待審的法案堆積如山，令人為此而深感憂心。對於這種惡質化的抗議與對立行動，我們願意以反對派人士過去最習慣使用的一句話回答，那就是：「讓司法歸於司法！」如果一定要以黨政協調方式，以政治力量干涉黃華案的審判，則不正是反對黨人士所亟亟於反對的，又一次的讓政治介入司法嗎？

關於黃華案的司法審判過程，以及法官的量刑問題，基於尊重司法以及尊重法官判斷的原則，我們不願表示任何意見。但是我們卻願意以具體的司法判例，證明將「言論自由」及「叛亂行動」加以區分，並對後者加以判刑的案例，的確是被西方民主法治國家認可的。

一九五二年，美國司法部控訴加利福尼亞州十四位共產黨領袖，違反「史密斯法」（亦即「外民登記法」），並以：(一)煽動及教導以武力與暴力顛覆美國政府，及(二)組織叛亂團體顛覆美國政府，這兩項理由，向被告提出二十三項罪狀控訴。這次起訴經過長期的司法過程，最後被最高法院否決了有罪的判決，並發回更審。

但是，在最高法院的判決意見中，大法官哈蘭指出，在有關叛亂或傾覆政府的言論中，應將「理論」及「行動」加以區別。如果僅是鼓吹某種抽象的理論學說，應視為「理論」；至於煽動或教導他人從事傾覆政府，則應視為「行動」，並加以禁止。

我們提出上述的判例，並不在證明黃華有罪或無罪，事實上，判斷黃華案僅是「言論」自由或實際上已有叛亂「行動」，並不是輿論界之任務，這實應由法官及司法專業人員從事之。因此，我們無法對黃華案量刑是否適當表示意見。但是，我們卻不贊成因為黃華案而出現的兩種意見，那就是：

(一) 執政黨應與反對黨協商，變更黃華案所做的司法判決，以促進政黨和諧。

(二) 由於黃華案的出現，政府應將刑法第一百條刪除。

我們先談後者，刑法第一百條條文寫著：（普通內亂罪）「意圖破壞國體、竊據國土，或以非法之方法變更國憲、顛覆政府，而著手實行者，處七年以上有期徒刑，首謀者處無期徒刑。預備或陰謀犯前項之罪者，處六月以上五年以下有期徒刑。」

根據上述的條文，我們實在不了解何以必須因為黃華案而刪除此一條文。是因為黃華眞的犯了這一條，就必須刪改這一條嗎？還是因為黃華根本未犯這一條，卻牽累到這一條呢？

如果黃華根本只是言論犯，沒有叛亂行動，這是司法量度問題，被告及其律師自然應該循司法程序申請上訴，最後甚至可以向大法官會議聲請解釋該法是否違憲，但是，由於該法明訂「著手實行」，換言之，卽明白規定係「行動」，這就不是法條本身的問題，而是法官判斷是否爲「行動」的問題了。因此，根據黃華案而要求刪除刑法第一百條，實在是說不過去的。反對者頂多可以要求上訴，對初審法官的審判重新審理，亦卽仿傚前述美國「史密斯法」之判例，就「言論」與「行動」之間的關係循司法途徑再做釐清。如果上訴到高等或最高法院時，法官的確做了不同的判決，那麼黃華案到底是牽涉言論自由還是叛亂行動的範圍，就更淸晰了。基於此，黃華案的問題只是法官判斷是否適當的問題（可能其他審理上訴案的法官亦持相同見解），卻不是應否廢法的問題。

當然，可能有人會說，刑法第一百條的眞正問題並不在前段條文部分，而係後段條文所稱的「預備或陰謀犯前項之罪者」，意義不明，必須做更明白的界定。但這依然是法律本身的問題，應透過「司法院大法官會議法」第四條第二款規定，聲請釋憲，由大法官會議做出解釋，或修訂條文，但在這些程序進行前，逕自要求廢法或刪法，實在是說不通的。這正如同「史密斯法」的處理情況，是藉由司法管道尋求再審判機會，卻不是要求廢除「史密斯法」，逕行了事。

基於以上理由，我們不贊成黃華案應由執政黨透過黨政協調，以干預司法方式而加以解決。這實在是政府在實施法治、尊重法制的努力中，最不應該做的事。因爲如果任何叛亂案都可經由議會協調而更改司法判決，那麼還要法院幹什麼？而立法院豈不成了另一個司法院嗎？這不但是對司法權威的嚴重戕害，也是民主法治建設工作所不能允許的負面性作法，是絕不可取的。

最後，我們願意表達對政黨政治與司法威信之分際，表示看法，如果在野黨肯定民主化的目的是經由法治秩序的建立，爭取公平競爭的民主規範，最後爭取執政的機會，但是在此一過程中，學習尊重法治及法制，卻是民主成長的不可缺要件。如果反對黨人士捨此一民主法治正途不走，卻處處要求「法外行事」、「便宜行事」，甚至是「廢法而破壞顚覆」，那麼我們的民主法治就將降格而爲解放與革命了。到了那一步，我們的民主，還能存在嗎？

基於此，我們要求民進黨放棄以黃華案癱瘓立法院議事的作法。

為什麼不接受臺獨？

八十年三月二十八日

最近「臺獨」問題再度因爲部分立委與行政院長之間的爭議，引發朝野各界的關注。在這些爭執之中，有不少情緒性、非理性的說詞，而且也夾雜了許多黨派的利益因素，郝院長前天在立法院答覆立委謝長廷時說：「在任何情況下，我都不接受臺獨，這也是我的良心。」我們認爲在臺獨論調以言論自由的形態日見浮現之際，如對其論調不加澄淸與導正，對於中華民國的憲政改革及政黨政治的良性運作，都將帶來不利的影響。我們願藉郝院長這一席話，作一番引伸，俾有助於建立社會大眾的共識，爲國家的長治久安，奠立堅實的公意基礎。

首先，我們必須指明，由於臺灣曾經受到日本統治五十年，在過去四十五年間，又有四十一年是與大陸分離，因此，有人容易接受「臺灣實質上已分離」的說法。但是這種「實質分離」的論點，卻與我們要討論的「臺獨」問題完全不同，因爲所謂「臺獨」並不是討論事實上是否存在分離的問題，而是要求未來在法制上達成完全獨立。臺獨之目的是：

㈠訂定新的國號、國旗與國歌。

(二)尋求獨立的國家主權，並以獨立的臺灣的人格與身分加入國際社會。
(三)否定臺灣人是中國人，並強調獨立的臺灣人或臺灣民族確實存在。

上述三點，是「臺獨」論者的具體主張。而「實質分離」的論點，雖然承認當前存在的實際情況，卻是反臺獨的，亦即主張：

(一)臺灣雖然已與大陸長期分離，但依然是中國的一部分，而且仍應在「中華民國」的國號及憲政制度下，建立有別於大陸共產政權的民主政體。
(二)中國的統一並非在中共現行體制之下統一，因此，統一不必有時間表，但是臺灣卻不可能，也不應該永遠脫離中國而存在，更不可能成爲獨立的主權國家，或是以「中華民國」以外的獨立臺灣國國號，存在於國際社會。
(三)臺灣人就是中國人，而臺灣文化也是中國文化中的一種延伸。否定臺灣人是中國人，乃是背棄民族主義與文化傳統，以及否定祖先血緣的不道德行徑，也是一種背棄國家的不正義行爲。

上述的立場，很顯然是與「臺獨」立場完全相異的。除了政治見解與統一立場相反外，最重要的分野是：「臺獨」否定臺灣人是中國人的立場，從文化傳統與國家認同的角度看來，這種立場是不道德的、不正當的。而從憲政民主的角度分析，臺獨論者也與正常的反對黨人士的立場不同，其間的主要差距在於：

(一)反對黨派的立場應該是「反對政府、忠於國家」，所謂「反對政府」，就是「反對執政黨」，但卻站在認同國家與憲政法治的立場，提出有別於執政黨的各種公共政策主張，並扮演制衡的角色，以爭取執政機會。但是「臺獨」論者的立場，卻是「既反政府，也反國家」，同時也否定憲政體制、否定國號，更否定自己的中國人身分。而且他們在反對中共之餘，也反對整個中國，強調臺灣人非中國人和臺灣的「非中國」的立場。這種「一切都反」的反對態度，事實上絕非西方民主體制下的「忠誠反對派」或「體制內反對派」，而是眞正的「反體制激進派」。換言之，「臺獨派」的角色，並不類同民主體制下的反對黨派，如義大利的共產黨、日本的社會黨等，而是類似北愛爾蘭新芬黨、北愛共和軍或義大利赤軍連等「反體制」的角色。雖然近年來「臺獨」的暴力色彩業已降低，但是強烈反對憲政民主體制與國家認同的立場，並無二致。

㈡反對黨派應是竭盡一切合憲與合法的民主手段爭取選民認同，期使在選舉中獲得勝利以執政。基於此，在當前中華民國憲政體制之下，批判國民黨的施政與弊端，乃是合理而正當的。但是「臺獨」論者的立場，卻是從根源處，否定中華民國國號與國家認同，反對憲政體制及民主規範，而且要在一種「虛無」的立場上，求取全面的解放。這種否定中華民國憲法與國號，不受民主法治規範約束的立場，和過去許多西方反對憲政民主的激進團體的立場，並無基本不同。而且，他們同樣都是以「不道德的道德主義」立場，希望藉手段上的不道德性，促使他們自認爲道德的反體制主張，及早在短期之間實現。但是由於他們只堅持目的上的神聖性與道德性，卻容許自己在手段上可以不受道德規範的約束，因此也就否定了憲政民主的基本規範，因而他們也就忽略了兩項基本的民主法則——第一，「通往民主之路，手段和目的是一樣重要的」；第二，「不道德的手段集合起來，如何可能實現一個至高無上的道德目的？」但是，這種「不道德的道德主義」立場，過去卻也曾出現在許多法西斯主義與馬列主義之間，臺獨的應予批判，也就在此。

基於以上的分析，我們認爲過去政府在否定臺獨時的說法是不適當的。因爲所謂「臺獨將導致中共武力攻臺」之類的說詞，只會造成臺獨論者反駁「要打就打，看誰怕誰」，反而促使其獨斷的道德主義心態因情緒激勵而日益堅強。另外「強敵侵略」說，也會造成一般老百姓對國家前途惶惶不安，人人想搭兩條船，結果勢將引發對國家對民衆均不利的反向效果。相反的，我們根據上述的分析，卻必須強調下列兩點不同結論：

第一，「臺獨」訴求本身就是不道德、不正義、不負責的。因爲它不但否定了做爲中國人的堂堂正正立場，而且也將我們的憲政民主及國家認同帶往艱危之境。因此，它既是反憲政、反民主、反中國的，而且是危害全體臺灣人民福祉的，這就是不道德的。

第二，「臺獨」想以反憲政、非民主的手段，實現它自認爲道德的、神聖的立場，本身也是不道德的。因爲民主體制本身就強調所有的手段、過程和目標都是同樣重要的。如果手段與過程本身違反了國家認同與憲政民主的規範及原則，即使目標再神聖堂皇，本身也還是反民主和不道德的！

基於此，我們認爲，臺獨的手段、策略和基本目標，都嚴重違反了民主理念與道德原則，而且無論就中國或西方的標準來衡量皆然。尤其臺獨往往假借「臺灣人意識」、「臺灣二千萬人共同體」一類的訴求，而事實上卻正是爲臺灣二千萬人民製造禍害的行爲，更是必須嚴予批判的不道德作法。因此，臺獨誠是在任何情況下都不能接受的。

「公無渡河，公竟渡河」
——臺獨的結怎麼解？

八十年十月二十一日

「公無渡河，公竟渡河！渡河而死，其奈公何。」中國的古代傳奇故事，現在正在臺灣重演。但是，在執意走上這條不歸路的政治人物中，卻不乏飽學深思之士。他們選擇臺獨這條危路，而且抱身陷囹圄的效死決心，實在是不容輕忽的。事實上，臺獨問題的結，自始至終，就不是可以由理性充分說服與解決的。因此，企圖通過年底大選進行「統獨大辯論」，使「眞理愈辯愈明」的想法，以及寄望通過司法途徑加以解決的任何期待，可能也只會收到很小的效果，卻也可能帶來嚴重的反效果，使問題日益惡化。

臺獨的結，事實上，正是一個典型的「公無渡河」式的悲劇。因爲，它是一種信仰，一種堅執的意識型態或「意底牢結」。除非下列幾種情況發生，它是無法眞正被化解的。

第一種情況是中共眞正攻臺，而且攻臺的正式理由是爲了消滅臺獨。此一情況是所有在臺的同胞都絕不願見的。但除非此一極端情況出現，臺獨的支持者就仍有充分的理由說，中共並不會以臺獨爲由，侵犯臺灣。因此，臺獨問題在此就出現了「玉碎瓦全」、「零與一」的兩極式弔詭。亦卽，除非嚴重的臺海危難眞正發生，否則臺獨勢力將持續發展，甚至壯大。

第二種情況是國府採取大規模鎭壓逮捕行動，壓制臺獨勢力。但這是一種「以力服人」的作法，反彈將十分嚴重，如果處理不愼，很可能會造成國府內部嚴重分裂，形成執政者本身的領導危機。而且，「以力服人」的作法，只能收短期的鎭制效果。但長期而言，卻是服不了人的。

第三種情況則是分而治之。將激進派臺獨與臺獨的同情者或溫和支持者分別加以對待。對激進派予以嚴懲，甚至以司法程序處分。至於溫和派和同情者，則只予以警告，同時則進行折衝協商，使其重回民主道路，變成「憲政制度下的反對者」。但是這種作法成功的機會並不大，其中主要的原因是，激進派與溫和派之間的區分並不明顯，而且常常會發生錯誤劃分的情況。因此表面看來比較溫和的臺獨支持者，事實上仍會運用各項資源，持續的宣揚臺獨主張與理念。因此此種作法，只不過是把時間拖久，將問題延後處理罷了。

因此，在上述第一種情況大家不願見，第二種情況亦不容出現的處境下，第三種作法雖無法眞正解決問題，卻可使問題拖緩下去。但是，朝野各界卻必須了解，臺獨問題事實上並不是民主程序所能解決的。因爲對岸的中共並不容臺灣人民以民族自決的手段，使臺灣離中國而去。而臺灣大多數的民衆卽使以選票否決了臺獨，使支持臺獨的政黨日漸萎縮，但仍然會有激進的臺獨支持者，在有限的選票中，持續保持它的活動空間。這正像是北愛爾蘭的獨立運動一樣，堅持它的激進路線，即使是英國長遠的民主傳統與選舉經驗，也無法化解此一困結。

那麼，大多數對統獨問題仍無定見的選民究竟應該怎樣做呢？最有效的作法，是拒絕被「統獨之爭」所動員。目前「以獨逼統，以統逼獨」的政治態勢十分明顯，但如果我們堅持自己「非獨非統」，既非臺獨支持者，也不是「立即統派」，那麼在兩極上的統獨支持者，就反被更大的中立羣眾所孤立了。或許，當統獨兩極被孤立之後剩餘的廣泛空間，才是臺灣民主化成長的眞正園地。因此，現在正是有智慧的政治家，澄清統獨之爭，跳開統獨糾結，開拓另一個民主競爭境域的時候了。

五、政治效能與公共決策

街頭運動的氾濫與公權力的式微

七十七年九月十九日

民進黨籍高雄市議員陳光復等在十七日率領「監察院治喪委員會」四十餘人，至監察院前爲監察院「送終」，違反集會遊行法，經三度亮牌警告無效，警方決定強力驅散，並逮捕陳光復、朱勝號、翁天爵、王文輝等四名主事者，送交法辦。

這次抗議與逮捕事件，無疑將使彈劾蘇南成提案的政治性昇高，同時也使朝野之間對於監察權的行使問題，增添了衝突的因素。但是我們認爲此一事件更深遠的影響，則是昇高了街頭運動的黨派性色彩，使得業已式微的公權力，面臨更嚴重的威脅，我們不願在此一事件的法院調查過程中表示任何黨派性的意見，但卻願就當前街頭運動的過度氾濫，提出忠言。

首先，我們認爲合法的街頭運動，應該是被允許與接受的，即使它對交通秩序造成有限度的妨礙，但只要它經過合法的程序，提出申請，獲得批准，並接受警方的指揮節制，這都應被視爲民主活動的一部分。而且，街頭運動可以就一些過去被忽視的議題，促請社會大眾矚目，並要求執政者在政策制訂時多予注意，對於國會效能不彰的當前政治環境而言，合法而適度的街頭運動，並非無積極的社會運動意義。

但是，我們卻不能無條件的容忍違法與濫權的街頭運動，因爲合法的抗議行動，是人民合法權利的伸張，但違法失序的抗議行動，卻將對社會治安和公權力的維護，造成嚴重的負面影響，它是以犧牲社會公益爲代價的行徑。

就此次監察院的彈劾蘇南成案爲例，雖然第一次提案被否決，但提案委員正準備繼續另提彈劾案，在民意機構內部運作程序尙未結束，事情最後結果尙未揭曉之際，少數民眾居然就已判監察院「死刑」，公然爲監察院「送終」，僅就情理而論，實在是太過分了。再就法律秩序而論，既然警方已下達了禁令，違法的示威民眾卻依然故我，則繩之以法，自然是難以避免的。但是我們希望法院本身能固守其公平公正之立場，警方自可依法拘提違背禁令的民眾，但法院裁判亦應嚴守政治中立立場，以樹立司法威信。

所謂政治中立與司法威信，就是不因當事人的政治與黨派立場而決定懲處輕重，此一原則不僅應該適用於司法機關，亦應適用於其他執行單位。過去在解嚴之前，曾有一些政府執事者有意漠視政治反對者的意見，在解嚴之後，街頭運動甚囂塵上，並常與反對黨派結合，爲了避免政治衝突昇高，政府執法機關又常常對具反對黨派色彩的街頭運動，採取較爲縱容的態度，明明是違法失序的街頭活動，卻不予以立卽的強力制裁。結果導致街頭運動者（許多是職業運動家）日益囂張，目無法紀，把社會秩序和政府文官系統完全不看在眼裏，甚至以爲政府公權力不過是「紙老虎」罷了。在他們心目中，所謂的「民主化」，不過就是執政黨與反對黨之間的權力鬪爭罷了，唯有推翻執政黨的「國家霸權」，才能使「人民」重掌政權，使反對派成爲新政治體制的掌權者。

我們必須嚴正的告誡抱持這種觀點的社會運動家與反對運動者，上述的觀點並非民主體制下反對派的應有立場，相反的，它卻是革命時代的「解放論」的延伸。如果當前反對運動者所堅持的不是民主規範與憲政秩序，而是革命性的解放，那麼當前民主化的努力就沒有堅持下去的必要。因爲，如果民主化的最終標的是另一個革命政權以打破人頭的方式掌權上臺，那麼我們就寧願謹守當前已有的民主成果，而無法對未來那不可知的革命無政府狀態，寄以任何奢望。

我們對民主化轉型的基本立場是：堅持憲政民主的規則，使各黨派獲得公平的問政空間及參政管道，使文官系統建立起中立（非黨派性）的施政原則，並使國家機制和公權力建立起公正的權威形象。基於此，我們認爲，在合法守法的前提下，從事街頭抗議的行動乃是應該被法律保障的民主權益。但是，以打擊公權力爲主旨，並向執法者權威進行挑戰的任何違法行動，卻是一種無政府式的暴民行徑，這種行徑，無論其黨派立場如何，都是必須制止的。今年夏天，在紐約歡迎與抗議立委朱高正的羣眾發生街頭爭端，雙方均遭到了紐約警方的武力制裁，但是卻無人敢對這項制裁表示公開的抗議。這種不受黨派因素影響的執法行爲，就正是我們今後應建立起的法制規範。

最後，我們必須強調，在民主化的進程中，無論朝野都應尊重文官系統的施政權威，減低此一系統所受到的黨派因素的影響。在執政黨方面，應注重黨政的分際，使文官系統的中立性得以確保。在反對黨方面，則應將黨派性衝突的重點放在議會之中，卻絕不應以文官系統的公共權威做為打擊的對象。因為，一旦公權力受到嚴重戕害，日後要再恢復就非常不易了。民主化的最終目標之一，應是政黨體系的建立與政權的和平轉移，如果此一民主化目標是以打擊政府公信力和摧毀文官體系為其代價，亦即以革命性的解放為其手段，則民主化的結果只能造就一種無政府式的紊亂了。在這種處境下，非但民主化的標的無以實現，而且會隨時因公權力的衰落與社會的失序而面臨中輟的危機。基於此，在街頭運動日趨氾濫、社會運動日益政治化與黨派化，而公權力又日漸式微的今天，我們必須強調維護公共權威與文官中立原則的重要性和迫切性，無論朝野都應特別深思此一問題。

內閣形象的重整與文官士氣的重振

七十七年七月二十六日

中國國民黨十三全大會之後的政局終於底定。雖然在此次黨大會之中，民主氣氛已大爲提高，但黨內民主化卻與內閣陣容的改善了無關係。相反的，在黨大會中得票居前的中央委員們，卻未成爲新內閣中上昇的新血。輿論界對於此次改組的背景分析頗多，此處無需贅述。但值得多談的，則是如何重整改組後的內閣形象，以及提振因內閣調整而動盪不安、積怨難寧的公務員士氣。

比較過去的幾屆內閣，可以看出此屆在形象上的差異。當年蔣經國先生首任行政院長時，他秉持著親民的精神，以一般老百姓，也就是平民的意願爲歸趨，上山下鄉，探訪民隱，不但展現了個人的領袖風範，也使得傳統威權體制下的「德政」理想，在某一特定範圍內得到實踐的機會。雖然在這種威權統治之下，人民只能得到「開明專制」的蔭庇，而無法充分享有貞實的參與民主，但在施政效果上，卻可以看到相當具體的成績。若稱之爲「親民內閣」，應不爲過。而當蔣先生體力日衰、漸入暮年之際，孫運璿先生的「財經內閣」繼起，承繼了部分的親民風範，也在財經事務上展現了相當成功的效能，孫先生雖因中風而被迫提前退休，但他個人的威儀和政績，至今仍然受到國人積極的肯定。

等到俞國華先生組閣時，由於個人領袖魅力較不如前，親和性也減弱，內閣形象開始發生問題。但在形象問題之外，財經官員們的表現，總體說來，平實而無大過。雖然內閣因「江南案」與「十信案」而黯然失色，但究其本因，許多責任並不應完全歸咎於俞內閣本身，只是因社會變動劇烈，官僚體系積習使然，使得負面形象特別凸顯。因而，我們稱其爲「官僚內閣」的積弊固可，但實在不應過度指責在內閣之中竭力盡心的各層公務人員。

現在，新的內閣又組成了。從表面的閣員成分看來，本屆內閣學歷特高，爲舉世所罕見，實可稱之爲「博士內閣」。但深一層分析，卻是適當人才多未安其位，因此看來又難脫「外行內閣」之譏。若更深一層做成員背景分析，則除了少數布衣寒士之外，閣員們多出身權貴世家，「四大公子」，皆入閣內，又難免予人以「公子內閣」或「世家內閣」的印象。但是，無論是「博士」、「外行」、「公子」或「世家」這四個標籤，都不應成爲今後新內閣的形象與實質。因爲，這四個標籤都是過去歷屆內閣標誌的敵體，同時也是民意與政績的大敵。

相對於「財經內閣」與「官僚內閣」，無論是「博士內閣」或「外行內閣」，毋寧都是負面的標誌。任何人都知道博士學位與政績優劣並無必然關係，專家掌政往往會提高施政效能，但博士卻不必然。因爲博士不一定是行內專家，空有博士頭銜並不能保障政績良好。更何況此次「博士而兼為外行」的內閣班底，反易成為專家領政的障礙。而且還可能由於博士頭銜的虛妄心態，對真正的專家與官僚尊重不夠，而陷於「外行領導內行，外行博士指揮內行專才」的困境。

當然，更嚴重的問題是，和「親民內閣」相對的，「公子內閣」或「世家內閣」很可能是既不尊重官僚體系，又難體察民瘼民隱的。出身世家的公子們，一生仕途如意，即使同樣是歷經聯考與苦讀，而且不像某些頑劣子弟敗壞家門，但是他們和廣大的羣眾相較，畢竟是絕少的幸運兒。對於當前轉變日速的社會與政治問題，很難從基層民怨的角度，獲得親身的理解。另外，過去多年來，官僚體系中早已充滿著各種關於「公子難伺候」的故事，現在，新閣上陣了，故事是否會重演，是否又要讓文官系統內部頓挫不已，就難以逆料了。

但是，在新閣伊始之際，我們總企盼新人展新政、佈新局、創新機，我們不願意光從出身論高低。相反的，我們希望看到博士能成功的領導專家，外行能有效的指導內行，我們更希望權貴公子能效法當年經國先生的親民精神，上山下海，進工廠、入農村，親察民意，以了解社會動向。同時，我們更希望新的政府領導人，能夠以平實親和的態度對待屬下，對當前浮動不居的文官體系多所鼓勵，以重振士氣。

在公權力日趨式微的今天，即使我們承認「大有為政府」或「萬能政府」的理想已無法實現，我們還是必須肯定成功的施政對社會治安的持續穩定、經濟規律的有效運作與政治秩序的漸進調整，還是有絕大的影響力。因此，在公共權威持續衰頹、公務人員士氣低落不振的此際，我們必須呼籲：重振文官系統的士氣，合法的保障他們執行公務的權力、合情的調升他們的待遇與福利，以及合理的賦與他們晉升的機會。在這次內閣改組中，大多數表現稱職、普獲黨內民意支持的官員們均未獲得晉升與鼓勵。所有傑出的次長級官員也均未「更上一層樓」。固然，權力的分配本來就是多重考慮的，內閣安排不易盡如人意也是情有可原。但是，在此次改組之後，各部會內部羣起的驚訝、惋惜與失意，卻是近年來少見少聞的。如果我們對政務官的期望是「善體民意」的話，那麼，如何第一步的去「體恤僚屬、重振士氣」，就成爲新內閣上臺的頭一項課題了。

我們誠懇的希望，新的內閣，將不會長期的停留爲「外行內閣」或「公子內閣」。在短期的人心震動之後，它應該重整世家內閣的形象、重振文官系統的士氣，並重建公權權威的聲望。它更應該努力的在民主的基礎上，逐步建立起一個新的「親民內閣」的實質與形象。

從六輕設廠事件看公共政策的制訂過程

七十七年十一月七日

經濟部終於核准第六石油輕解廠在桃園觀音工業區設廠。這是自宜蘭縣抵拒六輕設廠以來，經歷不斷的風波之後，最後的一項決定。但這只能被視爲政府主動決策上的重大決定，事實上，由事後的民意強烈反應看來，六輕設廠事件並未終結，而且可能會有許多後續行動，甚至可能會因事後的自力救濟與抗議行動，而逼使政府在決策上有所調整。

基本上，我們相信，在環保與公害事件層出不窮的今天，政府的環保與經濟單位，一定對六輕設廠採取了非常嚴格與審愼的評估標準。但是桃園縣政府事後發表新聞，對經濟部核准臺塑在桃園建廠一事，卻「甚表突然與訝異」，而桃園民間，包括在野人士，對六輕建廠表現了極爲激烈的反對態度，甚至準備籌組「抗議自衛隊」，並且有人宣稱將「誓死阻止」。從地方上如此激烈的反對與失望態度看來，撇開技術層面的設廠評估工作外，政府的決策過程顯然有所缺失。但是，我們並不願只以消極的態度，譴責決策單位了事。相反的，我們更希望積極的去鼓勵政府的決策者，在決策過程中做更周延的考慮，使決策成敗的責任，讓政府、業者與民間共同承擔，而不要使政府決策官員成爲單獨的「黑鍋背負者」。

當然，如果要讓政策的成敗得失分由社會大眾承擔，那麼就必須主動的放棄執政者的牧民心態，將決定過程的「黑盒子」適時的打開並讓民眾參與。雖然民眾不可能了解決策黑盒子的全貌，有些機密性的決策更不可能公之於大眾，但在決策過程中，運用適當的時機，在適當的決策階段，讓民眾了解一些政策內涵，並適度的參與決策，卻是民主時代政治決策者應有的民主體認與政治智慧。

以六輕設廠事件爲例，事前有學者專家的評估報告，有臺塑本身的報告，也有環保署方面的評估意見，最後則是經濟部的批准。但是這些措施都只能視爲政府與業者的專業性意見的表達而已，並不能說政策到此即已拍板決定。後續的工作至少還應包括：

一、舉辦地方民眾代表參與的公聽會，以協調地方民意。

二、如果地方民意意見不一，應交由地方代議機構（縣議會與鄉鎮民代表會）投票，決定是否設廠。

三、如果地方代議機構反對，而政府又認爲非設廠不可，則應進一步協調民意，並提出預防與補償辦法，以說服民眾。

四、如果民意仍不一致，則可運用民意調查與全民投票公決（以縣爲範圍），以直接民主參與的方式，決定設廠與否。如果決定是大多數贊成，則不必理會少數人堅持的反對意見，如果是大多數反對，則只有放棄建廠計畫。

通常，在西方國家，在上述的第四步驟上，是利用每次全民投票的機會（如選舉總統、州長、縣市長或議員），在選票上多列一項目，讓地方民眾決定贊同此一議案與否。這也就是孫中山先生所說的「人民有權」中的第四項權利——複決權的行使。複決權過去一直成爲國民大會代表爭取的一項權利，而且也成爲國際間廣爲實施的人民權利，但至今尚未在我國實施。但是，依憲法原意，國民大會代表是以縣爲單位，對全國性的重大政策行使複決權。至於地區性的事務（縣或鄉鎮級），我們認爲則應行使地方民眾的直接複決投票，亦即讓攸關地方民生與利害的重大決策，交由地方選民直接投票決定。由於此種重大決策項目並不多，而且係併入選舉時一併投票，因此並不會增加太多行政與選務上的困擾。而就其積極效果而論，卻能使政府決策官員不致背上「圖利他人」、「爲資本家撐腰」等惡名，並且也能使得國家行政體制的公正性、客觀性獲得進一步的保障。對維護國家自主性與文官中立性的優先原則而言，更是饒富積極效果的。

當然，採取上列的一系列作法，難免會使某些政府官員的權威受損，但從今天臺灣各地風起雲湧的自力救濟事件看來，在龐大的民意反對聲浪下，決策官員早已是灰頭土臉，自顧不暇了。因此，採取順應民意，讓民眾參與決策的措施，對整體的政府威信而言，絕對是有利而無害的。

更何況，現代民主政治本來就是民意監督下的專家政治，專家的主要任務是提供意見，卻不是獨攬大權或決定最後大計。因爲最後的決策，與決策官員的選任，都還是由民意所決定的。基於此，專家們只應爲政策的利弊得失提供專業性的意見，卻不必爲民意的歸趨負責，更不可能永遠領著民意走。因此，專家的角色應該是對可能被誤導的民意提供正確的知識與意見，卻不可能取代民意本身。我們且不要忘了，民主政治本來就是庸眾政治，事實上，每一個專家在他的專業知識以外的政治意見，都也是庸眾意見的一部分，因此誇大專家政治的功能，事實上是不必要的。

因此，在六輕事件的決策過程上，我們認爲，經濟部的決定應該只在決策流程的「中間」點而非「終」點之上。我們相信，經濟部與環保署的決策都是公正的，但他們卻不應被視爲決策的最後把關者。從民主時代的決策過程看來，六輕設廠的核准報告只是民意決策的一項重要參考憑據，而眞正的決定者卻應是民意本身。因爲民意才是民主化時代決策的最後關卡。而這項關卡，也正是分別戒嚴與解嚴時代的最重要標誌。

我們深切希望，從六輕事件起，對所有關係人民生計的重大決策，都能在民意的監督下，成爲民主時代的決策楷模。

從林園事件看公權力的深重危機

七十七年十月十七日

林園工業區被迫停工事件終於告一段落，但這一事件也透露了極爲嚴重的公權力危機，而且後遺的影響也可能造成更嚴重的問題。如果朝野不努力解決這些問題，今後自力救濟事件必定層出不窮，公權力也會面臨進一步的斲傷。

林園事件最嚴重的影響之一，是脅迫性的自力救濟活動可免於法律的追究。在經濟部長陳履安的授權下，立委黃河清等人除了答應由林園工業區各廠商補償北汕、東汕、西汕三村村民新臺幣約六億元的金額外，也答應對這三村村民以脅迫佔據工廠，強迫工廠停工的法律責任，不予追究。這顯然是經濟決策機關的越權，置法律威信於不顧。所幸高雄地檢處主任檢察官在事後表示，不管林園事件的協議書如何寫，檢察官仍要依法追究。但檢察機關是否眞能堅持司法公正的立場，而與經濟部的決定相衝突，恐怕又是今後行政與司法機關要傷腦筋的課題了。但無論如何，由於受到林園事件的先例所鼓勵，今後將有更多非法暴力的自力救濟事件登場，也使得法律追究行動日益困難。此一先例最嚴重的影響後果，將是進一步的社會失序，並導致法律權威的淪喪。

林園事件的第二項負面影響，是以「花錢消災」的方式處理抗議公害問題，但眞正的公害防治問題，卻並不因此解決。尤其依照工業局的計畫，將對東汕等三村居民每人賠償八萬元，溪州等四村居民賠償每人五萬元，以及對林園鄉其他各村每村賠償一千萬元建設基金，但對於林園工業區的石化汚染防治問題，卻並未提出立即而完善的解決方案。根據報導，許多林園鄉民都對鉅額補助感到樂不可支，甚至坦陳「比簽到六合彩還爽」。而高雄市小港區紅毛港地區民眾也在聽到此一解決計畫後，表示將對該區臺電南部燃料煤中心採取更激烈的行動，以迫使臺電付出賠償金（金額目標爲每戶五十萬元）。林園事件此例一開，全省各地民眾向廠商索賠的風氣將不可遏阻。最後則勢必由政府出面，扛起昂貴的賠償責任。政府一方面將被民眾視爲「紙老虎」，另一方面恐怕又會成爲汚染性廠商的替罪羔羊和「寃大頭」，這對公權力的中立化與公共權威的重建而言，自然是嚴重的戕害。

林園事件的第三項沉重影響，則是生產成本的鉅幅提高與經濟發展的受阻。根據估計，林園工業區停工一日的損失高達二十億元新臺幣，在這樣嚴重的經濟損失下，政府不得不向民眾的要脅妥協，自然是可以理解的。但此例一開之後，各地區受汚染影響的民眾起而仿傚，則經濟生產所受的打擊必然是深刻的。而且就國際觀瞻而論，此一事件經媒體廣爲報導後，國際間企業來臺投資的意願必然受到影響。而在生產成本大幅度提高、生產力卻面臨削弱，而國際投資又將減少這三層因素的交相影響下，今後臺灣經濟發展勢必受到嚴重的阻滯。另外，如果全省各地受影響的民眾都要求鉅額公害賠償的話，也勢必會造成市面資金大增，進而影響到通貨膨脹。這些潛伏的後遺症都是無法讓我們掉以輕心的。

從以上三方面看來，林園事件雖然暫時消弭，但後遺的影響卻非常深遠。我們認爲政府應儘速採取各項補救與防杜措施，在此，我們願提出下列建言：

一、政府應正式向社會大眾宣布，林園事件的處理方式只是特例，政府將不會援例處理其他公害問題。

二、應立即著手對全省汙染性工業提出全盤性的防治計畫。在汙染防治工作未能完成之前，必須以公權力強制執行對汙染廠商的每日連續罰款計畫，如廠商拒不繳付罰款，亦不改善汙染，則應勒令停工。

三、訂立中長程計畫，規定汙染性工業必須擬定償賠地區民眾的公積金制度，每年定期繳交地區政府（鄉公所或縣政府），以地方建設基金補償民眾損失。另外，政府不妨參考瑞典的先例，規定廠商每年繳交額外的汙染稅，撥交由地區民眾與政府組成的基金，或以該廠商的定額股票做爲基金的代替品，每年發放股息及紅利給地區居民，並讓地區民眾代表參加董事會，參與公司決策，以減低民眾與地區廠商間的嫌隙。

四、在事件處理告一段落後，追究政府有關部門負責人的責任。

五、提高環保人員的待遇、位階與素質，擬訂在職訓練計畫，以提高有關人員的專業水平和工作意願。政府人事主管單位必須以非常的態度面對此一問題，絕不可以「一條鞭」態度，強行拉低環保人員的待遇和位階。否則政府將無法吸引到足夠的專業人員，擔負此一任務艱鉅而影響深遠的工作。

六、警察與司法單位必須貫徹執法的決心，絕不容非法的脅迫事件一再出現。

七、全盤檢討工業發展政策，並舉辦公聽會及民意測驗，讓大眾參與並了解此一政策的制訂過程，並將民意充分反映給政府的決策者，以減低汙染性工業對民眾的損害。

最後，我們希望林園事件只是一次孤立事件，否則政府公信力所面臨的進一步打擊，將是難以衡量的。

從榮星弊案看議員操守與政治道德

七十八年一月二十三日

在榮星花園弊案節節升高之際，六位臺北市議員已因涉案而被調查局移送臺北地檢處偵查收押，調查單位也希望其他涉案議員能主動與他們連絡。可以預見的是，此案將會繼續升高，民意代表的形象也會面臨更大的打擊。

但是，我們必須強調，榮星案的爆發，卻只是冰山上露出水面的一角，它正說明了臺灣金權政治汙染的嚴重情況，不僅某些執政黨的議員如此，在野黨的某些議員也是貪得無饜。我們絕不能將此一問題的關鍵歸因於商人的送禮惡習，更應譴責的是，民意代表挾持著所謂的民意，肆無忌憚的利用特權非法貪墨，這才是我們必須亟謀改進與解決的課題。

現在榮星案仍在司法調查之中，在全案水落石出之前，我們將不就本案內容細節做評論。但是，我們必須就此案所涉及的議員操守與政治道德問題，以及臺灣政黨政治的未來發展，提出下列的警語。

首先，必須強調的是，榮星案的牽涉範圍將會繼續擴大，而且榮星案絕不是單一事件，也不是少數不肖分子犯下的孤立事件。既然在本案中賄款總額高達數千萬新臺幣，而且是透過國民黨與民進黨兩位「議員組頭」擔任「分發」工作，可見議員中的「涉案集團」早已是一種有組織的網絡。這種網絡既然存在，就不會僅存在於榮星開發案一事之上，其他冰山下的隱藏部分，還值得司法單位繼續發掘。

其次，應該強調的是，本案的爆發原係出於政治動機，最先揭發本案的一份民進黨刊物，原本未預期到有民進黨員涉案。未料一些民進黨議員也是本案的主角。在「人民團體法」剛剛通過，臺灣已進入政黨政治的此際，本案使我們清楚的了解，以政治道德的清白與否做爲執政者與在野者分際的簡單看法，是完全站不住腳的。我們不否認無論執政黨或在野黨，均有有爲有守的議員，但他們之間的基本分野，主要是在政治信仰與見解的異同，卻不牽涉到人格與道德的高下。因此，今後我們對各政黨應以齊一的標準予以鞭策，厚責執政黨而寬恕在野黨，或強求在野黨而縱容執政黨，都是不必要的。我們尤其不能接受的說法是，如果有「本黨議員涉入，本案就不會爆發」的論點，因爲這顯示政黨利益高過全民利益與司法正義，這將使社會的正義原則，蕩然無存！

再者，値得注意的是榮星案的示範效果。根據涉案的議員事後的說詞，他們顯然都是「無辜的受害者」，但是從他們使用的各種交易手段，包括強迫賣水泥給當事的僑福公司，以及議員之間頻繁的借貸行爲看來，議員們慣用的一些交易模式，將會使民意代表的形象，受到根本的摧殘。因爲，經常使用上述交易模式的民意代表，絕不止於本案的涉案議員，更具體一些說，當今的民意政治，早已淪爲金權政治了。固然，金權政治與利益政治，本是資本主義國家的民主常態，但政治道德與司法正義的原則，卻是不可稍忽的。因此，雖然在日本從政人士的貪汙腐化，早已是公認的事實，但執政的自民黨卻仍要爲最近的股市內線交易案，頭痛不已。同樣的，法國社會黨籍的密特朗總統，一再以形象清新自許，卻也要爲最近的政治風暴而備受打擊。這均說明了政治上的自清，是不可逃避的公正原則。在中華民國政黨政治與民主政治的發展上，我們絕不能忽略此一原則的關鍵性地位。否則，如果只是「天下烏鴉一般黑」的話，民主政治和威權政治的價值，就要讓許多人重新質疑了。尤其對威權傳統深厚的許多中國人而言，在開明專制與腐化民主之間，他們可能會因爲對腐化民主的絕望，而不得不選擇開明專制。這也是民主政治的一項警訊。

最後，我們特別要對司法機構最近積極自新的努力，表示深摯的敬意。由吳天惠夫婦關說案到榮星弊案，均說明司法界的一股清流，已逐漸形成。我們不願過早誇大這股司法清流的波瀾壯闊，但我們必須對這股獨立於政治力之外的公正裁判權的行使，寄以深刻的期許。因爲不管民主政治會走向清白或腐化，公正的司法制度，卻是人民最後良心的寄託。我們願在此際，特別鼓勵公正的司法工作者，並期待更爲豐碩的成果！

對行政院組織法修正案的看法

七十八年十月十六日

本月十四日，立法院法制委員會初審「行政院組織法修正草案」，通過將行政院擴增為十二部二會，亦卽增設勞動、農業、文化、社會福利四部。另外在專業委員會方面，則增設體育委員會，原將裁併的青年輔導委員會，仍予以保留。另外行政院政務委員人數，則由現行之五到七人，增為九到十一人，副秘書長也從一人增為二至三人。

關於此次初審通過的部會機構，最具爭議性的，是原先規劃的「衛生福利部」，被修正而分別為「社會福利部」與「衛生總署」，醫界人士尤其對此一安排甚表不滿，並強調衛生與健康本係福利制度最重要之一環，兩者不可分離，因此要求立法院二讀時，應重新將二者合一，恢復為衛生福利部。

我們同意，目前由於醫療保健與醫療保險工作分立，造成了相當的不便，因此在全民健康保險卽將逐步付諸實施之際，的確應將事權劃一。基於此，擴張原有的衛生署的編制與事權，是有其必要的。但是，我們卻也必須指出，如果硬將社會福利與醫療衛生這兩套截然不同的專業人員及行政官僚納入同一體系，將會出現嚴重的對立、失調與爭權等問題。由於社會福利人才與醫療衛生專家的出身、訓練及專業知能完全不同，而社會福利的範圍，除了醫療保險之外，還牽涉到失業救濟、社會安全、就業與人力政策，以及老年、婦女、幼兒、貧窮等多方面的福利規劃工作，這些專業知能均非一般醫療衛生人才所能掌握。因此，與其勉強的將這些不同職能的工作編入同一部會，造成事權過於複雜，行政效能不彰，還不如將其分立，亦即在成立社會福利部的同時，擴張衛生署的編制與事權。

至於衛生行政與全民健保工作分立所造成的困擾，則不妨在行政院中，另設一醫療保險小組（或會報），定期由兩部、署人員及其他相關單位人員，聚集協商，以減少事權之衝突與可能之疏失。基於此，我們不願看到衛生界與社會福利界人士，繼續爲衛生福利部中究竟「衛生大，還是福利大」之類的紛擾困惑下去，而應肯定將社會福利與醫療衛生工作劃分開來，各立機構的前瞻性優點。

除了社會福利部的爭議外，有關文化部的設置，以及相關的故宮博物院的位階問題，也已引起了輿論爭議。的確，如果文化部成立，並負責全國之文化中心、博物館、圖書館等之督導工作，則故宮博物院之特殊高階地位，的確將成問題。但由於故宮博物院的特殊地位，本有其長久淵源，而文化部的設置，則係新舉，因此我們認爲不妨仿傚某些西方國家之經驗，維持故宮博物院之特階地位，同時也將中央圖書館提升至特級（部會級）之地位，以擔負起類似美國國會圖書館的功能。

最後，關於體育委員會及青年輔導委員會的職掌，因有其特殊性，我們均不反對單獨設置。但是此兩委員會與教育部之間的關係，如何釐清，如何合作，卻是必須做好事先規劃的。另外，青輔會的職掌，也與勞動部、社會福利部有所重疊，其間的職權規劃與協調工作，都必須未雨綢繆。由於此次行政院組織法的審議工作極爲匆促，因此相關的各項規劃工作，都必須由行政主管機構預作安排，否則一經立法確定，再事調整，就有失效率的原則了。我們希望在行政當局催促立法院儘速審議的同時，也能確實照顧到職權釐清、行政效能的大原則，才能免於日後的紛擾。

提高檢察權獨立性的一項建議

七十九年一月十六日

司法院第四廳廳長吳天惠夫婦涉嫌關說與司法黃牛案，以及新竹地檢處檢察官高新武堅持主動偵辦此案，已成為連日來輿論與新聞之焦點。根據傳播媒介的報導與分析，不論吳天惠之涉嫌是否屬實，他所擔任的第四廳廳長職位（職司司法風紀）必將有所調整，而由於高新武的堅持辦案，原命令其交出此案的首席檢察官，已應允其與其他二位檢察官共同辦案，並獨立行使檢察官職權。

另外根據報導，堅持偵辦此案的檢察官高新武，雖已任職多年，但仍居「候補職」。依據送審制度，他還需經「試署級」的經歷，才能升到「實授級」。而唯有到達「實授級」後，才能獲得轉任律師的資格。由於此一送審制度對檢察官日後的「出路」影響甚大，往往對檢察官獨立行使職權造成甚大的障礙，也使得上級得以控制檢察官的職權行使。這種影響司法公正性甚大的送審制度，恐怕才是今後改革司法制度、強化司法公信力的主要關鍵所在。

過去一般輿論界對於司法公信力不足所做的批評，多集中於司法風紀不彰、特權橫行與黨政干預等項。這次的司法黃牛嫌案，也暴露了一些有關這方面的積弊。但是我們認爲與其僅從改革司法風氣、強化司法獨立性爲著眼點，不如從更根本的制度性改革著手，提出具體的改革擬議，供國人廣泛討論，進而擬訂出可行的改革方案。因此，我們必須強調，下列的擬議乃是具備革新色彩的創意，但深入的制度設計，則有待更多的檢討與批評。

我們的具體建議是，根據五權制度的基本精神，強化五權間的平衡發展，將司法檢察系統劃歸於監察院。另外在監察院本身，則嚴格規定，提昇監察委員之候選資格，監察委員必須爲具備深厚法政素養之學者與法政專才方能擔任。換言之，即以提昇具備準司法功能之監察委員的水平爲前提，再將檢察與部分司法行政功能納入監察院的統轄之下。

我們認爲，上述的擬議有下列各項優點：

第一，就制度因素而論，在邁向民主化與政黨政治的發展過程中，司法的公正與獨立必須特加維護，方能使民主規範與政治競賽規則受到法治原則的鞭策。而職司檢察違法犯紀者的檢察系統，若歸於職司風憲的監察院的監控之下，遠比留在原受政黨政治影響的行政院之下，更爲適合。過去執政黨雖然一再強調法官與檢察官絕不受黨政因素的牽制而影響其判斷，但在民主政治與政黨競爭影響日增的今天，將檢察系統劃歸監察系統之下，遠比留在行政系統之下更爲適宜。

第二，就人的因素而論，在輿論界不斷要求檢察官與法官應退出黨派的呼聲中，我們認爲，除了重新確認司法官應獨立判案、不受黨派影響的原則外，最根本而可靠的作法，是使檢察官系統受到具備專家素養的監察委員們的直接監督，他們遠比受政黨影響的行政官員更適宜擔任此職。卽使監察委員仍可能受到黨派因素影響，但由於在監委成員中必然反映了多黨分配的事實，這也比行政系統受執政黨一黨監控的情況，較能反映民意的多元色彩。

第三，就五權分工而論，如果監察系統能直接監控檢察系統，這將使我國民主憲政展現兼具傳統優點與現代民主特色的雙重特性。自二次世界大戰以來，由於聯合國人權組織的大力推廣，原來僅實施於中華民國與北歐瑞典、芬蘭等國的監察員制度，已廣泛實施於全球各地。但就各國監察權的行使範圍與權限而論，仍以我國的監察權制度，最爲具體，也最富深厚的傳統色彩（卽御史制度的延續）。西方各國的監察制度，通常不是附屬於行政系統之下，卽是受立法系統監督，也有的則屬於總檢察長的管轄之下，但是，如果我們能進一步將檢察系統劃歸監察院之下，亦卽使檢察人民違法犯紀的檢察官，受到職司官員風憲的監察委員的監督，勢必將使五權憲法的特性更爲彰顯，亦可彌補西方三權制度的不足。許多研究西方監察制度的外國學者，都強調監察權未能眞正獨立於行政與立法權之外，爲其限制之一，如果我們能進一步擴張監察院的職權，正可彌補此一缺憾，也必將更爲國際所矚目。

但是，雖然將檢察系統劃歸監察院有如上的各種優點，我們須強調下列的限制也是存在的。其一，是在當今「金牛」充斥與選舉辦法仍充滿爭議的監察院，如果監察委員的資格再不提昇，則監察權的進一步擴張將不可能爲任何有智之士接受。因此，我們必須強調，監察權擴張與重振的首要前提，應該是監察委員資格的大幅提振。我們建議，應將監委資格提高為：一、資深而富清譽之法官、檢察官與律師。二、資深之大學法政科教授，並有卓富聲譽之相關著述。除此之外，均不符候選人之資格。而且監察委員必須為專職工作。

其次的限制，是在當前的憲政爭議中，對「回歸憲政」的解釋已充滿歧見。有的學者專家認為回歸憲政亦即回歸憲法，則因憲法本無監察權監管檢察系統的規定，上述擬議牽涉到修憲問題，因此當前並不適宜。但是有的學者專家則認為，「憲政體制」亦包括了動員戡亂時期臨時條款，則在臨時條款可以修訂的前提下，則本文的擬議自可列入參考。

最後，必須強調，我們提出上述的擬議，主旨並不在堅持推動某一項特定的改革方案，而是希望能藉此使朝野對今後的憲政發展與法治建設，增加新的參考憑藉與思考資源。

檢察官如何能擺脫行政干擾？

——檢察系統應尋求制度性之改革

八十年五月十三日

最近幾天，國內輿論正在爲「獨臺會」事件及「華隆案」深感困擾，同時也導引出檢察官的公正性問題。不同政治立場的人士與團體，都表達了不同的批評意見。但無論這些不同的政治立場是如何的歧異，但矛頭幾乎都一致指向檢察當局。這不但透露出今天政治紛亂的實況，而且也說明了無論如何處置，檢察官都是難爲的，也是難以避免質疑的。

但是我們卻認爲，儘管今天司法公信力不彰，而且政治意見及黨派歧見差異甚顯，但如果透過制度性改革的設計，檢察系統實不難維繫公信力及客觀性。其中最爲根本而徹底的一項作法，就是將檢察系統自行政體系中移出。亦即使最高檢察長以下的整個檢察系統，移出行政院及法務部，使其成爲獨立體系，不受行政系統及政黨政治的干擾。

至於檢察系統移出後的改隸問題，過去學術界及司法界有兩種不同的看法：

㈠移至司法院，使檢審兩個系統同樣歸司法院監督。

㈡移至監察院，仍然維持「檢審分立」制度。

在上述兩種看法中，我們支持後一種看法，因爲這才合乎「檢審分立」的原則。但是我們支持此一看法有其先決條件，亦卽檢察系統的改隸必須以監察院本身的改革爲前提，我們的理由及擬議的具體方案是這樣的：

第一，檢察官的職能是代表國家對人民的違法行爲提起訴訟，以維繫社會正義、公共安全及公序良俗。而監察院的職能則是代表國家監督政府，對官員的違法失職行爲提出糾正、糾舉及彈劾。兩者功能雖然不盡相同，但均是扮演監督性、察核性角色，而且其所提出之案件，均由司法院審理（分別係各級法院及公務員懲戒委員會）。因此，在五院之中，將檢察系統劃歸監察院掌理，實在是最適合的。

第二，監察委員職司風憲，具準司法功能。而且監察委員職權中，還兼具調查權，但是由於監察院編制有限，監委之調查權不易有效行使。若將檢察系統編入，將使監委功能大幅提昇，而專業的檢察官亦可有效發揮調查權之功能。

第三，在西方三權制衡制度下，檢察官隸屬行政系統下，往往易受行政系統的干擾，但是由於西方民主法治傳統深厚，在行政系統過度干預檢察官職權時（如美國尼克森總統曾意圖干擾「水門案」檢察官的調查工作），輿論多會進行干預，因此檢察系統多半仍能維持相對之獨立性。但是在我國政黨體系初具規模，法治威信尚未確立的今天，檢察系統很難完全不受行政系統及政黨政治的羈絆。因此根本之圖，乃是將檢察系統自行政院移出，轉隸監察院。移出之後行政院仍設置法務部，但只負責法律諮詢、更生保護、獄政等工作，至於調查局之隸屬，則以維持現狀爲佳，但檢察系統則仍保留對其指揮之權限。

第四，在檢察系統改隸監察院之前，應先實施監察院本身的改革。首應大幅度提昇監察委員之候選資格，應提昇至與司法院大法官或考試委員相仿之資格，特別強調監委候選人應具備下列資格之一：

㈠擔任推事或檢察官五年或十年以上。

㈡曾任大學教授五年或十年以上。

㈢曾任簡任職五年或十年以上。

㈣曾任律師、建築師、會計師、精算師等職五年或十年以上。

我們相信，若有上述各項的資格限制，則監委的水準必將大幅度提昇，而金權政治介入的問題也可減弱。而在這項改革完成後，再考慮檢察系統的改隸問題，就可確保檢察官的職權更受保障了。

當然，如果眞要完成檢察系統的改隸工作，勢必要進行修憲及修訂「監察院組織法」，但是由於需改動的條文不多，達成共識並不困難，因此並非艱鉅的工作。至於檢察系統本身所受影響亦不大，因此此一改革方案是值得朝野各界共同思考的。

解決議會無效能的一項方案

——法國第五共和經驗的範例

七十九年十月二十二日

最近幾天立法院內部正爲「統獨」問題紛擾不休，使得攸關人民生計的各項民生法案依然受到擱延。另一方面，臺北市議會也因議員擲杯攻擊議長，而造成議會場面失控。顯然的，由於朝野政黨的對立已日趨激化，因此原先持續已久的「作秀」之風，目前顯已升高而爲「作戰」，戰鬪氣氛越烈，議會效能勢必益愈疲衰，最後，必然是議會無效能，政府不易推展政務，而社會大衆更加對議會民主感到失望了。

議會功能廢弛，政黨交戰的現象，卻也曾是西方議會民主史上的常態。在本世紀初，國父孫中山先生卽有鑑於西方議會專政，造成政府無能，因此乃以「五權之治」取代「三權制衡」，希望藉監察權之設置，削弱部分代議立法權，以達成「政府有能，人民有權」之權能區分理想，而政府亦可成爲「萬能政府」，既受人民監督，又不致因議會過度干擾，而變成議會無效，政府無能。

但是，中山先生的理想，卻因五權憲法的理想未能落實於現行憲法之中，以及監察院本身未能發揮應有功能，乃造成立法院獨大，立法委員過度囂張，動輒以「免責權」而濫權的奇特現象。但是，平心而論，立法院今日局面之造成，實係朝野雙方之共同責任。立法委員儘管盛氣凌人，怒言相向，甚至偶爾侮辱行政官員之人格，但政府官員只要逆來順受，「好官自我爲之」，一旦離開立法院，則仍是官場爲大。因此，儘管立法院聲勢凌人，而且不斷成爲新聞焦點，但仍難免「行政院立法局」之譏。其中主要關鍵是，若干增額立法委員多經驗不足，再加上專業知能不足以掌握國家大政的整體脈絡，因此若不是爲執政黨「護航」，就是不分青紅皂白，「爲反對而反對」。再加上當前統獨紛爭激化，多數立委對民生法案及公共政策並不關心，因此就難免形成當前雷聲大（反對聲浪大）而雨點小（法案產出甚少）的特殊現象了。

針對以上的缺失，我們願意以法國第五共和的解決方案提供朝野雙方作爲參考。在一九五八年以前，法國會經長期處於政黨紛爭不斷，議會功能廢弛的紊亂局面。一九五八年九月四日，戴高樂總統公布了一項憲法草案，九月二十八日，舉辦公民代表複決，在三十六萬張代表票中，獲得三十一萬張支持，此一憲法即「第五共和憲法」。其中針對議會效能不彰，在第四十七條中規定：

「議會依照組織法所規定的條件，對財政法案進行表決。

如果國民議會（卽下議院）在草案提出後未能一讀通過，政府卽提請參議院（卽上議院）在十五天內作出決定，然後依第四十五條所規定的條件進行。（按：卽在兩院中通過相同的草案，如有分歧，則召開兩院聯席會討論通過。）

如果議會未在七十天內作出決定，草案的規定得以法令予以實施。……」

另外，在第四十八條中，也規定：

「在議會兩院的議程中，應按照政府所規定的次序，優先討論政府所提出的法律草案和政府所同意的法律提案。

每周有一次會議專供議會議員提出質詢以及供政府進行答辯。」

根據以上兩項條款，我們不難了解，如果議會對財政法案採取拖延或拒審策略，則七十天後，此一議案將可自行生效。而在議會的議程中，也必須以政府的法律案爲優先討論對象。由於此二法案的保障，乃使議會走上正軌，不致過度濫權，同時維持制衡效能。基於此，我們願意提出下列的建議：

㈠在今後的修憲案中，不論係朝總統制、內閣制或朝雙元領導制方向進行修憲，均應規定法案的審理期限，一待期滿而尚未通過，則應自行生效。

㈡此一期限依我國現狀，應稍長於法國憲法所訂的七十天，而應延長爲一百天(包括假日)，亦即有一百天時間供議會審理。

㈢此一時限規定可明訂於憲法中，亦可僅列入立法院組織法中，但法源位階必須相當高，而且必須明晰。而相關法令也需做配合之修正。

㈣目前每周二次的質詢時間應縮短爲每周一次，以利政府政務推展。

㈤應仿做美國有線電視，對各議會之會議實況做全程轉播，此一頻道可由公共電視提供，或在三臺之外另增一臺，全時段轉播。另外在選舉期間，此一頻道亦應公平分配給所有候選人，做爲表達政見之媒介。此一電視臺經費應由政府全額負擔，並且不接受廣告及私人資助。

如果以上五點均能在短期內逐步實現的話，我們相信立法院及其他議會的議事功能都會大幅度提昇，並使選民更爲清晰的選擇自己理想中的候選人。我們也相信唯有透過上述的途徑，才能從根源上使議會政治獲得質的改善，至於其他的枝節改革，雖然可能有短期效果，但卻無法取代這種本質性的改善方案。

民氣與國運

——維護國家主權，保護釣魚臺！

七十九年十月二十三日

行政院長郝柏村在昨（二十二）日發表嚴正聲明，表達了政府對於釣魚臺列嶼的八點政策立場，除重申我國政府維護釣魚臺的主權外，並且還進一步表示：

——對日本阻撓我國區運聖火傳遞一事，政府正式表達強烈不滿與抗議，因此而產生之一切後果，應由日本承擔。

——政府呼籲朝野應團結一致對外。

——日本方面應撤離在釣魚臺上之燈塔。

——政府採取必要持續有效之護漁措施。

——政府對此事件之處理原則，以外交交涉爲先。

——成立專案小組，專責處理釣魚臺之事件。

此外，執政黨文工會主任祝基瀅，也在日昨表達了對政府的支持之意；而外交部亦表達了強烈不滿的立場，並訓令臺北、東京兩地的亞東關係協會，向日本交流協會反映我國的嚴正抗議之態度。

我們認爲，政府希望以外交手段解決此一問題的立場，是值得肯定的。但是我們也必須強調，國家主權的維護是政府執政的最高原則，因此如果透過外交途徑不足以解決此一問題，不足以護漁、保土、維護國土疆域之完整，使國家主權得到充分尊重，則採用其他的必要措施，也是不可忽略的。換言之，我們應以外交途徑做爲解決問題的必要手段，但是當此一途徑竭盡運用之餘，也不能不考慮軍力做爲後盾，使國家主權受到充分尊重。

基於此，我們樂見政府立即成立了具有「危機處理小組」性質的專案小組，仔細評估釣魚臺主權問題的處理態度。此一小組成立後，應向立法院及其他民意代表機構，表達政府的策略與作法。

在政府公布具體的策略作法以前，我們願意提出下列的輿論獻言：

(一)政府應以一定時限爲期，與日方進行全面交涉，表達我方之嚴正立場。

(二)在此一期限之內，竭盡一切力量，請日本友人及元老政治家協助我方，將嚴正立場充分傳達給日本政府，並請其轉圜。

(三)在此一時限期滿之後，政府應以有效措施護漁，同時要求日本撤離釣魚臺島上之燈塔。

（四）政府應就日方可能之對策，做全盤評估，並以沙盤推演方式，擬訂具體策略。

（五）國家最高決策機構，應卽召開會議，由幕僚單位提出細部對策方案，邀請朝野重要領袖參加，以便制訂統合朝野不同意見的「全民性」政策。

（六）政府應立卽整理有關釣魚臺主權的史實資料，印編成册，並譯爲日文、英文及其他外國文字，大量對外散發，使日本國內及國際社會均能充分了解我方擁有主權之史實，絕不容侵犯。

（七）在政府擬訂對策期間，應向民間及在野人士充分表達，國家主權不容破壞，但國民亦應配合政府政策，不宜在此期限中發生事端，或引發新的危機，以免造成政府處理上的更大困難。

最後，我們必須鄭重建議執政當局，在釣魚臺事件上充分發揮公權力，堅持國土不容破壞的基本國策，並在必要時全力維護國家主權。如果我們因爲顧忌日本而裹足不前，甚至造成主權受挫，則勢將使支持政府與執政黨的民意感到失望。因此我們願再一次的嚴正呼籲全民精誠團結，一致對外，堅決維護國家主權，保衛神聖國土釣魚臺！

釣魚臺問題如何善解

七十九年十月二十五日與傅崑成教授合著

釣魚臺事件發展至今，情緒與理性之間已不易尋得平衡點。但是政府的執政能力與公信力，卻面臨了極大的戕害。現在，郝內閣已提出了具體的政策原則，但是否能全盤實現，顯然仍存在許多困難等待克服，不過，我們必須強調，政府在維護釣魚臺主權上，的確過分軟弱。民意測驗也顯示，多數的民意傾向於此一看法。因此，如果政府仍然不能提出理性而且兼顧國家尊嚴的對策，則勢必造成人民的信心危機，更將增添執政黨在未來大選中的失利因素。

撫平民怨應有紓解管道

關於處理釣魚臺問題的基本原則，我們認爲應掌握幾項要點：

第一，民怨不可不平，因此適度而非過度的反日風潮不應阻擋，而且事實上也無法阻擋。基於此，我們認爲諸如拒購日貨、抵制赴日觀光等措施，應是合理的。但是同時也應藉此一機會了解到眞正「知日」的重要。日本人充分掌握資訊及按部就班的做事態度，在此一事件中已充分顯露。相對的，我們安排聖火船的作法，卻比較像小孩子玩家家酒。因此，在嚴正反日之餘，我們也應肯定學習日本人辦事精神的積極意義。

基於此，釣魚臺之主權糾紛應與其它中日間之文化、經濟、體育交流活動區分開來。換言之，如果我們要抵制日貨，那就不應該是單純爲了報復釣魚臺的主權爭執，而應該是基於國際貿易理論——平衡收支、分散貿易對象。環顧世界各國，即使是超強如美、俄，也都早已獲得此一經驗，而均將邊土主權之爭與兩國全面之政經、文化關係，分別視之，分別處理。

貿然與日作戰並不適當

第二，我們絕對不該贊成爲了釣魚臺主權之爭，而立刻與日本作戰；但是，任何主權獨立的國家都不能不有作戰自衛的能力與準備。所有主權獨立的國家與國家之間，也都不能不產生或大或小的摩擦及衝突（譬如美國與加拿大）。事實上，局部的摩擦與衝突，不但是國之常態，且常常能爲國家帶來合理的利益。

同時，我們必須強調，目前正是日本政府最怕發生戰端的時機，由於日本軍隊最近才剛剛獲准赴海外作戰，但已引起國內反戰人士和國際和平運動的強烈抗議，因此，適度的武力護漁措施是必要，也是可行的，但卻不可能掀起大戰。如果在此一問題上政府完全不展現強勢作為，則不但民心喪失，而且更會增添民眾對日後臺海可能發生危機的恐懼感和不確定感。

對等遠距離封鎖較可行

第三，中日之間目前並無太多的外交管道可供適用，因此所謂的「外交途徑」，很可能在一時之間就會竭盡。但是由於此一事件目前已引起國際關注，尤其為港澳、東南亞及海外華人所重視。因此，政府應善用此一資源，以海外華人社區的反日風潮做為後盾，逼使日本政府在亞洲各國憂心日本軍國主義再起的壓力下，不得不做讓步。

另外，我們必須強調，釣魚臺「主權的歸屬問題」，在中國統一之前是不容易完全解決的。但是，「因主權而發生之糾紛」卻必須立即以具體的行動來加以解決。

第四，目前政府最應當做的，也可能是唯一可做的一樁事情，就是踏踏實實地，學習日本保護釣魚臺主權的作法——對釣魚臺採取「對等的遠距離封鎖」。所謂「遠距離封鎖」，意指不在釣魚臺的任何無人小礁嶼上駐兵，也不在近水處持續巡邏；只從遠處以雷達等設備，對接近釣魚臺十二浬水域之機、船，進行監測：事先公告，並通知東京、北京，任何外國船隻進入釣魚臺四周十二浬領海，均需先取得許可，否則將遭驅離。

因爲不願主動擴大事端，所以採取「對等」措施，如果日本漁船進入釣魚臺四周十二浬水域，將遭喊話——噴水——塑膠棍擊。如果因我國漁船在該水域打漁，先遭日本武裝船喊話——噴水——毆擊；我海軍艦艇將被迫採取同樣之喊話——噴水——毆擊，來對付日本武裝船。

小規模衝突有利於談判

如果發生兩國武裝船舶相互衝撞、擦擠甚至開火事件，我國將依國際法與日本處理善後事宜。（事實上，由於中日雙方均無意爲此無人礁嶼而開戰，應不致相互開火。）

第五，因爲有了上述「對等之遠距離封鎖」行動，因此中日雙方日後有可能爲護漁而在釣魚臺水域發生小規模、局部性衝突。因爲有了眞正實質性的衝突，日本方面才有「可能」坐下來，與我國政府循外交管道談判如何解決此一水域之漁權糾紛。此一發展途徑，是任何主權國家之間所必然依循的現實途徑。

如果兩國走到了這一步，我國應與日本完成一漁業協定，其中可以包括下列兩要點：㈠兩國所主張之二百浬經濟水域，對於對方國籍之漁船不適用；㈡釣魚臺附近十二浬領海水域也例外地允許對方漁船隨時進入作業或避風、休息。

避免糾紛過早過度擴大

總之，釣魚臺之主權糾紛應避免過早、過度擴大，以免直接傷害目前唯一直接之漁撈利益。因此，集結船隊，赴當地從事非漁撈作業之航行，應該避免。而故意向日方挑釁的作法，也是不必要的。但是政府卻必須以具體的措施，展現強力作為，以伸張主權不容侵犯之正義原則。

政府處理危機成績不及格

七十九年十月二十三日

行政院郝柏村院長日昨針對釣魚臺事件，召開緊急會議，決定八項措施。其中特別說明要「以外交交涉爲優先」，「不宜立即以軍力介入」，但也要求日本必須撤離釣魚臺燈塔。而政府也強調，若採取護漁措施，導致任何後果，則日方應自行負責。希望上述的反制政策能成爲眞正的事實，否則的話，不但中華民國的國格盡失，政府的公權力也將全面淪喪！「喪權辱國」的警訊，絕不容輕忽。

由此次政府應付危機的經驗看來，我國的「危機處理」成績實在不及格。不管政府所做的解釋（傳遞聖火是和平的民間活動，不宜立即以軍力介入）是否合理；但相關的部會首長和外交官員，在事件發生時居然還在打高爾夫球或因休假離開駐地，足見當前「官場文化」的輕浮、虛矯，不值信賴！如果此一風氣不改，沒有官員擔起責任，則人民的信心危機，將無以救治。

基於此，我希望郝內閣能正視在此次事件中，公權力所面臨的嚴重摧殘。如果政府不能在日後的具體護漁措施中，表達充分的氣魄擔當，則一個以伸張公權力爲號召的強勢內閣，就難免要遭到人民的全盤否定了。

希望郝內閣能充分的證明：公權力的施力對象，並不只是弱勢團體或平民百姓，而且也能力及於擾我之外力強權。中國近代史上的斑斑血淚，已充分告訴國人，「寧與外人，不與家奴」的政權，是絕逃不過歷史制裁的。今天郝內閣的表現，當然絕不致如此，但在聖火船岌岌可危之際，外交及決策領導人卻在高爾夫球場中「處變不驚」，實在太令人痛心失望！此一警訊，絕不容強詞諉過，誰應負起政治與道義責任，誰應負擔日後保民護漁的重任，請拿出具體措施，表現誠意和決心吧！

國之重臣在那裡？

七十九年十月二十三日

釣魚臺事件的發生，凸顯了臺灣當前的三大政治危機：

㈠主權不得伸張，護土無力，連表面強勢姿態也不敢做，或做不出來。

㈡政務官員無擔當，做秀者有之，打高爾夫球者亦夥，休假當然也有分，但眞正有肩膀，願意扛起責任者，則如鳳毛麟角。

㈢處理危機的能力和經驗完全不足，造成人民對臺灣前途的嚴重信心危機。

日昨林正杰委員在立法院與官員們的一席對話，更使上述三大危機的嚴重性爲之深化，所有的政府大員都應該淸楚的體認到：釣魚臺事件是近年來最嚴重的一次信心危機，它不但將重掀起近代史中深切的民族主義傷痛，而且也將使公權力面臨又一次的斲傷。它也明白的告訴我們：反對黨並不可怕，政爭的影響亦有其極限；但「國無重臣」的事實，卻讓所有愛國之士痛心疾首，無語問蒼天！

期望從今天起，郝院長起身效法，不要再讓閣員們去貴族氣十足的高爾夫球場談政治了。健身的方法很多，副總統李元簇的登山健行，就足爲全民表率。爲什麼一當了高官，就要自命「貴族」呢？政務官也是爲民服務的，但是臨危之際，卻聽任我方的聖火船漂泊海上，當時政府在那裏？公僕在那裏，有擔當的國之重臣又在那裏？這不是口才便給就足以濟急的，我們需要大臣，我們需要國之重臣，要有眞正的大臣風範才算得數啊！

現在的問題是：怎麼讓此一事件收尾呢？在平情理性與全民積怨之間，怎樣尋得平衡點呢？適度的反日風潮（如抵制日貨、拒絕赴日觀光）是必要的，也是擋不住的。而眞正的難題是，如何能拆掉釣魚臺上的燈塔，卻又不致掀起大戰呢？在後續的政府行動中，我們希望能看到國之重臣的重現，也看到眞正屬於政治家的智慧抉擇！

責任政治與政治家的風範

七十九年十月二十四日

李登輝總統日前告示執政黨黨政同志，在國會改革工作上，不要因爲他的個人因素而影響到合理政策的採行，亦卽應以國家大局爲著眼點，而不要以他的總統職位連任順利與否，做爲國會改革政策設計的主要參考基點。這一項告示，無疑爲當前政治家的承擔與風範，提供了一個足供範式的楷模。

繼李總統之後，立法院長倪文亞，也在倦勤請假之餘，強調他個人的立足點與出發點，並非黨鞭或政客。換言之，他所堅持的原則，是不做「國民黨的立法院長」，而要做一個「中華民國的立法院長」。在倪院長飽受立委同僚指責之際，他對黨政分際的堅持，無疑是一新耳目的。

就在同一段時間裏，總統府秘書長沈昌煥，也因爲他強調《蘇俄在中國》的談話，飽受輿論指責，立卽辭職以示負責。沈先生的時局觀點容或有可議之處，但他以辭職表示負責的道德風範，卻是當前少見的負責風度。

但是，就在最近這一段時間裏，我們卻也看到了許多與責任政治要求不合的做法，顯示我們當前的政治格局，仍有待積極整飭、開拓。我們純以「對事不對人」的態度，舉其中幾項做爲例證。

一、就在沈昌煥先生在執政黨中常會指責在訪蘇團工作上處理不周時，我們看不到任何一個主管單位據理力爭，或挺身而出表示負起決策的責任。

二、臺北市洛陽街公有停車場號稱是「東南亞最大的停車場」，但在啓用之前早經輿論界指責設計不符規定與實際效用有限，最後雖然勉強啓用，果然效用不彰，停車寥寥可數。但從事前防備到事後補洞，我們都看不到任何官員願意承擔責任，爲此一浪費公帑的行爲負責。

三、林園工業區事件雖然因經濟部長的迅速處理而暫告一段落，在決策上可稱爲快捷。但此一事件並未提出合理而可供模範的解決之道，而環保與工業決策單位的互推責任，尤使人感到官僚主義爭功諉過的積弊。但是到目前爲止，尚無高級官員爲此一環保惡例負責。我們聽到的，只是環保署長支持設立環保部的意見。而工業局長的辭呈，也已被壓下來了。

四、臺北市演員工會，花費了極大的心力與財力，舉辦了場面浩大的金龍獎大會，雖然大會過程並不理想，但這畢竟是民間活動，不必苛求。但是堂堂的中華民國政府發言人與新聞局長，竟然要爲好萊塢的二、三流明星做現場翻譯，卻使人大爲驚異。試想，如果在類似性質的晚會場合，美國的白宮發言人或國務院發言人，若扮演這種翻譯的角色，是否會引起美國輿論界的非議與抨擊？

五、自臺灣省主席宣布停止發行愛國獎券至今，臺灣各地的狂賭之風，並未稍歇，但政府有關的負責人，聽任政府財源蒙受重大損失，獎券售賣者生計困頓（成功轉業者有限），與賭博之風流入地下造成的種種積弊，但至今卻無人願意為此一政策的成敗負責，更無政治領導人肯挺身提出新的政策方案，以及時遏阻地下化的賭博風氣。

六、面對都市中日益氾濫的色情行業，從地方首長、院轄市長、警政首長到內政部長，沒有一個人能提出一套眞正的解決方案。過去曾有官員誇下海口，要在幾個月內清除色情業，使其不在住宅區內囂張氾濫，但至今已成空響。最近臺北市名人大廈居民以自力救濟方式，阻絕理髮店遷入的努力，無疑為此一問題，寫下了無奈的篇章。

從以上幾個隨手即可捎來的大大小小例子，我們就可以知道政治家的風範與責任政治的宏規，在當前的環境裏是如何的缺乏了。但是，在各支民間力量日益勃興，自力救濟運動日漸蓬勃，而街頭事件層出不已的此際，如果再不出現具備政治家風範的政治領導人，則政治困境的因解，就日益困難了。我們深切希望，政府各部門的領導人，都能以李總統的政治風範為表率，及早的樹立起責任政治的宏規，以導正嚴重失序的社會力和萎縮困頓的公權力。

內閣部長的形象與聲望

——兼論民意調查的素質

七十九年十二月三日

蓋洛普公司日昨就內閣八位部長的民間聲望公布調查報告，結果顯示，部長們的親和力和做事能力多受肯定，但個人魄力和整體表現卻嫌不足，其中財政部長王建煊因魄力十足，獨樹一格，而交通部長張建邦、內政部長許水德、教育部長毛高文成績則偏低，法務部長呂有文因知名度較差，敬陪末座。至於其他三位部長，表現居中。

雖然部長的形象並不同於實際的治績，但民間的聲望卻是民意政治的一項重要準繩。因此儘管形象只是一種外在的包裝，但卻對政府施政和政務官的政務推展，構成實質的影響。由此次民意測驗，我們認爲已凸顯了幾項重要的民意趨勢：

㈠當前民意普遍認爲，內閣部長的親和力甚高，但個人魄力卻顯不足（王建煊部長正好是相反的「例外」）。其中尤以內政部長、教育部長、法務部長及交通部長情況最爲嚴重，比數均在百分之五十以下。這顯示民意望治心切，亟盼望有魄力、有擔當的部長能扛起責任，積極開創出一片天地。這也是在當前低迷的經濟環境和紊亂的社會秩序中，一項可正視的民意訴求。

㈡雖然個人魄力平均偏低，但各部長的整體施政成績，卻較受肯定。換言之，當前內閣的整體施政，仍是受到民眾肯定的。雖然成績並不是很高（平均在百分之六十邊緣），但仍可以「差強人意」來形容。換言之，在目前各部長中，一般而言，並無特別「負面形象」的部長，雖然一般表現是普普通通，但卻並未招致民怨，成為整體施政的包袱。

㈢整體而言，部長們的表現是「並非最好，但可以接受」，這樣的成績，在承平時期，已堪稱滿意。但在目前一切需待開創的特殊時期，則嫌不足。它所留給選民的一般觀感是「守成有餘，開創不足」，不但與郝院長的強勢形象不符，也與反對黨的鞭策訴求差異甚大。如果是在中央民代大選結束後推出這樣的內閣名單，可說並無大礙，但若要在選前以這樣的內閣成績爭取選民的肯定及支持，卻可能會造成輔選者的某種負擔。

㈣但是這種「不好不壞」的成績表現，卻頗符合當前的官場文化。事實上，今天的行政首長們，普遍樂見他的屬下多是這種循規蹈矩、不做不錯、守成有餘、開創不足的平凡型人物。相反的，對魄力十足、積極開創又饒富民意支持的領袖型人物，卻往往有意壓低他的氣勢，以免「功高震主」。因此，越是平庸的政務官，越能安居其位，因為他不但不會影響到長官的仕途發展，而且還可以凸顯出長官個人的魄力及才華。但是這種平庸之士，卻非民意的「最愛」。而這種政務官的人數若多到某一程度，就將對內閣的整體形象，構成負面的影響了。這也是此次民意調查中可以看到的一種普遍趨勢。

㈤由此以內閣的形象及評價看來，官員們的表現多與其個人性格及做事經驗有關，卻與學歷無涉。過去政府經常強調政務官中的博士學位比例，但博士學位畢竟只是「空頭的名銜」，一旦脫離學術及專業崗位，博士學位並不具實質意義。而政務官更是通才型人物，如果具備豐富的行政經驗，並饒富領導才華，則較之博士的虛銜，更爲切實。而民意的最新動向，也顯示對學位的尊重不應再成爲今後選拔政務官員的主要依據了。

㈥在政黨政治快速發展的今天，立法院的監督功能已大爲膨脹。但是立法院的議事效能，卻令人不敢恭維，而某些立委的問政態度，也讓人難以忍受。過去一些民選代表，只要憑著激越的言詞，大力抨擊官員，卽可得到民意支持。但此次民意測驗卻顯示，以不卑不亢的態度，義正辭嚴向立委答詢的部長們，卻能得到民意的積極肯定。這一方面顯示選民對民代強勢（而不文明）的質詢作風已經不再感到新鮮，另一方面也凸顯了選民對政務官員的深切期望：必須扛起責任，挺起胸膛，無畏的向惡質的議會作風對抗！只要理直氣壯，民意仍然是會大力支持的。

除了以上幾項觀察外，我們必須強調，民意調查雖然是一項民意政治的重要準繩，但也有其侷限。其中最主要缺失，是因考慮到一般民眾對政務了解有限，因此問題及答案都失之過簡，無法深入的了解眞實的治績。關於這一方面的實際評價，則必須由專家來衡量。因此，今後民間的民意調查機構，不妨與學界及基金會合作，就政府各部門的政績，做細緻的內容分析，再以分析的結果送交專家學者做個別評價，最後則提出一分專業菁英的民意調查書。這樣的調查書，不但會因專業水平的提高而更受到重視，而且也可對各部門的實際施政，構成實質的鞭策，並產生對政策制訂的具體影響。這也是政府、民意調查機構及民意代表機構，所應共同努力合作的一項任務。它所造成的影響，就不僅僅是外在的形象問題而已了。

從安非他命氾濫看臺灣社會的「代溝」危機

七十九年十二月十日

大約在十五年前，臺灣社會曾爲「代溝」問題掀起一股熱烈的討論風潮，凸顯了當時存在於中老年人與青年人之間的認知及觀念差距。但是，隨著臺灣社會中堅階層普遍的年輕化，以及快速的社會變遷，「代溝」問題已逐漸沉寂。目前臺灣社會所呈現的景象是：各行各業都已展開廣泛的「交班」工作，年輕而富專業知識與技能的青年人都已走上檯面，成爲社會中的主導者，因此，臺灣社會似乎已不存在「代溝」的隔閡問題，年輕專業，而富朝氣，已成爲各行各業普遍的現象。

但是，安非他命氾濫全省各地的警訊，卻告訴我們一件不容忽視的危機，那就是：另一種嚴重的「代溝」已然出現，這種「代溝」並不是過去老年人與青年人之間老問題，而是存在於三十餘歲的青壯年與十、二十歲的青少年之間的嶄新困境。換言之，在臺灣生長的第一代青年人（在民國四、五十年代長大）與第二、三代青年（在民國六十年以後長大）之間，已形成了嚴重的代間差距。這才是問題的癥結所在！

安非他命事件正好凸顯了此一問題的嚴重性。過去比較中美教育制度及社會問題的專家學者，經常會強調美國社會中嚴重的吸毒問題，此一問題不僅是普遍存在於白領階級間，而且在校園、青少年團體中氾濫成災，相較之下，國人多慶幸此一問題在臺灣並不嚴重。但是，根據最近有關的新聞報導，我們才知道臺灣非但不能「免疫」，而且情況十分嚴重。而且最讓人困惑的是：連那些三、四十歲的青年教育工作者，都不了解此一問題的嚴重性。他們之中大多數人，甚至從來沒看過安非他命，也從來不知道在自己的學生中，竟然有那麼多人吸食，而且不僅是「放牛班」學生如此，連好學生、女學生亦然！

此一現象不僅普遍存在教育工作者與老師之間，連媒體的年輕記者也未料到問題如此嚴重，他們或許早已經了解此一現象的存在，在過去卻並不將其視爲嚴重的社會問題。一旦政府和議會關注之後，媒體才驚覺此一問題非同小可。由此看來，安非他命事件雖然誠屬不幸，但卻使我們警覺到「代溝」問題的確已經重現了。

我們認爲，目前的「代溝」問題之所以未被重視，可能有下列幾項原因：

㈠由於目前中壯年已在各行各業扮演主導性角色，因此總以爲自己代表青年人的心聲，卻忽略了比他們更年輕一輩的眞實想法。

㈡在臺灣成長的第一代青年（民國四、五十年代出生長大），由於經歷過臺灣經濟發展初階的困頓生活，十分珍惜富裕的成果，但是在民國六十年代以後成長的第二、三代青年，卻只享受過富裕的成果，不知困頓爲何，因此並不具備第一代「惜福」的心境，在整個觀念系統上，也與上一代完全不同。但是由第一代與二、三代之間年齡相差不大，他們並不了解其間的實質差距，可能遠超過表面的年齡距離。

㈢第二、三代青年係國中教育定型之後的教育產品。國中教育弊病甚多，已爲各界所指責，其中諸如升學主義掛帥、「放牛班」的設置、黑社會勢力蔓延校園等問題，均未能獲得改善，而且惡化趨勢已無法遏止。在此種汙染與惡質化校園中成長的年輕人，自然與過去遠爲單純環境下成長的第一代青年，十分不同。

㈣臺灣社會近年來變遷極爲快速，功利主義瀰漫、投機氣焰狂飆、政治倫理崩解、社會道德淪喪，再加上解嚴之後社會開放幅度加速，外來影響日增，第一代青年人雖然亦在此一「染缸」之中，但因具備專門知識，人格亦較成熟，猶知自制。但年紀更輕的第二、三代年輕人，卻往往惶惶然不得自拔，亦不知道德、使命、責任爲何物。甚至在所謂「後現代主義」風習影響下，青年人「一切跟著感覺走」，因此吸毒、痲醉、吃藥等感官刺激，也就更難抵拒了。

㈤政黨政治日趨惡質化，朝野雙方均爲了政治利益及擴大實力而造成金權政治激化的現象，卻對眞正落實的文化建設及教育整飭工作不表重視。再加上議會政治動輒全武行，民意代表爲了作秀而不顧基本倫理和禮節，一切泛政治化、泛金權化，對民主教育構成極爲負面的影響，導致青年人價值體系紊亂，不再信任成年人的示範角色，最後則形成「代溝」問題。

㈥教師養成教育出現危機。近年來美國中小學教育水平大幅度滑落，成因甚多，而主因之一，則係美國各大學的教育學院，多無法吸引第一流的學生就讀，不但專業教育水準不高，連英文讀寫能力也大不如前，結果則導致中小學生及大學新生英文及專業知識的嚴重降格。此一問題近年來也出現在臺灣社會。許多優秀的老師多因對教學環境的失望，以及有其他更佳的選擇而離開教育崗位。而近年大學文法科教育也普遍出現下坡趨勢，自然也影響到教師培育的水平，再加上學生問題日益複雜，管教極不容易，自然也影響到師生間之情感及教育之成效。

根據以上六點，我們認為當前的「代溝」問題，不但凸顯了臺灣目前的社會危機，同時也牽引出其他複雜的政治、教育、文化、司法及道德問題。我們並不認為這些問題有任何簡單的解決辦法，但至少應從分析問題入手，全盤性的探討問題的成因，否則非但安非他命問題無法從根解決，而且「代溝」問題的持續性影響，更將為整個社會帶來長久的傷痛與戕害。

六、學運與異議運動

憲政共識與理性抗爭

——對學運的諍言

七十九年三月十八日

李登輝總統在三月十七日下午針對國大紛爭及反對黨的抗爭行動，發表了重要談話。這篇話雖然很短，而且也嫌時機稍晚，卻言簡意賅，是最近各項講話中，最能切中時弊及問題要害的一次。但由於講話的時間較晚，是否能對十八日起的反對黨及學生的抗爭行動產生效果，卻難以逆料。

對於反對黨而言，既然以監督與對抗執政黨爲職責，當然不會放棄抗爭的機會，我們只期望在抗爭的行動中，反對黨都能自始至終的控制羣眾及抗爭場面，不可聽任無法控制的動亂場面出現。誠如李總統在談話中指出：「任何政黨或個人的意見，都應該循合法的方式表達，否則不僅我們追求民主的目標難以達成，而且可能予敵人可乘之機，使我們多年努力所獲致的成就毀於一旦。」如果反對派人士（當然不一定是民進黨人士）堅持認爲「民主是全有或全無」，或者認爲只有「玉石俱焚」才是解決問題的方法，那就有失負責的政治風範了。

對於國民大會近日的一些荒謬作法，國人已經建立了一致反對的共識，而且從十七日下午國大決議，在總統選舉過後才就審查會之提議進行表決的決定看來，民意與輿論的制裁已經發揮了實質的約束功能，李總統一方面明白的表示，希望國大代表在最後討論時，一定要以更審愼的態度、尊重民意，重作考慮。另一方面，他也鄭重的聲明：「民主乃是我們一致追求的目標，國家的前途必須依靠全民的公意的決定。」這種明白的政策立場，說明執政黨中央的態度，是與民意及輿論的大勢一致的。基於此，我認爲朝野間在反對國大錯誤提案的立場上，並沒有共識危機的問題。

但是，總統是否應進行直選，朝野間卻仍有不同的看法。從比較憲政的角度觀察，內閣制遠比總統制有利於政治穩定與民主發展，因此法政學者大都贊同內閣制，而在內閣之下的總統，卻並非經由人民直選產生。至於最近剛走向民主化的國家，包括近鄰菲律賓或剛剛進行修憲的蘇聯，採取總統民選一途，卻爲民主的前景帶來了層層的暗影，菲律賓的政潮洶湧、政局不安已是世人皆知，無需多論。至於戈巴契夫藉總統制而獨攬大權，假民主之名而行專權之實，也使蘇聯民主改革人士憂心不已。基於此，我們認爲，總統民選雖然可以化解一時的民怨與積憤，卻也會因爲總統民選，結果勢必將引入總統制，使憲政體制日益複雜，也使民主前景蒙上陰影。基於此，我並不認爲總統民選可以改善我們當前的憲政問題，相反的，卻可能使憲政困局更不易善解。

基於上述的理由，我認爲反對黨儘可就各種可能的反對訴求做爲抗爭的焦點，只要他們不違反法律，破壞社會治安卽可。但是以「社會良心」自認的大學生，卻必須多用一些心思，多研究一下憲政改革的實質問題。我們儘可在反對國大決議，要求全面改選，促進全面民主改革的訴求上發出不平之鳴，但在憲政改革的具體方向上，卻不可人云亦云，跟著喊「要求總統直選」，以爲這樣做就眞的可以解決問題了。因爲從追求知識，追求眞理，代表社會良心的角度看來，提出這樣的訴求是絕不周延，絕不負責，甚至將蘊涵更多憲政危機的。

基於此，我同意學生們以和平抗爭的立場要求加速國會改革，全面改選，及憲政改革。我卻不贊成反對者不問手段是非，以肢體抗爭挑戰法紀的作法，我更不認爲，現在是進行直選總統的適切時機。我特別請參與抗爭的學生們參酌，在三月中旬蘇聯人大會上，當反對派代表要求實施總統直接民選時，溫和派代表告誡他們：

「如果現在立卽實施總統直選，我國恐將爆發內戰！」

結果，要求直選的呼聲消失了，改由國會間接選舉進行。這說明了，在一個共識危機已經出現的社會裏，總統直選是充滿著危險性的。因此，在李總統明揭表示改革決心的此際，我希望所有準備參與抗爭的學生們都能三思上列的引語，並以負責的態度，理性思考的原則，繼續爲憲政改革做長期的奉獻與準備！

儘速提出憲政改革時間表挽救危局

七十九年三月十九日

逾萬名的臺北市民、大學生與反對派人士，昨日聚集在臺北市中正紀念堂前，舉行了兩場不同性質，但目標一致的羣眾大會，要求解散國大，加速憲政改革，並立卽逼退資深民代。這對於卽將來臨的總統選舉構成莫大的變數，我們希望這樣的羣眾大會能保持理性和平，平安度過。但在民意壓力日漸增高，改革聲浪不斷高漲之際，我們也希望執政黨與政府立卽提出全盤的憲政改革時間表，方能化解民憤民怨，避免更大的危機出現。

在昨日的羣眾大會中，由於支持民進黨的羣眾以噴漆塗汙中正紀念堂的樓牌，並有人將國旗銷毀，造成了護旗之市民被毆致傷，使得此次的羣眾大會已增添了血腥的汙點。但更重要的是，衝突的起源並不是國會改選問題本身，而是更基本的國家認同問題。由此足以顯示，由於政府改革步調的迂緩，不僅造成一般國人的不耐與憤慨，更激發了國家基本認同的共識危機。如果此一共識及認同問題不得及早化解，勢將掀起更大的政潮與紛爭，並將國家前途導向更不可測的危局。基於此，我們呼籲執政當局，卽刻提出全盤的憲政改革時間表，以化解當前的社會不安與政治紛擾，否則羣眾運動一發不可收拾，後果便不堪設想了。

我們的緊急建議是，由執政當局立即宣布，總統將在大選之後立即公布全盤的改革時間表，改革範疇將包括回歸憲政的具體步驟，全面國會改革的具體時限，以及憲政共識的基本立場與原則。

我們提出這樣的緊急建議，是鑒於當前局勢的發展，已出現兩種嚴重危機：一是全民化的要求改革憲政，指責執政黨與政府的作法，形成政府與國人間的對立矛盾了。一是民主改革的要求如果不能獲得適當的回應與滿足，臺獨與分離主義的主張與活動，便會成爲極具煽動性的人民「次佳選擇」。

面對這兩種嚴重危機，已不是八股式的文告與文學政治的「計畫」一類的承諾或宣示可以產生作用了。社會大眾已對執政黨與政府的文宣工作，抱持嘲諷的不信任態度，任何空泛的原則性的說法，已無法再扭轉這種信心危機。國人要求的不是空言的慰藉，而是具體的行動。原因是國人一方面看不到執政黨與政府力行民主，加速改革的作法，另一方面卻看到執政黨內部政爭的醜惡以及執政黨爲了總統選舉而表現了反改革的懦弱與自私。

現在，客觀的情勢在急遽惡化，但並非已是不可收拾與挽救的時刻。有幾種有利因素是執政黨與政府必須好好把握的，譬如國人的珍惜政治與社會安定；絕大部分國人並不贊成民進黨爲反對而反對的行徑；大家對執政黨執政目前仍不可替代的肯定；大家對於臺獨危險後果的認知；對於中共冒險用武的顧慮等等，都使國人對於執政黨與政府，雖感失望而仍有期望，雖已漸失信心而仍願等待。執政黨與政府若能痛切認清這種微妙的情勢，而儘速提出憲政改革的時間表，以具體的作法與步驟示信於國人，讓國人瞭解這是執政黨與政府對危局的回應，不再是處變不驚的敷衍故事；我們相信民心仍是可以凝結的，人民依然會站在執政黨與政府這邊的。

這次包括學生、民眾與反對勢力的要求「解散國大」羣眾運動，雖然是對國民大會近日來種種違逆民意胡搞的反應，但也凸顯了國人不滿現狀、不滿憲政改革陷於阻滯的共同心情。這樣的羣眾運動已表現了它的若干大可警惕的特性：第一是它結合了知識分子與社會大眾，第二、它成了社會中堅分子亦即中產階級的國是反應。第三、它與反對政治勢力的政治訴求已有合流趨勢。第四、它極可能引發國家認同的政潮。

執政黨肩負推展民主憲政重任，如果不能以大智、大仁、大勇的擔當，來回應國人對憲政改革的要求，甚或因此而導致社會秩序的崩潰、憲政體制的解體，那就要對國家存亡負歷史責任。現在不能再沈迷一黨獨霸的統治了，不能再沈迷威權領導的儀禮與態勢了。一定要緊緊把握民意、爭取民心，趕快拿出憲政改革的時間表來，方能化危機為轉機，重新主控形勢，消弭社會動亂，將政黨政治帶上正軌，而使臺獨失去活動的社會條件！

學運如何寫下光榮的結語

七十九年三月二十一日

身爲一位五四運動與近代學運的研究者，我必須肯定的說，一直到三月二十日夜間，臺北學運的發展，是相當成功而且令人感動的。但我也必須眞誠的說，過去幾天的成功表現，並不一定能夠保證日後的發展一定平坦無誤。因此，我希望在臺北與高雄學運現場的同學們，能切記下面的學運歷史教訓。在去年的天安門事件中，北京的大學生們在學運初期表現了頗爲圓熟的組織技巧與政治智慧，但四月十五日胡耀邦逝世起，學生們就成功的運用了各種有利的時機因素，包括五四運動七十周年和法國大革命兩百周年的紀念活動，郭婉容部長及戈巴契夫總書記先後到訪北京所掀起的新聞旋風，以及中共中央兩派鬭爭所造成的決策遲緩；這些有利的因素，以及學運本身訴求的清晰有力，終於使學運擴大而及於一般知識分子、市民、黨員和部分的軍人與工人，成爲一次階級廣泛的全民性運動。但是，很可惜的，北京學運並未見好就收。在五月底，學運領導人協議在六月初舉行一次遊行後卽光榮的結束行動，但未料稍後學運領導階層發生內訌，「北高聯」與「外高聯」的意見不合，後者拒絕按時撤離，六月間，又因新的參與者開始絕食抗議，吸引新的羣眾加入，終於喪失了原訂在六月三日光榮結束學運的時機。

但是，我相信在臺北的學運絕不會面臨同樣的困境，我們的軍警，應是守法、自制而且相當同情學運的。更重要的是，李登輝總統和李煥院長，都有長期的學界背景，更珍視學生們的意見。而我們的內閣，更以具備學者背景者眾多而馳名於世，因此他們也應該特別重視學運的訴求及發展。

在過去幾天裏，學運提出的四大訴求，除了解散國大，超越了總統本身的權限外，其他幾項，事實上總統多已有所回應。尤其重要的是，執政當局已允諾召開「國是會議」，而民主改革時間表，也應透過此一會議予以訂定，從而結束動員戡亂時期。因此，學運本身的訴求，大部分已見到相當具誠意的回應。如果李總統在未來幾天內親自會見學生，進行實質溝通，我相信那就是學運光榮結束的時機了。我也期盼在廣場協助學生的教授同仁們，能負責地讓同學們充分了解掌握時機的重要性。

我希望參與學運的同學們，在幾年之後，都能在一部《中國民主發展史》上讀到下列的一段文字：

「一九九〇年三月間，當臺北政爭紛擾、政局沉鬱之際，由於學生們聯合抗議，靜坐示威，明訂改革標的，要求執政當局力行憲政改革，結果感動了政府領導人及全國民眾，終於使朝野進行對話，展開良性溝通，並召開國是會議，達成憲政共識，使民主開拓新局。學運參與者對民主改革實功不可沒。」

但是，上列的文字也可能有其他的不同寫法，我不希望見到其他令人慨嘆與沉痛的寫法會出現。我更不希望，在一個天安門事件的教訓本來不應出現的時空環境裏，臺北的學運會出現任何「光榮結束」以外的不利結局。

應該如何看今天「五二〇」這個活動

八十年五月二十日

一部分知識分子與學生定於今天展開一項稱爲「五二〇」的遊行示威，朝野都密切注視這一活動，莫不希望這一活動能在平和、理性、有秩序的狀況下進行並結束，以免造成社會的紛擾不安。我們也要對於這一活動表示一些意見。

基本上我們肯定知識分子及學生對於當前憲政改革運動的參與。我們認爲，在國家認同的前提下，對於憲政體制內改革的任何活動，包括遊行示威的方式，都是健康的，具有積極的正面意義。知識分子心憂天下，其政治立場與主張，即令是對政府的作爲採取批判性的，甚或是反對的，在民主法治的意涵內，都是一種自由權利。所以，我們希望負責維護治安與秩序的單位，對於今天的遊行示威，應秉持行政中立的原則，作儘可能的容許，不做過當反應，以免衍發紛爭與衝突。

我們還得指出，這次「五二〇」遊行示威，是由知識分子與學生發起的，雖然他們並不具有完全的代表性，總是表現一部分知識分子與學生的意向。這樣的「學運」，不論其所揭示的訴求是否得當，是否偏激，也總是顯示了知識分子與學生的一種價值觀念，校園內的某種動向，單就這一事實而言，大家就不可不對之作客觀的認知。鑒於過去大陸時代學生運動對國家社會所造成的嚴重斲傷，相對於目前韓國學生運動所造成的嚴重動亂，我們朝野對於這一首次走上街頭的「學運」，是應該抱持戒懼謹慎的態度來面對的。

我們認爲，大家毋寧不把它視作一種政治運動，而純粹的以「學運」來看待，雖然，今天的遊行示威，可能發生政治性的揷花活動，但是，大家依然不妨信賴這一由教授與學生組成的運動的純良與理性，避免情緒激盪的惡性互動。把學運與政治活動區分開來，也許正是防杜學運變質或受誤導的有效辦法，也許正是政府面對一部分知識分子與學生走上街頭的應有政治藝術。不爲親者痛，不爲野心家製造機會，便是面對今天的遊行示威活動的正確反應。

從另一個角度來看學運，我們認爲，在政府著力憲政改革的大環境、大氣候下，雖然仍有令人不滿意的地方，無論如何都是受到絕大多數人民支持的：一部分教授和學生所組成的學運，也不過是我們開放社會多元發展的一種現象而已。若是處理適當，今天的遊行示威固然可以平和、理性地結束，也可消弭後續行動的訴求與動力。

當然，一部分教授與學生今天終於採取了走上街頭的參與形態，仍是很可遺憾的。事實上，從罷課、罷教、靜坐開始，便有很多的教授與學生抱持不同的看法，出現了相互的「白色恐怖」指責。我們不希望學術界與學生產生陣營分裂對立的現象，校園內出現非學術性的爭議；但是，我們也希望今天參加遊行示威的教授與學生，也能尊重學術思想自由，不要排斥不同意見的知識族羣；我們更希望參加今天遊行示威的教授與學生，在知識的理性基礎上，尊重法治的規範，不要予人以另一種特權的印象，失去你們對國家社會事務參與的純潔性與說服力。

令我們憂慮的，乃是當前的學運，已有惡性發展的跡象，「革命無罪，造反有理」的口號竟然出現於不同的訴求中，便是極爲危險的訊息。大家知道，這是大陸文革時代紅衛兵的口號，也就是這個「革命無罪，造反有理」，差一點把中國前途葬送了，現在竟然有人把這口號引進學運來，那就會使單純的學運，變質爲社會運動，甚至惡化爲「革命」了。而大家應該深切記住的，「憲政改革並不是革命」！

我們相信今天參與遊行示威的教授和學生都能瞭解學運如果變質的危險性，也應瞭解學運與「革命」的本質性差異。你們可以對體制內的改革提出不同形式、不同形態的意見表達，但是學運的本質絕對應該是建立在民主法治的基礎上的，你們應該排斥任何政治汚染，應該不被利用，你們的學術自由絕對不能被利用爲非法行爲的護符。這是你們應該保持的學術良知與愼思明辨！

因而，今天的「五二〇」遊行示威，應該絕對保持與維護學運的純潔性，知識分子參與的獨立性與理性。它應該是和平的、非草莽性的，使知識界的參與能兼顧到民主法治與社會安定的要求。日前三大工商團體發表聯合聲明，懇切希望今天的遊行示威能採取和平理性的方式，否則將對工商企業活動及投資意願造成打擊。這也是社會中堅或者是中產階級的意見反映，是應由今天參加「五二〇」活動的教授與學生深思的。我們懇望今天是熱鬧而不是動亂的日子！

民主的警訊，執政當局應深思

——對警察暴力及學運蔓延的看法

八十年五月十四日

臺大經濟系教授陳師孟日前參與中正堂抗議活動，指控被警察打傷，已使此次「獨臺會」事件增添了更複雜的因素，也掀起了有關學術自由與實際行動的爭議。我覺得此中的許多討論是有待斟酌的。問題事實上相當簡單，那就是：既然打人成傷是事實，這就是違法的，也是不合情、不合理的。基於這樣的理由，校園內的抗議行動也是無可避免的。而要解決此一問題，只有一條途徑，那就是，警方儘速查明眞相，公布過程，如果陳教授的指責屬實，警方就應公開道歉，懲處有關人員，並對當事人給予合理的補償。

當然，可能會有人反駁說，中正堂的集會本身就是非法的，警方的驅離行動自然也是合法的。但是，即使上述的說法合理，也不能躲避下一個問題，那就是：即使逮捕或驅離行動合法，但基本人權及人身安全仍應受到保障，因此，無論當事人是教授、律師、農夫、工人、學生或一般市民，他們都應受到法律的保障，他們應該不分身分、地位，同樣得到法治的保護（當然，也應同樣受到法治的約束）。因此，他們的人權也是不容侵犯的！

基於此，我認爲只要陳教授被警察打傷一事是事實，就不必再去談「教授是否應該特別被尊重」這一類的問題了。因爲教授並無特權，自不應特別「法外開恩」，但也不能比一般人少去一層法治的保障。換言之，在基本人權的保障問題上，實在不必把「教授身分」或學術自由的問題扯進來。我非常同意呂亞力教授日昨在晚報上發表的看法：「學術自由僅限於研究學問，學者的個人行動與學術無關，其行爲和一般民眾一樣，行動合法自然受到法律保障，當別人受到限制時，他們也一樣受到限制。」

但是我卻不能苟同另一種說法，卽學者或知識分子有根據某種意識型態或社會思潮，鼓吹武裝革命的自由。在校園內，學者應有充分的學術自由介紹各種學說，其中自然也包括了有關革命的激進學說。但是如果想將這種激進學說在社會上付諸實踐，走上街頭，結合羣眾，鼓吹暴力革命，這就不可能免於民主法治的約束了。這種簡單的道理，是不難理解的。民進黨日前要求海外臺獨聯盟放棄武力革命，就是充分了解到這一層道理。至於所謂只要停留在「主張」革命，卻未「進行」武力顚覆，就不算違法或違犯民主原則的說法，在美國最近幾十年的最高法院判例中，卻根據不同時空背景做了許多次不同的決定，但我們卻很難孤立起來談，而不就案件內容做個別的檢討。此次「獨臺會」事件至今仍未公布內容細節，而且全案還在司法程序之中，我們自然也還不到就事論事，討論案情的時候。

至於校園內的「罷課」與「罷教」行動，則係由師生的主觀意願決定，如果老師要繼續上課，學生是不得抗議的。而如果老師要「罷教」，學生卻要求上課，老師只有在日後補課了。但是，如果主張罷課的人妨礙了要上課的師生們上課的權利和機會，或者故意阻礙教室及校園的通道，使別人無法上課，這就說不過去了。另外，如果在上課期間（不包括下課時間）故意以麥克風或其他聲響阻撓正常上課秩序，或妨礙校園的安寧，這都應受到相關校規的處置。此中的道理其實也是很簡單的，亦即：罷課是你的權利，而上課則是我的權利，我不犯你，你也不能犯我！尊重他人的權利，這才是民主的眞諦。

不過在上述幾個看似複雜，卻相當簡單的道理之外，我們卻不能忽略另一個事實，那就是在此次參與抗議示威的學者教授中，有不少是黨國元老或國之重臣的親戚及子女，而他們所抗議的，竟然是黨國機制的「白色恐怖」，而強烈抗議的時機竟是在動員戡亂時期結束後，民主化步驟逐漸開展之際。而和這些人一齊抗爭的則是一向反對執政當局的「臺獨」人士、反對黨派人士和社會運動家，此中所透露的複雜訊息，就不是上述的法治原則所能解釋的了。

這些複雜的訊息，正是執政當局今天必須深思的警訊！

過於樂觀的制憲派主張

八十年四月二十二日

民進黨昨天宣布要推動民間制憲會議，部分學生教授也要求制憲而舉行靜坐絕食。制憲之聲又起。

目前第一階段修憲工作，如無意外，應可順利完成。但第二階段修憲可變數就甚多，甚至可能朝制憲之路發展，而眞正關鍵就在今年底的修憲國代選舉結果。如果民進黨和在野黨獲四分之一的少數，則修憲工作極難完成，因抗爭幅度難以預估；而如果民進黨得數少於四分之一，則國民黨就必須重蹈覆轍，亦卽重演目前的少數派暴力抗爭，多數派強力通過的舊戲，造成修憲所承擔的成本過重，因此，第二階段修憲，在目前看來極難完成，這也是爲何當前執政黨必須不計一切，將第一階段修憲通過的原因。

但如果選舉結果發生了出人意料的變化，亦卽反對黨派超過半數，則勢必走上制憲一途，如果制憲局面出現，則至少要經過下列四個步驟：

一、反對黨掌握國大，並要求重選總統。

二、反對黨必須繼續在八十一年底立委選舉獲勝，才能掌握行政院，亦卽掌握政府。

三、反對黨在掌握國大與立院之後，掌握政權並在極短時間內通過新憲法，重組政府。

四、在全民複決通過新憲法之後，再舉行大選，根據新憲法所規定之議會架構，譬如「一院制」重組政府，並再度獲得選舉勝利，才能確保新憲法過關，否則，如果國民黨在前述最後一次選舉中獲勝，仍會將前述的三項過程重來一次，並重新恢復中華民國憲法。

根據上述分析，顯然制憲派的主張過於樂觀，因他們在上述四個步驟中，只要一次不能獲勝，就將使制憲工作失敗，但相對於國民黨的修憲方案而言，制憲派與反對黨提出一項制憲綱領，並強調全民複決，確是比較簡單的訴求，因此，儘管制憲工作原比修憲工作困難，但作為政治口號而言，卻可能有很大的魅力，當然這樣的魅力，也正是由於它的烏托邦性質所使然。

一個事件，四種層次！

八十年五月十四日

自「獨臺會」事件爆發後，許多大學校園內發生了嚴重的反彈，其中約可分爲四種不同的反應：

㈠強調調查局的拘捕行動不夠周延，未先通知校長及校務主管，逕自拘提學生，顯然有悖大學校園的安定與自主。

㈡強調獨臺會涉案人員全係無辜，實係因調查單位「故入人罪」所致。因此要求司法當局從速公布案情，釋放無辜。

㈢強調臺獨無罪，加入「獨臺會」亦無罪。卽使是推動臺獨，仍應無罪。因此若涉案人眞正收受史明捐款，或爲其活動，仍應係自由保障之範圍。

㈣強調革命無罪，並認同史明之臺獨主張，認爲只要是政治主張，卽應享有完全之人權保障，因此卽使眞有所謂「獨立臺灣會」組織活動，亦應受法律保護。

在上述四種不同層次的主張之間，無疑的，支持第一種主張者最多，其他三種則依次遞減，清華大學校方所持之立場，卽爲第一種，而許多大學行政主管亦支持第一種，亦卽強調司法程序必須公正無瑕，亦應尊重學校行政當局，確保大學自主。

至於第二種看法，則亦普遍存在於民間，亦卽要求司法及情治單位必須確實拿出證據，保障涉案人之基本人權。但持這種看法者對於涉嫌者是否眞有犯行，則不抱定見，唯有視實際證據決定。

至於第三種看法，則只存在於少數激進「臺獨」論者或極端自由論者之間。卽使是當前「臺獨」主流人物中，亦多不願對史明的「臺獨左派」，表示支持。這也是目前激進學運及社運領袖，對民進黨在此一事件上游移不決，而大感不滿的主要原因。

最後，關於「革命無罪」的第四種看法，支持者就更爲有限了。事實上，卽使是在歐美民主國家，持這種立場者，也難保不受法律制裁，美國對共黨的層層限制，以及英國對北愛爾蘭獨立運動的制裁行動，都是具體的例證。

基於以上的理由，我們絕不可忽略了在此一事件上的不同層次反應，以及背後所擁有的民意基礎。目前正在校園與街頭進行抗議的青年學子，更不可不對上述不同的意涵，做一釐淸與反省。

學運如何譜下完美的句點？

八十年五月二十二日

學運發展至今，社會大眾的看法日益分歧。根據最新的民意調查顯示，有四成三民眾認爲逮捕學生應先獲得學校同意，有三成民眾認爲臺獨主張應受憲法言論自由的保障。但對於罷課行動，則僅能得到一成左右民眾的認同。

我的看法與上述的民意趨向略有不同。我認爲適度而理性的學運是有建設作用的，以此次學運爲例，儘管我個人並不贊同「罷教」，以及以學運糾察線阻止同學上課的作法，但我卻不反對同學們有「罷課」的權利，因此拒絕上課的同學完全不會在學期成績上受到任何影響。而且觀察這幾天的學運發展，除了少部分情緒化的作爲外，基本上仍是溫和、理性、持平的。而在學運的影響下，立法院已積極著手「懲治叛亂條例」的廢止工作，這就可視爲學運的一大成就。但是，如果學運參與者對現有的成就不表滿意，而要求採取其他激進訴求，諸如「打倒國民黨政權」，或「使這種不義政權從世界上消失」，我想原先支持學運的人就將逐漸散去，這時學運領導人若還要堅持激進的抗爭訴求，不但無法爲學運劃下完美的句點，反而可能帶來難以預料的惡果。

那麼，學運究竟應該在怎樣的時機下宣告結束呢？我想在下列幾項任務完成後，卽應爲此次學運譜上句點。

第一，情治單位應正式宣布，今後若在校園內依法逮捕師生（注意：必須是「依法」）應事前知會校方，並在校方人員陪同下進行。

第二，警方應就臺大陳師孟教授被員警毆傷一事，正式道歉。日昨我曾參加臺大法學院臨時院務會議，會議中已決議發表聲明，要求警方儘速查明，依法追究，並向受害人正式道歉。此點警方必須坦然負起責任來。

第三，雖然「懲治叛亂條例」卽將廢止，但相關的刑法第一百條，一百零一條；以及檢察官羈押嫌犯的有關刑事訴訟法規定，明顯違背憲法第八條（拘禁後二十四小時應卽移送法院），均有待立法院的修法配合。由於修法工作費時頗久，學運代表可以將這些修法意見轉交立法委員，並期望修法工作立卽開始著手。

如果上列三項意見均已充分表達，學運卽應結束。如果學運在此時適可而止，學運就可視爲成功了。至於部分學運人士主張與反對黨及「臺獨」人士結合，走上街頭抗爭的作法，我認爲這已超越了學運的範疇，而成爲一項「黨爭」的行動。這固然可視爲某些學運工作者的政治訴求，但卻已是「黨派性訴求」，卻不再是「學生的訴求」了。這時單純的學運就將結束，「黨爭」卻正式展開，它的前途就難以樂估了。

民主不應只有一種聲音

七十九年五月二十二日

五二〇的反郝行動，在行經路段的臺北街頭一片塗鴉之中結束了。雖然在整個遊行活動中，並未引起太高程度的動亂，但仍然造成了多處地方玻璃被毀以及櫥窗被焚的情況。其中受損最嚴重的，是中正紀念堂附近的中華電腦公司，據報導，損失在二、三百萬元。

對於少數遊行民衆砸玻璃，並侵入私人企業打人一事，「知識界反對軍人組閣行動」的兩位領導人，在接受訪問時表示，這樣的行動是不對的，但政府也應檢討爲何民衆會如此發洩情緒。

我十分同意這兩位領導人所說，政府的確應該檢討閣揆任命一事。但我也要問的是，既然暴民有錯，那麼引導暴民上街遊行的各個團體，是否也該自我檢討並公諸大衆呢？也就是說，在政府自我檢討之餘，是否反郝行動的幾個組織，也應自我反省，並向無辜被毀的商家和政府機構致歉呢？如果商家索賠，是該向政府提出呢？或是向這幾位領導人和反郝團體提出呢？還是說，如果沒人肯負責，找不到對象，只有自認倒楣，不了了之呢？

我必須強調，反郝遊行既然是向政府合法提出申請，遊行活動就應受到警方的合法保護；而反郝行動本身就是一種民主訴求，自應受到民主規範和法治原則的保障。但是，受到民主法治的保障，卻不意味遊行本身就可為所欲為，更不應該因此而把這些為所欲為的錯誤，簡單的怪罪於政府。因為，了解基本社會心理學常識的人都知道，只要是羣眾運動，尤其是街頭運動和大規模的集會，一向極易引發暴力。近年來英國足球迷的暴動即其一例（但恐怕罪不在英國政府）。因此要為此種深具危險性的暴力行動提出合理的解釋，必須從更深一層的文化與社會根源尋找理由，而不應以罪在政府，簡單的卸責了事。在我看來，臺灣羣眾運動中的暴力傾向不但反映了對政府施政的不滿，也已出現某種階級化的色彩，象徵著對市民社會價值觀的強烈反抗。另外，它也凸顯了在民間社會底層的一些惡質文化特徵（如不負責任，打了就跑；粗俗的言詞；以及抗運活動中販賣色情錄影帶等奇特現象）。因此問題實在是相當複雜，而不容過度簡化的。幾個月前，在英國倫敦爆發了一場反抗政府強徵「人頭稅」的暴動，數百位暴民當場被捕，誰都知道此次行動旨在抗議政府「暴」政，但英國朝野各黨仍對暴動和暴民大加譴責。可是此事若發生在當今的臺灣，非但警方不敢當場大肆逮捕暴民（這也是政府應自我反省的），而某些人恐怕又要說：暴民雖有錯，但罪在政府了。可是，這種分析問題的方式，雖然簡單而且對象明確，但卻失之粗疏。

最後，我願意強調，雖然我的看法和兩位領導人相當不同，但他們的發言權利，仍應受到尊重。在民主道德與人格的立場上，我和兩位領導人表達不同意見，應該是同樣被珍視的。民主不應只有一種聲音，這才是民主的眞諦。

七、民主化與政黨互動

民意的動向與改革的契機

七十七年七月十三日

中國國民黨第十三次全國代表大會的中央委員選舉，終於揭曉。由於得票的多寡與名額的分配牽涉到今後國民黨內部的權力整合與政治的人事改組，因而此次選舉倍受朝野注目。現就選舉結果與本次大會所可能產生的短期與長期影響，綜合分析如次。

首先，就此次選舉的提名方式與選舉過程而論，黨內民主的程度已經大幅度提高。雖然李主席提名的候選人中大多數均已當選，但自行連署的候選人中卻也不乏高票中選者（共三十三位當選）。這顯示一方面主席的威信已獲得基本的肯定，另一方面黨代表的自由意志也獲得充分發揮。而且得票的多寡將會影響到今後黨中央常務委員會的組成，甚至可能影響到今後政府人事的改組。因而，此次的選舉乃是近年來民主屬性最高的一次。它對一個有著深厚「革命」傳統，而且至今仍堅持「革命民主」屬性的執政黨而言，無寧爲它的「民主」性格的發展，跨出了較大的一步。

其次，就選舉的結果而論，雖然選票的多寡與排名的先後，不宜過分強調，但幾位黨務與政務負責人高居前茅，而行政院長、立法院長與總統府秘書長卻列入較後名次，卻不免引起一些議論。這場選舉結果名單，並不應視爲民意探測的惟一試金石，但無疑的卻顯示了黨內菁英的選擇與偏好。如果今後其他的民意測驗也顯示了相同或類似的趨勢，則民意的歸趨就應被視爲人事革新的指標了。因此，此次選舉既代表著「黨內民主」的指標，同時也可視爲比較黨內與全體民眾意見的一項參考依據。

第三，就此次當選者的男女背景分析，則有多層意義。此次選舉，女性當選者僅十一名，僅佔全體當選者六%，對於女性黨員佔三十%的國民黨而言，實嫌嚴重不足。所幸此次當選人中，有高票當選的女性代表，顯示今後中常會中，女性入圍的機會大增。另外，輿論界一直希望有女性閣員加入改組後的政府機構，李登輝先生也頗有提昇女性從政機會的意願，實應藉此次大會的時機促其實現。再者，一些資深的婦工會領導人與婦女領袖紛紛落選，也顯示了黨內民意的趨向與婦運工作轉型的契機。

第四，黨務領導人與軍方背景人士此次高額當選，而且排名次序甚高，則有不同意義。黨務領導人一向與黨內外羣眾接觸最廣，組織力龐大，知名度高而且較具親和力，無疑是此次獲得最高票的主因。基於類似的理由，一些形象良好的政務官員同獲高票，也顯示了黨內民主性格的增長趨勢。至於軍方領導人地位的普受重視，則顯示了民主轉型期間軍方的安定性角色，頗受黨內的肯定。

第五，地方首長與民意代表此次得票率偏低，顯示某些輿情所預測的國民黨地方化的趨勢，並未成爲事實。但是由於此次選舉的投票方法頗爲複雜，而有關配票的實際內情，也不易爲外人測知。因此此一現象的可能影響，仍有待觀察。值得重視的是，由於此次全會中與會民意代表在全體黨代表中的構成比例，與實際的選民結構有相當的差距，今後是否會引起爭議，頗值得重視。擁有實際選票的民意代表們，很可能會要求黨中央增加他們今後在黨內的發言機會與比例，同時也會進一步要求執政黨往「議會政黨」的方向前進，對於黨內民主的發展，這將不失爲一項前瞻性的發展。

第六，財經官員們在此次中委排名中，並未如某些輿論預期的理想。對於財經官員角色日趨重要的黨政結構而言，此一現象並不正常。財經官員今後勢需跨越出他們傳統角色的局限，不再以科技官僚的使命自限。尤其財經事務日益受到民間重視，對臺灣今後整體的發展尤具關鍵性意義，他們在黨內與整體民衆之間的親和力與號召力，都亟待加強。

第七，從整體的角度觀察此次選舉結果，它顯示原先提名時，兼顧新舊的妥協色彩降低，守成者或即將退隱人士已較不受重視。相反的，較具前瞻性眼光、親和力較高，以及施政成績普獲肯定的政治人物，卻得到高票的肯定。這顯示未來的政治領導階層已漸露雛形，而政府今後的民主化改革，也奠立起重要的黨內民意基礎。

最後，此次大會顯示了黨內民主化的趨勢已不可免。雖然黨內民主的程序，與選舉的規則仍充滿著不確定性，今後仍有待進一步制度化的定型，但民主化的最大價值，就在於民主程序本身的彈性與可接受性。因爲它本身具備了彈性，因此可以順應變動不居的民意而進行調整。但更重要的是，黨內成員可以接受這樣的民主程序來進行意見折衝並達成決策。民主本來即是一項通過多數進行決策的試誤歷程，民主並不能保證絕無錯誤發生，但卻可以保證最少錯誤的發生。因此，本次大會雖然並不是合乎某些人理想的一次大會，但卻是最能符合大多數與會代表同意的一次會議。本次大會的主要成就在此，它的歷史性的意義也在此。

國民黨要知恥知病的革新

七十六年十月四日

國民黨在這次三項公職選舉中遭到相當嚴重的挫敗，這一事實與其說表現於當選率的降落、縣市長與立委席次的流失，毋寧說反映出國民黨四十年來在臺灣一黨獨大的傳統政權基礎，在政黨政治的開展階段，在民主政治實質在選舉的檢驗上，受到了空前的衝擊。

我們相信，國民黨當局一定會深自檢討這次選戰的得失，我們願借國民黨蔣故總統所說的話來勸勉國民黨，一定要以「知恥知病」之心來痛切檢討。

我們希望國民黨知恥知病，不是說國民黨應知選舉受挫之恥、選舉失利之病。因爲，如果以民主政治政黨競爭的一般標準評估，國民黨能獲得百分之五十以上的得票率與多數席次，就算是勝利，國民黨在這次三項公職選舉中，分別獲得立法委員百分之五十七點五，省議員百分之六十八點八三，縣市長百分之六十六點六六，自不能不算是勝利，自不能說是選舉本身之恥之病。但是，政黨優勢的削弱，無疑的是選民基礎的損蝕，也意味選民對國民黨執政表現的不滿。

執政黨在過去三年，先後解除戒嚴，開放黨禁報禁，但在國會改選、省市長民選、動員戡亂體制調整、司法獨立等重大問題上，一直不能作出有效的因應；尤其近年來社會治安惡化、房地產股市狂飆、國民所得分配差距拉大，金錢政治與功利主義形成惡性互動，弱勢團體權益受到嚴重的相對剝削；面臨這些社會動盪現象，政府的政策搖擺猶豫舉棋不定，實在使社會眾大深感失望，執政黨與政府的公信力都遭到斲傷；再加上黑道橫行，私槍氾濫，走私偷渡成了公開的秘密，更導致社會大眾對公權力的質疑，使得原先支持執政黨的民眾產生兩種投票取向的變化，一是反國民黨轉而支持民進黨，一是支持民進黨以刺激國民黨。這便是國民黨之恥之病。一個以「革命民主」自許的政黨，不能發揮革命精神以推展應興應革的政府施政，豈不是黨之恥？不能克服所謂「無力感」以提高公信力公權力，豈不是黨之病？如果執政黨不能藉這次的選票訊息作知恥知病的檢討，並努力改善施政品質與時效掌握等問題，只是空談革命傳統，只是空談民主信念，則到下一次選舉，便會更遭到民進黨爭取政權的更嚴重挑戰。

國民黨必須特別把握在這次選舉中，「新國民黨連線」候選人大獲全勝的正面意義，這表明選民並非不支持國民黨候選人，而是企盼傑出、清新、有朝氣的國民黨新生代在選舉中脫穎而出。這種現象也反映了黨內初選政策的失敗（不是錯誤）。這次選舉在各大都會區，許多形象與操守良好的國民黨候選人，即使未獲黨的提名，仍然得到選民的大力支持，這就證明黨的初選無法拉拔黨眞正的菁英，而在初選獲勝者外，又以規劃方式提名，甚至將初選名列前茅者排擠出去，乃使支持國民黨的選民無法將自己的選擇建立在黨的信賴上。

針對以上的缺失，我們願對國民黨提出下列的建言：

㈠政府應設立公共政策研究中心，對政府已面臨或將要面臨的施政課題進行短期、中期與長期的研究與規劃，並對行政當局、立法機構提出迅速、有效、具體的政策建議。此一政策研究中心規模必須齊備完整，研究之政策對象則應包括所有的政府施政範圍，其中之研究人員應具專業學識，並且不分黨派立場，而且研究工作必須持之有恆，具備充分之連續性，方能有效的改善政府當前施政品質之缺失。

㈡執政黨應改變過去提名習慣，責成第一流之中央執政菁英，投入選舉之中，使其親身體悟民意之動向。即使這些菁英領袖不一定能通過選民之考驗，但黨內或政府仍然有足夠的資源安排其選後出路。這種由中央菁英直接下鄉「參」選的作法，與目前實施的下鄉「助」選的策略，有其本質上之分野，但卻是強化選舉候選人聲望與水準，並保障選舉勝利的必要作法。這種作法，也將會為執政黨內部的權力運作與整合，帶來良性的互動效果。

㈢針對地方黨務領導人的任期制，執政黨應擬訂一種彈性運用原則，亦即必要時可延長任期，或即使任期截止，主委離任後仍應由上層單位賦與其有關之責任區輔選權限。另外，則應將地方黨部的委員會諮詢功能強化，將本地區的黨籍代議士及地方領袖納入諮詢體制之中，在每屆選舉之後立即展開下次選舉的候選人規劃工作，並開始下一階段的地方部署行動。在本屆獲勝的國民黨縣市長及民意代表中，大多數都是在地方經營多年的有心人士，反之，選前才「臨陣磨槍」的候選人卻多遭失敗，即足以爲參照。

㈣國民黨中央應在下次的中央全會與黨大會中，預擬出一份全國各地區候選人的預備名單，並由中央及地方的黨務負責人負責規劃與推薦工作，黨員本身也可自行推薦。經由這種廣泛反映而決定的「候選名單」，必較之目前在初選前夕才匆促決定上陣的作法，更能反映黨內民意，也才能爲全國選民提供更佳的選擇機會。這也是國民黨這樣一個傳統深厚的政黨，在政黨政治的新時代應有的作法。

總之，在這一次選舉中，國民黨雖不能說是失敗，卻已遭到不可忽視的挫折。雖然基於政黨政治的原理，國民黨的勝負與別的在野政黨的勝負，對選民並無特殊的意義。不過，以目前國家處境與前途爲考量，國民黨執政的地位與功能，仍無法替代，所以，國民黨擔負的歷史責任非常重大，必須能通過執政的績效，對海內外同胞作強有力的號召，必須發揮「爲民先鋒」的領導功能，達成中國自由民主統一的神聖使命。因而，面對這次選舉所凸顯的種種執政缺失，國民黨實在要知恥知病的革新了。

反對運動者也要守法

七十八年三月十三日

立委朱高正出庭風波，已在朱委員向法院報到應訊後，終歸化解。但是在同一時間裏，在高雄市卻因法院拘提國大代表黃昭輝，爆發警民衝突，有多位員警民眾受傷，並有警車被黃昭輝服務處的宣傳車撞毀的情事。在這兩項事件之後，還有多位民意代表因拒不到案而面臨拘提，而且也可能還會爆發其他的衝突事件。基於此，我們覺得應該為當前混淆不清的法律與政治事件之間的分野，做一釐清的工作。

首先要說明的，這些事件由於包含了反對當前政治體制的政治性成分，因此並不容易完全劃清其中的政治與法律分際。但是如果謹守著一項重要的法治原則——自由以不侵犯他人的自由為界，我們仍然可以將這些政治性事件中的法律性成分做一釐清，並將這一部分的司法工作單獨處理，卻不會造成政治迫害，更不會造成社會不安。

我們的看法是，為了改革政治體制，拋棄威權體制的政治包袱，任何人均有權在法律範圍內透過言論自由的途徑，對政治制度中的不合理現象進行批評。但是他卻無權藉著上述的理由，先冒犯了法律的尊嚴，甚至侵犯他人的自由與人身安全，卻僅憑政治性的理由而想逃避法律的制裁。

我們試以美國民權運動領袖金恩爲例。金恩當年對美國南方黑白分離政策的反抗，就一直是堅持以和平的方式進行，而且他絕不輕易的以政治的理由去侵害他人的自由。另外，在他的行動違犯了南方當地的集會遊行法時，他也願坦然的接受警察的逮捕與法院的制裁。這種態度一方面顯示了金恩個人守法的精神，另一方面也說明美國執法人員的公正態度，卽使是像金恩這樣地位崇高的民權領袖只要違法了，也一樣繩之以法。

但是，在我們當前的環境裏，政府卻缺乏這樣的魄力與決心。在最近許多違犯公共秩序，甚至侵犯他人人身安全的法律事件裏，執法單位對於某些政治人物卻往往網開一面，甚至聽任其在抗傳或拒絕出庭的情況下自由出國。在這樣縱容的處境下，許多公然違法的政治人物，也就有意的強調他們的「政治異議」的色彩，將一切違反法律的行動政治化，甚至自我賦與神聖的色彩。似乎只要是任何事與政治反對運動掛上鈎，就應該享受「法律假期」了。

基於上述的心態，當前我們的社會中出現了許多似是而非的嚴重弊端。譬如說，爲了凸顯國會結構的不合理，無論是反對黨或中間的自由派人士，都有意的縱容某些異議人士的非法行徑，甚至以打傷警察和無辜路人爲代價也在所不惜。這似乎暗示著：由於政治結構不合理，犧牲法律的尊嚴，以突出前者的存在，是民主成長的必要條件。但是我們必須明白的指出：民主法治的原則是絕不容打折扣的。我們必須一方面向執政者要求民主與法治，另一方面也要告誡在野的反對者：「你們在爭取民主的同時，手段也必須謹守民主與法治的原則，因爲，如果民主與法治只適用於別人而不及於你自己的話，一旦你奪權成功之後，你也一定會同樣面臨不守民主與法治的反對者！」基於此，我們必須反對一切以政治性理由而違反法律的說詞。因爲，如果我們願意以打折扣的方式縱容這些非法行徑的話，終有一天，我們將面對一羣爲了凸顯所得分配不合理而劫財的「義賊」，他們也會和現在某些反對派人士一樣，道貌岸然的告訴我們：「爲了凸顯結構的不合理，我必須以非常的途徑，警省世人，使人們了解，我們的財產分配結構是不合理、不道德的。而且，和那些不合理的結構相較起來，我的非法行動只是微不足道的，絕不可以先辦我而不先處理那個結構性的罪惡問題！」

上述的案例在許多西方的極左翼、極右翼運動中都有例可循。許多反對資本主義體制的西方異議組織如美國的「氣象人」等，以爆破、傷人、搶銀行等非法手段，想藉以告誡西方的民眾：整個國家體制都是充滿問題的，甚至整個法律體制也都必須被推翻。基於此，他們認爲，以不正義的司法工具去制裁這些「反對派先鋒」的「義行」，本身就先缺乏了正當性。但是，我們且不要忘了，假反對與革命之名所做的非法行動，不僅會動搖當權者的政治體制，而且還會進一步的危害一般人民的日常生活，最後則將造成公權力的全盤淪喪和社會秩序的全面破壞。它的結果，絕對不是反對者所聲稱的民主，卻是全面失序的無政府狀態。也許少數的反對派領袖與羣眾運動家可以從中獲利，但社會大眾卻將是絕對的失落者與犧牲者。

基於此，我們就不難了解爲何會經常看到，在美國的街頭行動中，高大強悍的警察竟然一視同仁，不分青紅皂白的將所有違犯集會法的參議員、大學教授、女性主義者、街頭浪人和一般的暴民一齊拉上警車，送往法院了。我們也希望，終有一天，在臺灣街頭的羣眾事件中，我們的警方也能將違法的人，不管他們是誰，送上警車，並繩之以法。我們希望，司法機關和執法者，能夠謹守著一項原則：法律之前，人人平等。議員和從政者皆無特權，反對運動者也不再成爲違犯法紀的特權者！因爲，不論是假愛國之名或假民主之名，我們都不能再縱容任何人破壞法律，而又逃避法律的約束與制裁了。

促進政黨政治發展的應有認識與作法

七十八年十二月十二日

在本次大選之後，中華民國的政黨政治已經正式成型。但是如果根據本屆選舉的投票結果，我們只能判斷兩黨競爭的態勢雖已形成，卻無法斷言今後的政黨體系將發展而爲兩黨制、多黨制或一黨獨大制，或是其他的變體。

就本次大選的投票結果而論，在總票數方面，國民黨與民進黨是六與三之比，就改選席位而言，則爲三與一至四與一之比。就此項結果而言，並不符歐美民主國家「兩黨制」的定義。因此，「兩黨競爭」雖已是具體的事實，但仍非「兩黨式」的政黨體制。相反的，此一制度卻與日本自民黨、印度國大黨（一九七七年及今年的大選結果除外）、瑞典社民黨（自一九三二至一九七七年）的獨大情勢相類，亦卽所謂的「一黨獨大制」。這種「一黨獨大制」與一般所謂的「一黨專制」完全不同。因爲前者乃是在政黨競爭的民主規範下運作，而「一黨專制」卻不允許開放、自由競爭的民主選舉。因此，「一黨獨大制」與「一黨專制」的基本分野，亦卽前者主張並力行民主，後者卻仍堅持威權專政。

至於臺灣日後政黨政治的發展前景，根據本次大選的結果，以及未來幾年的發展趨勢，則有下列幾種可能情況：

㈠兩黨制：民進黨進一步成長，並在今後幾屆選舉中得到國民黨二分之一以上的議席及票數，甚至與國民黨勢均力敵。在這種情勢下，以百分之五十加一得勝的政黨，或是居相對多數的政黨，即是獲勝者與執政者。

㈡一黨獨大制：即維持與目前相類似的情況，民進黨仍然保留三成左右的議席及票數，而國民黨則維持六、七成的優勢局面。或者是由國民黨維持過半的優勢，而其他的各在野黨則分配剩餘的三、四成的資源。

㈢一黨半制：根據本屆選舉的結果，各「第三黨派」，包括工黨、勞動黨、民社黨及青年黨各分支黨派等，均大幅落敗。如果此一情勢持續發展，而民進黨又成長有限，其內部也不因派系而分裂，則一大黨一小黨的局面則可能延續下去，亦即形成「一黨半」的特殊體制。而如果民進黨內部分化，或有多黨出現，則又回歸到前述的一黨獨大制。

㈣多黨制：國民黨及民進黨內部均發生分裂，或兩黨因選舉結果，均未能超過半數，而必須拉攏其他小黨，才能獲得多數，聯合執政。則一種接近西歐的多黨體制，將會形成。

在上述四種情況以外，我們也不能不指出一項應正視的可能危機，若國內不幸發生嚴重治安問題，或因「臺獨」的關係而導致臺海危機，則政黨政治與民主運作規範必遭到破壞，由是政黨競爭的局面必將無法維持。這是朝野各界在當前對國家憲政共識歧見日深、中共又謀我日亟之際，必須深思並防杜的一項問題。

根據以上各項發展的可能趨勢，我們願就當前的選舉制度及政黨法規，提出下列的觀察與分析：

第一，在當前的選舉制度下，得票率與當選席次間，有相當的差距，而目前施行的中、大選區制，實施結果證明並無利於多黨制的發展。因此，今後應朝下列二方向改進：㈠縮小選區，各選區之當選議席儘量減少至三席以下；㈡在地區選舉之外，應以百分之三十至五十比例之議席，劃歸比例代表制之列。亦卽由選民投二張票，第一張票投給候選人（議席比例應爲總席次之百分之七十至五十），第二張票則投給各政黨按比例代表制，由各政黨預先列出候選名單，依得票率多寡分配席位。這一方案將可減少選票與席次之間的差距，並增強政黨認同的趨勢，使政黨體系趨於穩定。

第二，取消海外遴選制，將此一部分之議席劃歸比例代表制的配額之內，並由各政黨依得票比例在其海外黨員中列出候選名單。譬如，若規定每五位比例代表議席卽需有一位海外代表，則各政黨在比例代表制的候選名單中，每五位卽需有一位代表海外者。此一方式，既可免除海外遴選的各種爭議及紛擾，亦合乎政黨依得票率而分配議席之公正原則。

第三，在本次選舉之後，許多新成立的政黨已不再成爲政黨體系中之「有效成員」，亦卽不能有效的在政黨政治中扮演實質的制衡性角色。依據西方各國的民主常規，多規定唯有得票率超過百分之三至五的政黨，方得在比例代表制中分配議席。在我國政黨體系發展的初階，則可將此一比率降低至百分之一或二，以示對新興政黨的鼓舞。因此，今後在人團法中，應將「正式政黨」與「政治團體」的性質做一區分，凡是參選並得到百分之一或二以上選票之政治團體，方得被承認為「正式政黨」，並可在比例代表制的選票上列名，依得票率分配議席。至於其他之政治團體，雖得以政黨之名義推出候選人，並參加一般之地區候選人選舉，但卻不得在比例代表的選票上列出黨名，因為這些黨派只具備了「政治團體」的身分，除非該黨候選人在本屆中得到全國總票數百分之一或二以上，才能在下次選舉中正式升格為「正式政黨」。

我們相信，以上的建議與安排，將有助於增進選舉的公平性，並使我國的政黨政治，步上穩健發展的道路，這也是本次選舉後朝野均應思考的一大課題。

李登輝時代的新階段與國民黨革新的新契機

七十九年二月十二日

中國國民黨臨時中全會，昨天以無異議的一百八十票滿票數，推舉由李登輝、李元簇二位先生，出任中華民國第八屆總統、副總統候選人。雖然在此次會議中，與會者對於選舉辦法應採無記名投票或起立、舉手投票等程序問題有所爭議，但由於大多數的與會中委仍然贊成採取起立和舉手的投票辦法，最後終於在全體贊成，均無異議的情況下，完成了推舉總統、副總統候選人的階段性任務。

此次臨時中全會推舉總統、副總統候選人的結果，與國人所期望與預料相符，自是很可欣慰。李登輝先生為現任總統，他在任兩年來推展民主憲政，發皇「臺灣經驗」，拓展我國外交空間，以及主導海峽兩岸關係之演變，催化大陸民運的興起，都有輝煌的成就與貢獻，也為國人共認之國家現階段最適宜的領導人。他現為執政黨通過推舉為第八任總統候選人，自必為全體國人所擁護，展開「李登輝時代」的嶄新階段。副總統候選人李元簇先生，現任總統府秘書長，擁有優越的學歷，過去曾任政大校長、教育部長、法務部長、國策顧問等職，以嚴明耿介，崇法守分知著於政、學、軍、法等界。在當前政治人物中確屬全才型領導者。因此，李總統在考慮副總統候選人時，的確已就年齡、省籍、學歷、經歷、政績及威望等方面做了均衡的考量，並特別顧及合作無間共事經驗，基於這種種因素而決定的選擇，自然值得國人的肯定。

現在國民黨對第八任總統、副總統候選人業已完成提名程序，我們在此要向李登輝先生及李元簇先生致敬並申表賀忱，同時也爲國家將繼續獲得李登輝先生的卓越領導，深感慶幸，也正因爲國民黨臨時中全會完成了這一階段性的重大任務，我們也願藉此對執政黨提出一些建言：

第一，雖然總統、副總統候選人的推舉過程相當平和與成功，但無可諱言，在此次臨全會召開前的各種造勢及猜測活動，已對國民黨及整個政府的政務推展與人事和諧，造成了不利的影響。因此，現在大局底定後，執政黨必須立卽開始撫平政瀾、安頓人心。尤其對於日後行政院長人選，應及早做好安頓工作。如果肯定李煥院長之政績，則應提早做明確表示，方得使行政系統能步歸正軌，發揮應有之公權力，也使公共政策之品質，有所提振。執政黨中央絕不可任令近來之人事猜謎活動，繼續拖延下去，否則終將造成到今夏新總統任期開始之前，行政系統政務拖延懸宕的危機。

第二，對於憲政體制究係總統制或內閣制之歸屬問題，政府與執政黨必須立卽做通盤檢討。如果肯定總統制有其必要，則應考慮修憲，並籌劃總統民選的憲政規範工作。如果肯定內閣制爲民主國家之大勢所歸，則應賦與立法院對行政院長之實質同意權。並從本會期立法委員新任期開始之際，立即著手同意權的行使工作。唯有在現階段先做好此一考量，未來半年各界對行政院長人選的「猜謎活動」，才會及早消弭，否則任其浮懸不決，不但會嚴重影響政務推展，也將造成人事上的扞格。

第三，在此次總統、副總統人選底定後，執政黨中央應努力撫平黨內的不同意見，尤其是對於國民大會內部的不平之氣，尤應極力協調，以免造成黨內分裂，甚至最後釀成政爭。在折衷協調的過程中，執政黨中央必須使黨籍國代對國家未來的發展方向，包括一般政務的推展、大陸政策的前瞻性展望，以及人事的持續穩定，有所肯定，才能消弭積怨與猜疑，使人事布局趨於和諧。

第四，國民黨朝向民主政黨的改革，已是全體國人的期望，而黨內民主的促進，又是黨員對黨革新的基本要求。這次臨時中全會發生對總統、副總統候選人選舉辦法的爭議，與其說是黨內的歧見，毋寧說是黨內求新求變意向的凸顯。國民黨實應正視這種新的黨意與形勢，大力強化民主政黨的體質，不再沉迷於強人權威領導的傳統。

隨著國民黨臨時中全會的閉幕，一個李登輝時代的新階段於焉展開，而國民黨革新的新契機也於焉展現。我們深切希望國民黨在這個新階段切實把握革新的契機，使國民黨的領導，能夠鼓動風潮、創造形勢，達成李登輝先生昨日在臨時中全會致詞時所說的，開拓「三民主義統一中國的新契機」。

黨政改革的新方向

七十八年四月三日

李總統登輝先生日前在接見執政黨高級幹部時指出，從五權憲法的內涵來看，我國的憲政體制傾向於內閣制，今後將朝向內閣制發展。同時他也指出，將來執政黨內將有越來越多的中央民代參與黨務，進而參與行政工作。另外他還強調，在今年大選之後，執政黨組織將做大幅度的調整，而政府用人也將朝向年輕化目標進行，將來國家的重擔將由年輕人來擔當。

就在李總統做了上述表示之際，執政黨中常會也無異議的通過了黨內初選的計畫，使得國民黨的黨內民主工作，也往前跨進了一大步。此外，國民黨也已決定在今年六月三日至五日召開二中全會，其中主要議題包括：㈠強化民主政治、維護社會安定、續謀國家建設發展。㈡因應國際經貿情勢、紓解工商企業困境、持續經濟成長。㈢健全組織、為國舉才、落實動員輔選。如果把上述兩方面的政策方針綜合起來做分析，我們可以很清楚的看到今後黨政革新的主要方向所在。茲分述如次：

第一，在執政黨內部，將透過初選制的推動，使黨內民主與權力下放的工作逐步落實。黨內初選制一方面可以促使黨內候選人落實他們的民意基礎，使黨員成爲眞正的黨的羣眾基礎，而且也使上層的黨政官員不再能輕易的取代基層黨員做決策，這樣的發展將使執政黨成爲立足於草根的民主政黨。另一方面，由於民意代表與行政首長必須先通過黨內民意的考驗，而不再能僅以拉攏上層輔選官員爲主要考慮，因此將使他們改採經營基層與地方民意的選舉策略，間接的，也將使他們對一般的民眾（而不只是基層黨員）的意見更爲重視，這將有助於國民黨在未來的選舉中擴大其羣眾基礎，並且掌握更多的制勝因素。

其次，隨著中央民意代表進一步的參與黨務工作，將使符合基層民意的民意代表逐步進入黨的權力核心。這將使國民黨的基本特質，從過去中央集權的「外造型」政黨，逐漸轉變成爲西方式的「內造型」議會式政黨。可以預見的是，國民黨在短期內並不會變成像美國式的地方分權政黨，但它的權力基礎，將不會再集中於中央的黨政官員，而將轉變成爲專業黨工與民意代表協調分工、合議決策的一種過渡型式。這種過渡型式會持續多久目前尚難預測，但可以肯定的是，國民黨逐漸走向「內造型」政黨，並加強民意代表的角色將成爲今後的主導方向。而政黨的功能也將以推動選舉與動員爲主旨。這將是國民黨從過去所標榜的革命民主特性中轉化出的另一方向。如果在今年底大選之後，國民黨內部的改組工作能配合此一方向，無疑將爲近代中國政黨政治的發展，寫下新的一頁。也爲中華民國的民主化大業，奠定更穩定的基礎。

第三，隨著憲政體制逐步往內閣制發展，將有許多執政黨中央民意代表進入政府擔任行政工作，這將使政黨政治的理念與實踐，進一步鞏固。行政院與立法院之間的制衡關係，也將更進一步的制度化。雖然李總統強調，由於我國憲法賦與總統相當大的職權，因此我們的內閣制的發展，將與英、日不盡相同，而可能傾向於某種折衷型態。但由於強調了內閣制的特性，即使是包含了某些折衷制的特性，仍然是較接近內閣制而非總統制；這無疑將使「回歸憲政」的要旨，獲得進一步的落實。同時回歸憲政與內閣制的改革方向，也將使目前某些反對派人士所提的「總統民選」、「另立基本法」的激進主張，失去發展的空間。對於政治體制的穩固與憲政共識的建立，無疑是有正面效果的。

第四，伴隨著黨內初選制、政黨權力基礎向下落實、回歸憲政與內閣制等改革方向，執政黨當前所強調的恢復公權力、強化公共權威、重建社會秩序與維護社會安定等政策，均可獲得更穩固的合法性基礎。相對的，反對黨的政治運作就必須嚴守法紀，而不易再以政治性的理由，逾越法律的約束了。事實上，法治原則本來就應是公正的。如果執政黨自己不守法，反對黨就會同樣的知法犯法；現在執政黨自己強調憲政法制的優先性，也就可以對違法者繩之以法了。這對於當前社會上普遍的知法犯法與泛政治化的歪風，自然有遏阻的效果。我們相信，在恢復公權力、維護社會安定的同時，間接的也會對穩定經濟秩序、持續經濟發展的政策目標，有促進的積極效果。同時也會對僑外投資的增加，有正面的刺激作用。

綜上所述，李總統所揭示的改革方向，不管是對國民黨或中華民國，都是積極而富建設性的。而且從長程的眼光看來，由於改革的方向有助於民主法治與政黨政治的成長，對於在野各黨派也是有利的。我們希望能及早看到這一系列改革步驟的推動與實現，以突破我們當前的政治困境。

黨政分離與健全政黨體制的作法

八十年四月六日

日前國民黨中央做成決定，今後將精簡黨部組織與功能，將原先由大陸工作會負責的敵後情治工作，轉移至國防部情報局及行政院大陸事務委員會，陸工會將只負責黨的大陸問題研擬工作。另外，海外工作會的業務亦將簡化，只負責海外黨務，而將其餘工作轉移至僑委會。另外，文化工作會的部分職掌，亦將劃歸行政院新聞局及教育部。換言之，將逐步實現黨政分離的原則，國民黨的體制也將予以調整，使其精簡化、單純化，更適合民主政黨的要求，也更能迎接政黨政治的挑戰。

我們認爲，國民黨的改革計畫若能貫徹，將是健全政黨體制的良好作法，這不但凸顯了國民黨回歸憲政、走向民主的決心決志，也使國民黨將完全拋棄它的「以黨治國」傳統，而成爲一個領導憲政民主的普通民主政黨。環視全球各地的民主化、自由化經驗，迄今還沒有任何一個列寧主義政黨能完全成功的完成民主改革與體質改造的重任。但是國民黨的改造經驗，卻是在具有列寧主義色彩的政黨中，罕見的成功範例。

當然，國民黨並不是一個典型的列寧主義政黨，因爲國民黨所揭櫫的三民主義，強調經過軍政、訓政，必須走向憲政民主的「建國三階段」，因此自始它就預設了國民黨不可長久維持「以黨治國」，而必須還政於民，成爲普通民主政黨的基本原則。另外，三民主義與中山學說的內涵，也凸顯了國民黨反共、反階級鬥爭、反馬克思列寧主義的本質。因此，儘管由於「聯俄容共」政策的影響，使國民黨黨組織中存在著濃厚的「列寧主義黨國」色彩，但它卻與其他奉行列寧主義或馬列主義的左翼政黨，有著根本的歧異。因此，國民黨的改造遠比其他馬列主義政黨容易，也是順理成章之事。

但是，近兩年來東歐、蘇聯及西歐共黨的快速改革經驗，卻讓我們不禁興起了下列的疑問：是否我們過分誇大了列寧主義政黨的僵硬性及「不可改造」的特質？或許，這些政黨也是相當脆弱的，甚至是易於自我調適的？

可是，自去年秋天以後，有鑑於東歐及蘇聯民主化的頓挫經驗，卻再度讓我們體會到，列寧主義政黨與馬列主義政權的改造，的確是極爲困難的。有的觀察家甚至認爲，由東歐及蘇聯經驗可以證明，馬列主義政黨及政權，只能崩潰解體，卻無法改造而成爲民主政黨或政體。根據這樣的觀點，我們就不難了解，爲何一個以民主改革形象聞世的戈巴契夫，竟然和中共的鄧小平、李鵬、楊尚昆對付天安門民運一樣，也以坦克鎭壓手無寸鐵的波羅的海民主運動。因爲他們在政權維繫的考量上，是堅定不移，不肯絲毫讓步的。這或許正好印證了一項重要的事實：在維護統治霸權的前提下，不管是共黨的改革派、正統派或強硬派，並沒有本質性的差異。這或許正是「列寧主義霸權」的一項重要特質，也顯示了列寧主義政權的僵滯性和暴戾性。

基於這樣的理由，我們也就不難了解，爲何在東歐的北方四國，改革速率遠勝於南方四國，其中關鍵在於：北方四國（東德、捷克、匈牙利和波蘭）的共黨均已解體或垮臺，新的民選政府均非由共黨主政；而南方四國（阿爾巴尼亞、南斯拉夫、保加利亞和羅馬尼亞）卻仍由共黨改革派或同路人（如「救國陣線」等組織）主導政局，而且仍堅持共黨的特權與霸權，卽使他們容許較過去爲寬的自由空間，但仍未歷經眞正的民主化改革，而政權的和平遞轉經驗也還未眞正經歷過。由此看來，共黨政權是否眞的能成功的轉變爲民主政體，的確仍是待考的。

另外，西歐最大的共黨——義大利共產黨，目前雖然已正式改名爲「左翼民主黨」，但在改組同時，卻也面臨了嚴重的黨內分裂和人事傾軋，義共雖然以溫和改革形象著稱於世，而且長期以來在義大利地方政府中也具有豐富的執政經驗，但目前仍然面臨著民主轉型的重大障礙，足見卽使是在民主國家內部，共產黨的黨內民主仍是一項艱鉅的任務。這的確也印證了馬列政黨及共產黨的僵化性格。

從上述的對比及分析看來，國民黨有意主動揚棄它的「列寧主義遺產」——包括黨國霸權、黨政不分、國庫通黨庫等現象——的確是近年臺灣民主化改革的一大成就，也具有特別重大的國際性、比較性意義。在過去一、兩年中，國民黨的改革步驟雖然較爲緩慢，但只要改革方向不變，而且不出現任何倒退逆轉，則步調的審愼應是可以理解的。但是我們在積極肯定國民黨勵行黨政分離、精簡黨組織及功能的明智抉擇之餘，也願意進一步強調下列的改革任務，尚未完成，還有待黨政領導人與國民黨全黨同志的共同努力，這些任務包括：

㈠國民黨黨組織的全盤民主化尚未成功，包括改造中常會及中委會，使其受到民主原則的全面監督，繼之則應在黨內各種選舉中充分體現「黨內民主化」的原則。

㈡國民黨黨營機構及財務機構不應再繼續享有任何特權，而且應與民營企業進行完全平等競爭。

㈢救國團目前已正式登記爲「社會團體」，而不再扮演「黨的青年團」的角色，但如何眞正擺脫舊有的框架陰影，卻還待黨、團雙方的共同努力。

儘管上述的問題仍然存在，我們仍然願意強調，截至目前爲止的國民黨改革經驗，證明國民黨已逐漸拋棄了列寧主義的包袱，而且已使其不再成爲「列寧主義政黨」。這是全球所有具備此一傳承的政黨之中，最爲成功的一項改革案例。這也可視爲臺灣地區民主化改革的一項重要成就，因此，我們在欣聞國民黨展開另一階段的改革任務之際，也鼓勵更徹底的改革宏圖，能及早開展完成。

「過渡期」怎樣才能度過？

——兼論反對黨的發展空間

八十年四月二十日

國會政治的惡質化，目前已成全民憂心的焦點。「四一七」的羣眾運動，尤使大家對於民主程序失去信心。雖然許多人強調這只是過渡時期的現象，但如果這段「過渡期」不是短期的幾個月、兩三年，而是一拖好多年的話，人們可能就會寧可拋棄這樣的過渡期，甚至對民主絕望了。基於此，我們必須審慎的檢討這樣的「過渡期」性質為何，以及如何才能縮短過渡期的陣痛與不安，使法治秩序及早重整，也使政黨體系的運作走向正軌。

在有關「過渡期」的言論及說詞中，我們最常聽見的幾種講法是：

㈠由於國會結構不合理，資深代表不肯下臺，才造成反對黨無法循正常管道運作，只有藉肢體抗爭，凸顯結構的不合理。因此，只要結構問題解決了，國會自然會重新走上正軌。

㈡由於國民黨長期以來一黨獨大，控制了大部分的政治資源，而且加上情治系統控制在國民黨手裏，使得反對黨幾無生存餘地。因此，唯有藉暴力抗爭，與發動街頭羣眾運動才能凸顯問題癥結，也才能使反對黨得到民眾支持，從而爭取執政機會。

㈢由於中華民國憲政結構的不合理，以及目前國民黨修憲方案緊守著現行體制不放，才造成當前的亂源。唯有重新制憲，放棄中華民國的國號和政治符號，強調臺灣人民的獨立自主，才是走向民主的唯一道路。

上述三種講法，事實上都存在著嚴重的某種情結。根據第一種講法，似乎只要國會結構改變了，一切就可踏上正軌，換言之，在今年底資深民代退職後，一切問題就可解決。這種說法也不啻意味只要到了今年年底後，「過渡期」即可度過。但是，這種說法卻忽略了，即使所有的資深民代退職，反對黨仍然是少數派，依然無法在投票中獲勝，因此所有的抗爭手段雖然可能會出現新的面貌或形式，但是根本問題卻完全未能解決。因此，這種解釋觀點恐怕是太過樂觀了。

至於第二種看法，則將「過渡期」拉長，並強調唯有民進黨或其他在野黨上臺，才能使問題解決。但是如果反對黨議員在這樣的「過渡期」中不斷以暴力進行抗爭，結果恐怕反而會使民心畏懼，造成反對黨執政的困難，結果則「過渡期」無限延長。另外，這種看法也忽略了，在過去半個世紀左右的時間裏，許多國家的執政黨（如瑞典社民黨、印度國大黨、義大利基民黨、日本自民黨等）執政長達三、四十年，甚至從未下野，但依然無礙其為民主政體。因此，這種將「政黨輪流執政」視為民主要件的教條化觀點，並不符國際間民主的常規。這種看法事實上也可能面臨非常悲觀的結局，亦即只要國民黨繼續執政，民主化就無可能成功。至於反對黨本身是否具備執政與建立民主的主、客觀條件，卻是這種觀點完全不願顧及的。

第三種的看法恐怕是更不樂觀了。因爲，它是以臺灣獨立及奠立新憲法爲前提，只要這兩項訴求不成功，過渡期就不會結束，民主化使命也就無法完成。但是，平心而論，這兩項訴求事實上已逾越了「民主化」的概念與定義，甚至超越了「自決論」的重點，而進入到「臺獨化」的範疇。因爲它比「自決論」走得更遠，「臺獨論」卻是它的唯一選擇，亦卽若「自決」的結果是維持現狀或走向統一，或是維持現行憲法，則都是民主使命未竟，它也無法接受這樣的結局。我們可以確定，對於採這種觀點的人而言，「過渡期」是很不容易度過的，甚至是永遠不可能度過的。

除了上述三種觀點外，還有一種特殊的觀點，我們稱之爲「拒絕度過論」。這種看法已見之於當前的反對黨國大代表之中。這種說法是：「如果國民黨走向民主了，反對黨還有運作空間嗎？」基於此，反對黨必須強力阻撓民主化的進程，使國民黨的憲改工作遲緩，甚至故意模糊抗爭目標，使民眾喪失對民主的信心及耐心，進而整體性的否定民主改革的可能性。

當然，從一個正常的、負責的反對黨角度看來，上述的說法是站不住腳的，而且是充斥著權謀的意味，但這種簡單而偏執的觀點卻顯然有其市場。而且只要它的市場繼續擴張，臺灣的民主困境也就愈益沉重，而「過渡期」也就變得充滿不確定性，甚至可能出現越來越多的革命性、破壞性暴力。因此這種論調及作法，的確可能會使「過渡期」無限度延長。

但是，我們卻相信，也希望「過渡期」能儘快結束。更冀望「過渡」方向是憲政民主而不是新的專制或獨裁。我們認爲，在現階段的具體作法應該是：

㈠儘量展開朝野政黨間的高層次溝通，以重建共識。

㈡奠定有形的議會法規，約束議員的問政行動。

㈢節制使用議會警察權，並使議長角色公正化、中立化。

㈣約束羣眾運動，尤其不應鼓勵激進化的街頭抗爭，才能使政治改革重心重歸議會。

㈤儘速推動憲改工作持續進行，並及早完成「回歸憲法」的使命。

㈥在年底大選後積極推動進一步的憲改工作。同時根據選舉結果所透露的政治實力消長，決定憲改的內涵及方向。

在上述各項工作上，除了朝野政黨的努力外，輿論與民意監督是極爲迫切的。我們相信，在上述的努力下，反對黨的運作空間將大幅度增長，而「過渡期」才可能眞正的縮短，民主化的成果亦將逐步落實。

成立新黨的可能性

七十九年十月

根據報導，立委朱高正與前立委康寧祥最近曾考慮脫離民進黨，另組新黨的事宜。康寧祥先生就此事已澄淸否認，朱委員則表示有此可能，但仍不確定能否成功。不過也有報導指出，此一新黨若眞正成立，將訂名爲「中華社會民主黨」，既可擺脫立卽統一的「統派」色彩，也可揚棄「臺獨」的既定立場，而以中華文化與中華民族爲依歸。另外，也有企業界人士對此一新黨抱持樂觀與支持態度，並願意以巨資支持新黨的成立。

除了有關朱高正委員可能成立新黨的消息外，前彰化縣長黃石城，以及其他無黨籍人士，也早有成立新黨的擬議，並獲得財團支持。至於國民黨的立法院次級團體「新國民黨連線」也曾就成立新黨加以討論，雖然目前仍決定繼續留在黨內，但也的確顯示在國民黨內，仍有可能出現另組新黨的倡議。就這些成立新黨的動向看來，未來一段時間裏，若有新政黨的出現，也並不是可詫異的事。不過，關於新黨成立的契機與發展空間，卻有不同的看法。基本上，有兩種相異的見解。

第一種看法認爲，由於國民黨與民進黨日趨兩極化，而且都有讓人不滿意之處，因此新黨發展空間應該相當大。根據最近的民意調查顯示，支持國民黨的國民有百分之四十，支持民進黨者則爲百分之十，其餘近半數的選民卻均不支持兩黨。另外，從今年初鄉鎮級選舉也顯示，無黨籍人士獲得的支持比率遠超過對民進黨的支持程度。由此益可見，如果有具備威望與組織能力的從政人士另組新黨，並掌握民眾關心的議題，則新黨發展成功的機會將是極大的。

第二種相異的看法則認爲，從去年底大選中各個第三政黨，包括工黨、勞動黨、民社黨、青年黨等均慘敗的事實看來，要在兩大黨之間尋得新的生存空間，並不容易。尤其是從前立委王義雄脫離民進黨，另組工黨卻遭到失敗的例子看來，反對派人士若要另組新黨，將非常困難。即使朱高正委員憑藉其個人聲望與魅力，仍有可能當選連任，但要得到其他在野人士的支持，則並不容易。因此，新黨的發展空間將非常有限。

關於以上兩種相對立的看法，我們認爲均言之成理。但究竟何者較爲接近現實，則受到下列各項因素影響：

㈠政黨法及選舉法規的影響：最近輿論中已有提議，爲了使政黨體系穩定化，以及使具備全國性威望的政治領袖在選舉中脫穎而出，應在一般的普通選區（選人）外，另將四成至五成的議席改爲比例代表制（選黨）。因此選民手上將有兩張選票，一張選人，另一張選政黨。某一政黨若在全國的普通選區中獲得百分之一以上的總票數，將可在比例代表制中依選票比例分配議席。

如果該黨在比例代表制中得到百分之五的選票，則可分配百分之五的議席。但是在普通選區中得百分之五的選票，卻極可能因選票分散，結果連一席也分配不到。所以實施比例代表制度的話，將可增進選舉的公正性，選票的有效性，並可確定政黨體系中的政黨數額，只有超過百分之一總選票的政黨才是正式的政黨體系成員，其餘則成爲「泡沫政黨」。同時，此一制度也會擴大「第三政黨」的運作空間，使未來可能出現鼎足而立的新政黨。

㈡實施內閣制與「聯合內閣」的影響：如果今後回歸憲政與民主改革的方向係內閣制取向的話，則將有許多重量級的國會議員將會入閣。則溫和理性的反對黨議員，也可能會在增進朝野共識的前提下被延攬入閣。事實上，據聞國民黨領袖間也曾有組「聯合內閣」，促進政黨和諧的擬議。上述的擬議若成爲事實，將會擴大這些溫和理性的反對派人士的影響力，並成爲日後組黨的後盾。

㈢統獨問題兩極化的影響：目前民進黨內統獨問題對立趨勢日亟，如果此一趨勢進一步擴大，演變而爲分裂或共識危機，則較溫和的反對黨派系仍有可能獨立出來，另組新黨，而且仍有發展成功的機會。

㈣執政黨內派系因素的影響：過去幾個月間，執政黨內部曾有「主流派」與「非主流派」對立的說法，日後派系整合若不能成功，則失勢的派系將可能另組新黨，並與某些中間黨派結合，爭取第三政黨的運作空間。但此一可能性將小於上述第三項的統獨紛爭。

根據以上所述的四種可能因素，我們認為新黨發展的空間仍是存在的，而且對於政黨政治的演進而言，新黨的出現將提供新的選擇機會，並且可能會改善政黨競爭的環境，基於此，我們對於新政黨的出現，毋寧是持樂觀其成態度的。

國共兩黨都必須革除列寧主義

——兩岸共同促進和平統一的前提

七十九年十二月十七日

海峽兩岸的共同促進和平統一，雖然當前面臨的困難仍多，但是，我們堅信，這是全中國人的共同意願，中國的統一是必然的歷史發展法則與不可阻擋的形勢，所以，如何加速階段性的和平轉換，乃是兩岸政權的共同努力，而其中最基本的要求，乃是國共兩黨都應先革除列寧主義黨國霸權的思想與政權運作方式。

中共至今仍是典型的列寧主義政黨，可明見於它的「四個堅持」，而國民黨雖然不是列寧主義政黨，早期卻是仿傚、深受列寧主義感染的政黨，而且直到現在，無論在組織上、政黨領導形態上、黨務運作上，仍保留或殘存列寧主義的餘緒。這是自一九二〇年代初，國民黨接受蘇聯經驗，建立革命武力，改造政黨組織以來的不幸歷史包袱。

不過，隨著國共鬪爭及國民黨的民主主義化，國共兩黨的發展產生本質性的差異，這些演變包括：

㈠一九二七年「清共」之後，國民黨採取強烈的反共及親西方立場，因此完全不具備列寧主義政黨所必須依賴的馬克斯主義與共產主義立場。

㈡國民黨的三民主義，是一套理性、寬容、彈性而富實踐精神的意識型態，卻與馬克斯——列寧主義的僵化、命定、獨斷、機械的「意諦牢結」（這是意識型態的另種譯法）特性，完全不同。國民黨在政策實踐上，也只將三民主義視爲一項原則，卻不必按照三民主義的內涵照章行事。相對的，在中國大陸，馬列主義意識型態的指令性角色，卻從未改變。

㈢根據三民主義，國民黨在經歷軍政與訓政階段後，必須實施憲政，還政於民，建立政黨政治，與在野黨派平等競爭，爭取執政機會。這是在臺灣四十年民主憲政實施經驗的意識型態基礎。相對的，根據列寧主義，中共政權卻可以堅持「社會主義民主」不同於「西方式的自由民主」，並且堅持共產黨一黨專政是必要而且合法的。因此，在列寧主義原則下，中共可以持續的實施一黨專政，而且拒斥多黨政治的出現，並對反對運動及異議人士，進行合法的鎮壓與制裁。

㈣由於三民主義肯定私有制的存在，因此在臺灣私有企業蓬勃發展，公營事業雖然依舊存在，但其所佔比例卻在逐年降低，與西方民主社會主義國家的混合經濟（公私所有制並存）頗見類同。就其結果而論，不但達成了高度的經濟成長，而且使中產階層及市民社會力量快速發展，並爲臺灣地區的民主化進展，帶來了穩定的社會經濟基礎。相對的，在中國大陸，雖然在最近十年間已對私有經濟做了部分的開放，但根據馬列主義，眞正的私人所有制和土地私有化，仍被視爲「資本主義的罪孽」、「階級傾軋的根源」，仍然存在著嚴重的意識型態包袱，並阻礙進一步的經濟成長及私有化的發展。

㈤由於三民主義在意識型態上的理性寬容性格，卽使國民黨在來臺之初強調其「革命民主政黨」之立場，但在黨員招募工作上，卻對士、農、工、商各階層一視同仁，使得黨員基礎相當穩固，再加上草根化與臺灣化的努力方向，也使國民黨的黨員結構與一般列寧主義政黨完全不同，後者強調黨員革命屬性及階級背景的「職業革命家」性格，在國民黨方面卻完全不具備。但是在中國大陸，遲至一九九〇年，共產黨內仍存有「資本家可否入黨」的爭議，足見階級色彩及革命屬性，仍是中共當今的意識型態包袱。

根據以上所述，我們可以充分了解，國民黨已擺脫了列寧主義政黨的傳統。但是我們卻也必須指出，在國民黨黨結構中，至今仍存有某些「列寧主義遺產」，而且也成爲現階段黨內民主化改革的一大課題，這些「列寧主義的遺產」包括：

㈠黨的權力基礎，仍是列寧主義黨國體制的舊規，亦卽通過每四五年左右召開一次的「黨代表大會」，選舉「中央委員會」，再由中央委員會選舉「中央常務委員會」（在中共、蘇聯則稱之「政治局」），成爲黨政權力核心，每周開會一次，決定大政方針。而日常事務，則由秘書長（在中共、蘇聯則稱爲「總書記」）負責。

㈡在秘書長之下，下轄組織、文宣、婦女、勞工青年及對外事務等部門，處理動員、意識型態、人事等工作。雖然目前國民黨黨務組織功能已大幅度精簡，而且已從「以黨領政」轉爲「以政領黨」，但在黨務組織及職能上，卻與中共書記處有許多類似之處。但應強調的是，在中共方面則堅持「以黨領政」，黨的指揮性角色仍然十分重要。

㈢從蘇聯紅軍體制演變而來的「政工體制」，仍然存在中華民國國軍體制之中。但是和中共及蘇聯軍制不同的是，在我國軍體制中，係採軍事首長負責制，亦卽以軍事幹部擔任部隊長，政工幹部則擔任副手或幕僚長，此一體制，與中共的「政委、司令雙元領導制」，十分不同。近年來，由於政黨政治發展迅速，在國軍之中，政工系統已經不再積極推展國民黨的黨務工作，所有黨務活動，均需在營房之外進行。因此目前「政工」體制正面臨祛除「黨工」色彩，轉型而爲西方國家軍隊中「政戰」體制（此在美國軍中卽存在）的考驗。

㈣國民黨目前正在進行黨組織的改革，但是由於組織性格中普遍存在列寧主義的「民主集中制」色彩，因此目前已面臨許多嚴重的阻力。另外，爲了進一步祛除列寧主義的遺緒，目前在省級以下黨部所通用的書記、書記長稱謂，也準備更改爲委員或主任等名稱。而地方黨部今後也將大幅度改革，吸收民意代表進入，參與委員會的運作，並負擔決策功能。原來的主委，將不再是行政與決策中心，卻將轉而爲合議制之下的主席。但是這些改革是否順利成功，仍待觀察。

㈤仿照共黨青年團成立的救國團，過去一直被視爲國民黨黨組織的一部分，由於救國團過去在運作上較富清新色彩，官僚氣甚淡，因此並未引起輿論界之反對爭議。近年來，救國團更有意擺脫與共青團對等之形象，努力自我調適，並登記爲社團組織，在財政上力求自主，雖然目前仍面臨某些在野黨派縣市長之挑戰，但並未構成嚴重之對立。救國團的轉型經驗，可視爲國民黨在邁向政黨政治的民主化過程中，較爲成功的一項改革例證。

根據以上分析，我們認爲國民黨雖非典型的列寧主義政黨，卻因歷史因緣，而仍存有一部分的列寧主義遺緒。這些歷史遺緒，必須在民主化、自由化的改革中，逐漸消除，才能保障國民黨黨內民主化任務及早完成，也才能鞏固臺灣建立整體的自由民主制度。因此，在兩岸走向和平統一的前景中，完全清滌列寧主義，乃是一項共同的基本前提。這對中國國民黨而言，已是一項正在進行的重大任務，對於中國共產黨而言，卻是一項尚未開展，而且仍有嚴重障礙的一項未知使命。

但是，過去兩三年間蘇聯與東歐各國的改革經驗，卻讓我們充分的理解，列寧主義的黨國霸權，已經抵擋不住全球民主化浪潮的衝擊了。在蘇聯，戈巴契夫已經通過黨政結構大改革，正式放棄了列寧主義黨國體制，蘇共政治局已不再是權力中心，眞正的權力核心，則已轉移到總統及聯邦會議之下。而在東歐各國，列寧主義黨國霸權，不是完全崩解，就是全盤調整還政於民。因此，我們可以預料，在未來十年間，將是列寧主義在全球面臨終結命運的年代！我們願誠懇的呼籲海峽兩岸的中國人，共同努力，向國共兩黨積極要求：全盤放棄列寧主義，革除列寧主義的最後遺產，讓中國的統一走向民主的大道，兩岸人民共同分享自由民主福祉。

八、選舉動向與選舉體制

地方派系與政黨整合

七十八年十一月十二日

過去兩週，在聯合報的安排下，我採訪了宜蘭、苗栗、高雄縣市和屏東等地的選情。

這次赴各地訪問觀察得到的最深一層認識是，地方派系與傳統的人際關係，仍是農業縣分與鄉村地區的政治主軸。而且不分國民黨與民進黨，以及其他的黨外派系，都必須配合此一基本脈絡而運行。基於此，國民黨基本上是配合地方上的「人脈」與派系，再從地方上可接受的人物中，挑選聲望、學識較高者加以輔選。但是基本上國民黨只是扮演著輔助性的角色，卻不再是支配者或壟斷者了。

至於民進黨或其他黨外，也多半是依附在地方派系之上，尤其是在高雄、屏東兩縣，黨外地方派系的重要性更超過民進黨和其他在野黨的地方黨部。因此，不分朝野，各派候選人均係在原有的地方基礎上，進行權力與資源的角逐與分配。此一事實，若與最近「澄社」就候選人所做的評鑑相對照，就足以證明「澄社」的觀點是遠離事實的。更進一步的說，「澄社」的主觀期待，尤其是錯認在野黨人士較具獨立形象，不與地方派系掛鈎，而國民黨卻傾向與地方派系妥協，這種觀點，至少在我親訪苗栗、高雄、屏東等地，是完全不合宜的。

至於在都市地區，選情則遠較爲複雜，傳統的地方派系多半已不再成爲主力（但苗栗、高雄除外），相對的，游離人口卻是朝野共同力爭的對象。如果國民黨地方黨部能够在黨內達成整合，提名時爲反對黨預留空間，而且又能消除違紀競選的情況，則輔選工作將頗爲順利。反之，如果參選爆炸，僧多粥少，則選情將陷入膠著的困境。

舉例來說，在宜蘭縣，立委應選二名，國民黨提名人林聰明以其深入基層，形象良好及水利會的長期背景，在鄉村地區普獲支持，但在宜蘭市卻面臨了同黨違紀參選者吳攀龍的威脅。同樣的，在剩下的一席中，原任的民進黨立委黃煌雄本來也因形象良好而穩操勝券，但卻因黨外候選人陳定南的介入，而陷入苦戰。最後並造成宜縣反對黨候選人間「鐵三角」（包括黃煌雄）與「金三角」（包括陳定南）兩種不同的組合型態，導致民進黨本身黨紀維繫的嚴重問題。

但是在屏東縣，卻未發生類似的情況。國民黨在三席立委中，保留一席給民進黨的邱連輝，另外兩席則依張、林兩派分配，因此選戰自始卽相當明朗，輔選亦較爲輕鬆。

在縣長選舉方面，宜蘭、屏東兩縣，兩黨勢均力敵，勝負頗難預料。但在選戰策略上，則頗有不同。宜蘭的游錫堃在前任縣長陳定南和黨外領袖林義雄的拉拔下，對以組織動員見長的李讚成構成了相當大的威脅。但也因原屬陳定南陣營的游耀長的參選，並力斥臺獨、批評陳定南，也對選局構成一定的影響。在屏東縣，蘇貞昌以雄辯的才華見長，但卻極其特殊的不提任何實質的政見。至於曾永權則不斷就「政見在那裏？」而反詰，略有平分秋色之勢。

但是在高雄縣，余陳月瑛以其個人魅力，以及過去多年不斷以基層小型工程發包給民間的方式，爭取了不少地方民眾的支持，在全縣建立了穩固的樁腳，聲勢頗鉅。相對的，國民黨方面卻因蔡明耀執意參選，而使黨提名的陳義秋陷入苦戰。

另外，在政見方面，除了在宜蘭地區，「臺獨」訴求有部分的市場外，無論在苗栗、高雄、屏東等縣，「新國家連線」或「臺獨」式的政見主張，均無充分的生存空間，因此，持這些立場的候選人多不被看好，屏東的邱連輝先生更明白的表示「臺獨」的不適用。這也是與大都會地區不同之處。

此外，在高雄市的政見會上，我們也發現過去以激烈方式罵政府的候選人，已不再能廣泛的吸引民眾了。而各種「散步」、「說明會」式的變相活動，也不容易再造成聲勢。但是，凡是有具體政績與明晰主張的候選人，不分朝野，卻都能吸引較大的注意和支持。這或許是在地方派系的主導性角色之外，另一項的選舉特性。

共同營造純淨的選舉環境

七十八年十一月十三日

由於暴力介入選舉，若干候選人遭到槍擊威脅，或其競選辦事處與海報看板遭到惡意破壞，使選舉蒙上不安的陰影。復有部分候選人共同組成「新國家聯線」，提出所謂「新國家」、「新憲法」主張，不只昇高朝野的對峙，也招來中共政權隔海抨擊。在年底選舉即將來臨的時刻，這些相關的事件接連發生，使國人有未見到年底選舉帶來民主進展，反而先領會到選舉紛亂與社會不安的感覺。

年底選舉具有多種政治意義，它是解嚴之後，黨禁開放，報禁開放，各種社會力蓬勃發展，臺海兩岸關係調整等各種新情勢展開後的首次選舉。而省市議員、縣市長等地方公職人員與立委選舉合併舉行，也是前所未有。這些公職選舉，均是選民所最重視，也是國內十分重要的民選公職。此外，年底選舉的過程與結果，反映國內政黨結構的變化，民間社會力的消長起伏，經濟資源的重新分配；對於國會改選、明年總統選舉、未來黨政分際等政治改革課題，也有至深且鉅的影響。基於這一切重要意義，國人應該體認到年底選舉的神聖性，共同營造純淨的選舉環境，使年底選舉能夠順利完成。

我們認爲政黨、候選人、選民、社會團體、大眾媒體、知識分子、政府，均責無旁貸，必須各盡本分，維護純淨的選舉環境。執政黨應該以平常心參選，因爲年底選舉並不影響政權的更迭，選舉成敗不必過度患得患失。雖然政黨參與競選，一切以贏的策略爲導向，可是以執政黨所握有的充分政治社會資源，其他政黨無法相提並論，執政黨更有理由在贏得選舉之外，也贏得光榮與民心。執政黨長期執政，政府各級幹部不少是執政黨員，執政黨秉持政黨政治原則動員輔選，本是天經地義。可是也宜謹守黨政分際，不要授人口實，俾有助於公正選舉的樹立。

執政黨所提名的候選人數目最多，執政黨應該責成黨籍候選人以身作則，遵守選罷法規定，乾乾淨淨從事競選，以促進弊絕風清的選舉爲職志。執政黨也宜要求選務單位、司法部門、情治部門，以不偏不倚立場扮演選舉裁判的角色。對於暴力及金錢介入選舉的防範及偵查，執政黨務必督促從政主管克盡職責，將作奸犯科者繩之以法。

民進黨首次以合法政黨身分參選，也是候選人數僅次於執政黨的最大在野黨。民進黨若干候選人組成「新國家聯線」，提出「新國家」、「新憲法」的主張，爲年底選舉投下不可測的變數。雖然「新國家聯線」不能代表整個民進黨，但作爲負責任的政黨，民進黨應該向社會大眾公開澄清，並且約束所屬提名候選人的言行。民主多元社會，民進黨當然有權針對執政黨的施政缺失提出批評，並且就國家未來發展規劃相對方案。可是任何政見必須符合民意且不違法，否則不但無法獲得共鳴，而且可能升高政治對峙，增加社會不安，斲傷民主法治生機，危害國家社會安全。

選民理性抉擇是成功選舉的最關鍵因素，選民應該踴躍參加投票，慎選優秀的候選人。對於政黨的主要政見，候選人的問政能力及道德操守，必須作冷靜的觀察與評估。國內的「動員取向」及「關係取向」選民一向比例不低，使選賢與能的功能打了折扣。所以，選民的主動參與，拒絕財物賄選，多衡量政黨政見及候選人的賢能條件，以「候選人取向」、「政見取向」或「政黨取向」作爲投票方向標準，年底選舉才能發揮積極的效果。

地方派系與社會團體扮演政黨、候選人與選民之間的媒介角色。地方派系與社會團體從事選舉動員工作時，必須避免使用不當的手段。地方派系與社會團體絕不可運用財物輔選，也不能動輒以偏激言論、煽動選民訴諸羣眾力量。擔任選民媒介角色的地方派系與社會團體，應該依據團體的宗旨，慎選政黨及候選人，再向團體成員鄭重推薦。

大眾媒體與知識分子在選舉過程擔任意見領袖的任務。大眾媒體除了公平報導政黨及候選人動態之外，也宜向選民闡明選舉的意義，評述各政黨及候選人的政見。知識分子是社會的良知，對選風尤具有導正與示範作用，允宜客觀超然的觀察與評估政黨、候選人、社會團體的表現，並向選民提出建議。

民主政治與定期選舉密不可分，民主政治的推展端賴成功的選舉，年底選舉的成敗攸關國內的民主發展。成功的選舉必須全民共同營造與參與。

基層選舉結果凸顯的特色

七十九年一月二十三日

地方基層選舉已在二十日順利完成，此次選舉結果的最大特色，是國民黨及民進黨均未眞正大有斬獲，相反的，無黨籍的「第三勢力」才是最後贏家。

在鄉鎮市長選舉方面，國民黨得票率係七成一，民進黨則不足一成（百分之九點六），無黨籍則有一成八強。在縣市議員部分，國民黨僅有六成二，民進黨爲一成一，無黨籍則近二成八。這份選舉「成績單」，至少說明了幾項特色：

第一，民進黨並未能挾上月間的選舉優勢，乘勝追擊。相反的，卻讓第三勢力的無黨籍人士大獲勝利。這顯示在地方基層選舉中，派系與人脈的重要性，遠高過於政黨訴求。

第二，國民黨仍和過去一樣，維持六至七成的優勢。但此一優勢的維持，與其說是國民黨的普獲肯定與支持，不如說是由於長期以來國民黨與地方派系的合作關係持續不輟，方得以維繫住穩定的局面。但是眞正的勝利者卻仍是傳統的派系與人脈關係網絡。

第三，在去年底非國民黨籍人士獲勝的七個縣市中，在高雄縣、嘉義市、彰化縣、宜蘭縣，國民黨席次雖然減少，但民進黨卻未贏，而在新竹縣、臺北縣、屏東縣，民進黨也多是開高走低。基於此，在上述七縣市中，均將形成地方議會與縣市長對抗制衡的局面（但新竹縣長范振宗支持者大多當選，情況稍好）。

第四，在雲林縣，「朱高正連線」提名八人，當選四名，民進黨提名則當選三名，朱高正個人勢力已淩駕該黨本身勢力。顯示地方派系的新勢力業已形成，這也證明了政黨政治本身發展的不足。

第五，在臺東的鹿野鄉，貴州籍的龔有恆連任當選鄉長。在彰化員林鎭，外省籍的蔡教義以國民黨籍自行參選而當選。另外屏東市長容滋浩連任當選，均顯示實際政績與個人資望，仍有可能使外省籍人士獲得基層選民的肯認。這對省籍意識充斥的地方選舉而言，無疑是一項良性的發展。

第六，在本次選舉中，有六位女性候選人當選鄉鎭長，其中有二位是連任，雖然數額不多，但仍是可喜而且值得鼓勵的趨向。

但是，若就整個選舉結果大勢而論，我們卻認爲政黨認同趨勢的不足，卻可能會與民主政治發展方向，有若干扞格之處。其中最主要的一項障礙在於，在政黨政治——尤其是內造型議會政黨的發展上，當前的選舉結果顯示，朝野兩大政黨都必須對基層黨務工作的推展，做更多的努力及耕耘。因爲，如果在地方基層工作上無法落實深根，則今後無論是在政黨組織草根化、切實反映基層民意、改善公共政策品質、培養地方領袖及政黨幹部等工作上，均將缺乏穩定的根基。相對的，各政黨的黨內民主工作，也不易展開。尤其對執政的國民黨而言，如果落實基層的工作不能踏實生根，則黨組織的重整及革新工作，將益形困難，則國民黨掌握民意的改革大業，就將無以貫徹了。

基於此，我們期望朝野兩黨對此次選舉的成敗，不必過分在意，但卻能切實的檢討何以政黨政治無以落實，並反省無黨籍勢力爲何得以成長，如果說這些無黨籍人員可以稱之爲「第三勢力」，他們憑藉的資源是什麼？何以兩黨都不能吸收運用這樣的資源？如果能從選舉結果去反省今後黨務發展的整體性改革問題，並戮力草根化的工作，那就是本次選舉的最大成就了。

評國大選舉辦法及選區劃分的爭議

八十年四月二十九日

第一階段的修憲工作剛剛結束，年底國大選舉的選區劃分及選舉辦法立卽引發爭議。由於年底國大選舉將影響到第二階段國大修憲的內涵，勢必牽涉到黨派利益，因此我們想以較客觀的學理分析方式，呈現其中的利弊得失，供朝野參考，卻不願預設的採取某一種立場。

首先，引發朝野爭議的焦點之一，是應否設立「軍人不在籍投票」制度。亦卽現役軍人，能否以「不在籍」方式，在營區或駐地投票。我們認爲，「不在籍投票」並不是特殊的投票方式，許多國家均規定海外僑民得在國外的使領館投票，再寄回本國統計。另外，英國也設有「大學選區」讓不在籍的大學生就近投票，而無需返回戶籍地行使投票權。因此，「不在籍投票」應是一種合理的、保障人民權利的安排，軍人亦係公民，他們的權利自然也應受到保障。

但是，此一設計之所以會引發爭議，是在野黨深恐執政黨以其長期以來在軍隊中的主導優勢，影響到選舉結果，甚至是進行「做票」，造成反對黨派失利，因此堅決反對此一安排。

我們認爲，此種憂慮事實上是可以化解的。其中最實際的作法，是在「選罷法修正草案」中明白規定：凡是不在籍軍人行使投票權時，必須在營區外鄰近的投票所進行投票，而且這些投票所也應有各黨派的監票人員在場，以保障選舉公平。

不過，也有人認爲，卽使投票過程完全公正，但由於軍營內部有政治教育課程，而且營內資訊有限，很可能仍是對執政黨有利，因此在實質上仍是不利於在野黨的。對於這種說法，我們認爲實在是低估了選民的自主性。事實上，過去在投票支持反對黨派候選人的選民中，就不乏執政黨黨員及政府公務員，如果連這些人都能夠自主的投票支持反對黨，營內的軍人難道就不具備這樣的自主性嗎？這顯然是一種對民主及民意不具信心的託詞。

不過，儘管上述的理由不具說服力，我們卻不認爲政府必須堅持推動「不在籍投票制」，甚至因此而引發黨爭或政治紛爭。我們認爲，如果反對黨堅決反對此一制度，就應取消此一安排。不過我們也要求現在反對此一制度的人，淸楚的記住現在自己反對的理由，絕不要過了幾年又因其他政治考量而力倡此制，推翻自己現在的說法。

其次，是關於投票究竟應採一票或兩票的問題。亦卽行使不分區代表選舉時，係根據地區代表的得票率劃分不分區代表名額，還是另加投一張票，直接投票給政黨，以決定政黨得票比率。根據政黨比例代表制的理念，投票給某一候選人，僅代表選民對此位候選人個人的支持，卻不一定意味著對候選人的政黨亦採支持態度。因此，就政黨比例代表制的原始精神而論，應該是實施兩票的方式。

但是，如果眞的實施兩票制，卻可能造成選民混淆，甚至完全搞不淸楚到底爲什麼要投兩次票，這種混淆情況在實施兩票制多年的西德，至今仍然存在。此外，由於我國的不分區代表名額不多（只佔三分之一弱），而在德國卻高達二分之一，因此是否應在短期之內倉卒行使，造成選舉業務的混亂，的確是可以斟酌的。

對於此一問題，我們的看法是：

㈠無論是現在做或拖到以後做，只要不分區代表繼續存在，實施兩票制都是勢在必行。拖過了這一次，到了下一次問題還是存在的。因此，現在的問題只是時間問題，要不要拖延的問題，而不是應不應該做的問題。

㈡如果決定實施的話，眞正的大問題是在第二張選票上到底應列多少政黨？是目前所有登記的近六十個政黨一併列入呢，還是只有在本選區推派候選人的政黨方得列入。我們的看法是，只有推派候選人的政黨才可列名其中，因爲只有推派候選人參選才合乎政黨的角色，否則只不過是具政黨之名，而無其實。因此，在目前六十個左右的政黨中，如果只有十五個政黨推出候選人，則在第二張選票上只應列出十五個政黨。

㈢在第二張選票上列名的政黨，是否應在第一張選票總計的全國得票率中，至少獲得若干比例的選票，方能在第二張選票的不分區代表中，獲得席次呢？依據過去西德的規定，只有在第一張選票中獲得至少百分之五的政黨，才能在第二張選票的結果中分配議席。我們認爲這樣的安排是合理的，因為有些政黨的名稱看起來很類似，如果選民搞混了，很可能會使名稱相似的小黨，意外的獲得許多僥倖的選票，因此規定一定的全國總選票數比例，應是允當的。但是由於我國政黨體系尚未定型，為了賦予小黨較大的發展空間，應將比率調低，訂為百分之二或三即可，而不應訂成百分之五。

至於爭議更大的選區規模問題。根據一般歐美國家的選舉經驗，採取大選區有利於小黨的發展，採取小選區（一區一席次）則有利於大黨，至於中選區（一選區選二至五席）則對各個較大政黨均有利。現在，既然已同時採行不分區的比例代表制，亦即保障了小黨的生存空間，則適度的縮小選區，應是合理的。在上述三種選區的採擇中，我們的看法是：

㈠一區一席的小選區制，是不合宜的。因為國大代表的地區選舉名額多達二百二十七席，如果將臺灣劃分為兩百多個選區，則候選人必定受地方利益嚴重影響，而且素質必定下降。除了執政黨外，恐怕任何一個政黨都不易提足名額，這也與鼓勵政黨政治良性發展的用意不符。

㈡採取大選區制（一區選六名以上），固然有利小黨發展（只要得到該區百分之十選票即有機會當選），但也容易使激進立場的候選人當選。不過，我們並不堅決反對此制，因為或許政治激進化本來就是臺灣政治的現實，如果讓這些激進立場的候選人進入議壇，或許比將他擠向街頭，更有利於民主發展。

㈢採取中選區制，一區可選二至五名候選人，應是最合理的安排。因為在當前政黨體系中，能發揮具體影響力的政黨本來就不超過五個，如果能透過選擧制度使其穩定化，亦不失爲一項既兼顧政治現實，同時又保障小黨發展空間的安排。

政黨得票底線應降低

八十年六月二十一日

選罷法修正草案中規定，政黨需得票五%以上，才能獲得全國不分區代表席次。針對此一規定，無黨籍及中華社民黨立委已尋求聯手方案，目標是將五%的「門檻」降低為一%。我認為在目前的政黨政治中，降低此一底線的比率是合理的。但是對於具體的數字，則有略為不同的看法。

首先，就臺灣目前登記的六十餘個政黨而論，實際上大多數均係無能力參與選舉的泡沫政黨。眞正會參選的政黨，可能只有十來個，而實際上可能當選的政黨數目，則會在十個以內。若就眞實的制衡角色而論，在最近的將來，中華民國政黨體系中的「有效成員」，可能只有六、七個，分別可能是國民黨、民進黨、工黨、勞動黨、社民黨，以及部分民、青兩黨的派系。在這樣的前提下，我們實在不必過度擔心，以為將五%的「門檻」拉低，就將造成小黨林立。事實上，如果堅持五%的比率，可能會使有效政黨成員的數字，縮減到三個以內，而放寬至一%，也不過是再增加少數幾個而已。

基於此，我認爲在現階段政府，以及朝野各界，均應鼓勵新生小黨的出現及發展，所以必須將上述的「門檻」拉低點。至於拉低多少呢？我的看法是：凡是在全國各地的選舉中，總得票數超過十五萬票的政黨，均應受到保障。因此若根據臺灣的實際選民（上次立委選舉的投票人數約九百萬人）計算，此一比例似應訂爲二%左右。從此一數字看來，目前將五%降低至二%左右應是合理的。

選區劃分的理念與實際

八十年六月二十九日

中央選舉委員會日前公布了年底國大代表選舉的選區劃分方案，卻引起了在野黨的反對。內政部長吳伯雄於二十七日晚間，在立法院特別說明此次劃分原則，主要係參考各地方政府的建議，加上中央的客觀考量，對某些過大的選區，再做合理之細分。

就一般而言，任何選區的劃分對候選人說來都是有得有失，不可能盡如人意，也無法做到絕對公平，因此一定會出現不同的意見。但是只要主管機關掌握到全豹、公正無私、不偏不倚，那就是值得肯定的。除此之外，今天我們若具體考量臺澎金馬地區的政黨政治實況，以及兼顧促進民主成長的憲改理念，則下列幾項原則也是應該考慮的：

第一，選區容或有大有小，但應選名額應該儘量求其一致，以收公平之效。

第二，選區宜小不宜大，因爲選區較小，應選名額較少，則選民越容易在候選人之間做選擇，當選人的民意基礎也就越大。但是爲了促進政黨政治的發展，政府目前不宜採行「單一選區制」（亦卽一選區只選出一位候選人），因爲這將使新生政黨失去運作及發展空間，同時也將造成選區過小，爲褊狹的地方利益所壟斷。

第三，在無法實施單一選區，又應兼顧小選區的原則下，我們認爲選區當選人數應縮減至六至八人以下，最好只維持三至六人。亦卽仿傚日本國會選舉的「中小選區制」，而不宜再維持當選人多達八人、十人或更多的大選區。

第四，在大選區中，如果當選名額多達八名、十名，則候選人往往只要得到百分之十幾（或更少）的選票卽可當選，勢必鼓勵政見激越化，而多數選民的意見卻因爲選票的分散而分化，這對民主的理性成長，反而是不利的。相對的，「倖進之士」型的候選人僥倖當選，更會造成問政品質的降低。

基於以上的原則，我們認爲此次中央選舉委員會在某些地區（如臺北市）增加新選區，藉以減少各區的當選名額的作法，是合理或正當的，也是有助於民主發展的。至於某些反對黨人士指責，縮小選區是執政黨「一黨之私」的講法，則實係全無理由的誣評。其理由如下：

（一）正如我們在前述中的第四點提及的，如果選區劃分是採取單一選區，則必然不利於小黨發展。但是執政黨與政府卻並未採取此一方案，相反的，仍然維持「中小選區」的型態，每一選區仍有多位當選名額，這正好凸顯了國民黨的大公無私，既考慮到民主成長原則，也兼顧小黨發展的空間，這實是部分反對黨人士的「厚誣」。

（二）根據西方的選舉經驗，最有利政黨政治發展的選舉制度，是一選區選出二至五位候選人，既不會造成太多的無效票，也不會造成選民及候選人的意見過於紛歧，而且還可鼓舞各政黨發展自己的意識型態立場及政策主張，形成穩定的多黨政治。而觀諸此次的選區劃分，亦多能符合此一原則。

(三)部分反對黨人士要求維持「超大選區」的想法，事實上是對民主與民意政治的誤解，同時也凸顯了他們未能用心於人才培養的事實。更明白的說，他們很怕在中小選區中，以眞才實學做「硬碰硬」的競爭；卻想在超大選區中，以極有限的民意比例（可能只有百分之五左右），求得「夾縫中的生存」。但是事實上觀察過去的選舉經驗，由於在「超大選區」中分配票源不易，如果某一位候選人得票過多，很可能會影響到其他位同黨候選人的得票比例，反而造成選舉結果的無法預測，因而也連帶影響到選前的提名政策和選戰策略。

(四)「超大選區」的選情複雜，幅員遼闊，對候選人而言極爲吃力，同時又不易掌握支持自己的特定選民羣，結果不是造成候選人訴求目標過於龐雜模糊，就是變爲候選人只求滿足少數選民的口味，走向激越化。無論是上述的那一種，這都是不利於民主發展的。

基於以上的分析，我們可以肯定「超大選區」的想法是絕不合宜的。我們也進而認爲中央選委會現所公布的選區劃分方案，才是適宜，也是公正的。

從「選罷法」的有關決議談憲政民主的本質

八十年七月六日

執政黨立委黨部四日召集立法院內政、司法、法制三委員會黨籍立委研商，就「選罷法部分條文修正案」協商問題做成幾項決定，內容如次：

(一)執政黨將繼續就此案進行朝野協商。

(二)對民進黨所提，將中央選委會委員中同一黨籍之比例限制，自現行二分之一降至五分之二，以及全國不分區代表當選席次計算方式，授權由立委黨部書記長進行談判。

(三)有關候選人究竟應否有學歷限制，則開放討論。

(四)對民進黨所主張的內亂罪參選限制應予刪除，貪污犯放寬限制以及行賄罪參選權限制等項，執政黨仍將繼續堅持黨政首長會議原先所做的決議。亦卽以動員戡亂時期為開放內亂犯參選的分界點，在此時期的內亂犯可參選，但此時期結束後的內亂犯則禁止參選。而犯貪污罪及觸犯選罷法條文者，則仍限制參選。

(五)有關候選人競選經費最高限額、候選人選舉補助金額、候選人助選活動如何規範等問題，則開放討論。

對於上述幾項決定，基本上我們是尊重黨籍立委們的決議。尤其對於上述一些「開放討論」的決定，我們認爲這是一種民主開放的態度，是值得稱道的。但是我們也必須強調，執行黨黨政首長對於內亂犯、貪汚犯、行賄罪者的有關限制，是絕對有必要的。尤其是執政黨願意將中央選舉委員會的同一黨籍委員比例再度調低，並授權黨團書記長進行協商，這均顯示執政黨並無「一黨之私」的考慮；但是，對於某些特定人士加以參選限制，卻是合理的。理由如下：

第一，執政黨認爲，過去在「動員戡亂時期」中，部分內亂犯由於時空背景的限制，而犯下叛亂罪，儘管我們可以時空環境變遷的理由，諒解其犯行，並允許其繼續參選，但是，在政府歷經解嚴、開放大陸探親並結束動員戡亂時期等改革之後，如果仍出現叛亂犯行，與憲政民主體制爲敵，這種人就不應再予寬待了。其中理由非常簡單，亦卽：我們如何能放心讓背叛國家，並有具體叛亂犯行的前科人士，成爲民主體制下的代議士？或讓反對憲政民主的人，成爲民主的代言人？此中的道理，是不辯自明的。

第二，基於同樣的理由，我們也反對有貪汚犯行的人士成爲民選的對象，因爲，選舉的目的本係「選賢與能」，如果開放貪汚犯參選，這豈不成了「選貪與汚」？如果貪汚犯想藉選舉而爲自己「翻案」，這豈不是「藉民主之名否定法制權威」？這也是濫用與誤解民主本質的錯誤作法。

第三，至於對行賄者，以及觸犯選罷法的人士予以參選限制，也是合理的，因爲若允許行賄者參選豈不是間接鼓勵「買票」；而觸犯選罷法的人，也就是破壞選舉競賽規則的人，更不應允許其介入競賽。試想，觸犯選罷法的人，本身就已是民主競賽中的「違規者」，既然違規在先，還要繼續允其參賽，豈不是鼓勵原先守規矩的人也可「如法炮製」，破壞競賽規則？如此一來，競賽規則的權威就無以爲繫了。

基於此，我們認爲，對上述三種犯行的人士加以限制，乃是保障民主體制及競賽規範的要件，絕不是可聽由政治協商任意討價還價的對象。這不僅顯示執政黨及政府的立場絕非「一黨之私」，而且凸顯了執政黨廓然大公，忠於憲政民主的負責立場。

同時，我們也必須再次強調，民主並非「解放」，更非「革命」。因此民主絕不是推翻過去，一切重來，把昨天的「是」講成「非」，把昨天的「非」講成「是」，因此，儘管我們同情或諒解某些叛亂犯、貪汚犯、行賄犯的昔日犯行，但我們卻絕不能因爲某些政治理由，而勉強的把這些人的犯行解釋爲「合理」或「正義」的行徑。基於此，我們必須認清，民主並不是「積非成是」或「顚倒黑白」，也不是「解放一切，重新來過」，而尊重民意，遵循憲政法制的權威，以及尊重自己的歷史及傳統，才是民主成長的不二法門。

選罷法修正案令人失望的表決通過了

八十年七月十七日

立法院昨天經過冗長而激烈爭辯後，終於在下午七時二十分以表決方式通過了選罷法修正案。這是可以預料的結果，也是令人深感遺憾的結果。可以預料的是，執政黨與民進黨的七次協商，事實上已各自獲得了邊際利益。雖迭有周折變幻，亦必會在「最大收穫，最小犧牲」的原則下妥協。令人遺憾的是，這次選罷法的修正，執政黨與民進黨之爭，爭的並不是政黨政治的理想，而是政黨本身的利益；不只無助於政黨政治的發展，甚或蔑視了選民的意願。

對於這次選罷法的修正，執政黨與民進黨對其所執著的與所爭取的都各有說詞，民進黨甚且在執政黨最後同意改採以政黨得票率作爲分配不分區代表的基準後，突然翻案回到「兩票制」的抗爭原點，但是，執政黨不惜最後以表決來維護「底線」，民進黨則以高姿態來換取現實利益，昨天的表決通過，也就是勢有必至，理有因然了。

但是，撇開兩黨中央的各種說詞不談，就選罷法修正案本身而論，我們認爲眞正造成選罷法爭議問題的關鍵，不過是下列幾項理由：

㈠國民黨不願採取「兩票制」，一方面固然是因爲「兩票制」選務的確比較麻煩，另一方面則是擔心選民會有「分離投票取向」，即一票投給本黨候選人，另一票卻投給反對黨，造成席次減少。

㈡民進黨堅持「區域名單及政黨不分區名單可以重疊」的底線，實在是因爲該黨人才不够，無法提出兩套名單，只有以重疊的名單掩飾候選人空虛的問題。但是其結果卻將造成候選人及當選者「二級化」的現象，亦即，區域當選者代表性較高，而不分區代表卻可能是前者中的落選者的「矮化」現象。這種作法，也無異是以一黨私利扭曲了不分區代表制的本意。

㈢兩黨都同意（或默認）目前選罷法中的規定，即得票率達百分之五的政黨，才能分配全國不分區名額，這無異是聯手夾殺其他新興小黨的成長機會。事實上，根據臺灣地區的選民結構分析，這樣的「門檻標準」，只要訂爲百分之一或二即已足够，訂爲百分之五，實在是不利政黨政治發展的。

㈣國民黨過去決定以「得票率」及「當選率」的平均值做爲不分區名單的分配原則，實在扭曲了比例代表制的原意。雖然後來迫而改以「得票率」爲標準，但是以原先堅持的平均值固然使新興小黨勢必在「得票率」及「當選率」兩方面皆超過百分之五，始能分配不分區名額，而得票率的高門檻不改，便根本顯不出執政黨何以擇善而不固執的道理。

(五)民進黨反對將選區自「大選區」(一區七席以上)改為「中選區」(二至六席),實係基於兩項理由:第一,害怕其他小黨瓜分了該黨的票源;第二,畏懼選區變小,不利於立場激進的候選人爭取少數羣眾的支持,間接的,則將造成立場較溫和的候選人擡頭。這也與該黨目前政治立場日趨激進的方向不符。

(六)兩黨均一度同意全國不分區代表名單,可在選後提出或選後可改變名單次序,這實因兩黨目前都面臨「黨內民主化」的難題。換言之,兩黨黨中央都有「名單次序擺不平」的難言之隱。但是由於黨內民意反對者眾,現在各黨又有不同的新主張,可是這些變來變去的說詞及主張,最後卻無法解消要求黨內民主的壓力。可以顯見的是,從目前到年底大選之際,兩黨黨內的爭執均將不易化解。眞正走向黨內民主,才是唯一解決途徑。

(七)民進黨一變再變,後來居然以「體制外力量」及「罷選」相要脅,這種遊走於體制內外,既在體制內參選,亦在體制外抗爭的作法,眞是一般民主國家所無的怪現象,離「忠誠反對黨」之義遠矣。

根據以上的分析,我們認爲此次選罷法修正的協商過程,是十分令人失望的,表決通過的結果也是使選民深感無奈的。這樣的結果,嚴格的說,乃是執政黨與民進黨的政治資源分贓。如果這種情形不獲改善,政黨政治的非楊卽墨,將使社會菁英與不甘依附於兩黨的知識分子永遠沒有「出頭天」,這不只無法防範政黨政治的惡質化,且亦將使政治人才的空洞化。我們深望朝野兩黨經此抗爭後，能以眞正的黨內民主化解「內亂」，並切實多方網羅人才入黨，變化黨的金錢、派系、草莽氣質，共同促進政黨政治的良性發展！

大選後的省思

八十年十二月二十三日

二屆國代選舉在平安祥和之中度過了。執政的國民黨大獲勝利，在野的民進黨則遭到失敗，而第三勢力的中華社民黨和非政黨聯盟且未獲上壘。這些結果所顯示的，是多層面的複雜訊息。

首先大選的結果凸顯了選民期待和平、安定的「望治」之心。這顯示原先對兩黨未置可否的「中間選民」，以及渴望制衡的「游離選民」，在最後仍然選擇了國民黨，而不是兼具制衡與戰鬪雙重形象的民進黨。在選前出奇冷靜的選舉活動，也顯示經過了多年的民主化歷程，選民已對泛政治化的反對行動不感興趣，過去選舉所扮演的「民主假期」造勢的功能，也因爲臺灣地區自由化幅度的迅速增長，而不復存在。

其次大選結果也顯示民進黨在選前爲「臺獨」背書的一連串動作，並未能得到更多選民的認可。一般認爲，過去民進黨的支持者中，包含了下列三種主要成分：㈠臺獨的支持者，㈡國民黨的反對者，㈢渴望制衡力量成長的選民。但是民進黨明顯主張臺獨的行動，卻使得上述的第三種選民，放棄了對民進黨的支持。至於國民黨的反對者當中，也有爲數不少的人轉而支持第三政黨，或者轉而放棄投票。這顯示民進黨寄望透過對「臺獨」案的支持，擴大其選民基礎的想法，業已遭受嚴重的挫敗。民進黨想開拓更大的運作空間，甚至邁向執政之路，臺獨便是必須放棄的「路線」。

第三，在選前有許多朝野政治人物強調，本次大選實係一次統獨問題的「公民複決」。但是在競選過程中，民進黨事實上已將「臺獨」訴求改爲「反統一」，而國民黨的選舉訴求，主要則在安定、繁榮和肯定現狀。基於此，如果我們將此次的大選視爲一次「公民複決」的話，則無疑的「臺獨」訴求已遭到選民的否棄，但也更凸顯了選民肯定臺灣現狀的心態。

第四，雖然中間勢力的第三黨派在此次大選中均遭挫敗，但扮演中間制衡角色，強調公共政策的在野勢力仍然有其發展空間。只是這些第三黨派必須要在內部組織運作、人事整合、政策擬定，以及宣傳動員等方面更加努力，才有可能發揮更大的影響力。另外政府也應考慮將比例代表制的門檻自目前的百分之五降低爲百分之二，方才有利新興政黨的生存。

第五，此次大選結果確立了一種獨特的「一黨半」政黨體制。這種「一黨半制」實係「兩黨制」的變體，亦具備了兩黨制的雛形，但是由於兩黨之間勢力懸殊，立場相異，卻又無交替執政的可能，因此並非民主體制下的「兩黨制」。另一方面，在野勢力中又無多元的反對政黨，亦無眞正的「多黨體制」存在，因此亦不同於過去半個世紀的瑞典或當前的日本，並非「一黨獨大體制」。這或許是國民黨本身力求內部民主化以及改造爲內造政黨的契機。

第六，此次大選的結果有助於臺海兩岸的和平與安定。在大選之前的「臺獨」造勢行動中，曾有許多人憂心臺獨勢力的巨幅成長，恐將爲臺海之間帶來危機，而中共方面的厲聲恫嚇，也曾造成國人的疑慮不安。現在大選的結果卻顯示，臺獨勢力並未增長，選民對臺獨的支持也十分有限，而對政府的大陸政策，也表示了相對的支持，這均有助於政府今後以更務實的態度處理大陸事務和統一問題，亦有助於兩岸間敵意的降低。

第七，在實質的憲改議題上，國民黨並未在選前提出整體的修憲方案，而民進黨的制憲方案卻受到了選民的否決，因此，此次大選顯示選民只支持局部的修憲，亦間接肯定了五權體制。儘管不少民進黨的參選者曾在選前承諾，若制憲不成則將退出國大，甚至可能逕行另在體制外進行制憲工作。但如果眞的採取此一絕路，則不啻忽視選民的意願，同時也將根本否定民主改革的基本理念。因此，此次大選不僅是對執政者的一項考驗，同時也將對反對黨提供一項重要的鞭策。

第八，由於此次大選是資深民代全數退職後的第一次大選，而國民黨又大獲勝利，這次選舉結果對於執政的「合法性」，實有肯定的作用。事實上，在過去幾年的民主化過程中，大部分的改革議題均已爲國民黨所吸納，除非是過分激烈的議題，難獲選民的認同，亦遭到國民黨的否棄。因此，今後反對黨派實需更努力、更精緻的尋求制衡的議題，開拓更寬廣的公共政策空間，並扮演制度內反對黨的角色（亦卽「反對政府，但忠於國家」，而非「既反政府，也反國家」），才能爲反對黨走出一條坦途。

在上述的訊息之外，我們也願意就此次選舉的缺失提出幾項具體的建議：

㈠由臺東縣候選人楊荊生被迫退出選舉一事可以看出，限制學生不得參選的規定實不合理，尤其是研究所以上學生業已成年，更不宜列爲禁制參選之列，希望立法當局及早修訂選罷法，修改此一不合時宜的規定。

㈡比例代表制所列之門檻規定（百分之五得票數）實在過高，且不利政黨政治的發展，今後宜降爲百分之二或百分之一點五，使新興政黨能有眞正的發展空間。

㈢此次大選賄選傳聞十分嚴重，對於民主的實質成長頗爲不利，政府宜從長遠角度思索此一問題，並透過司法途徑，予以整治。

㈣儘管選舉過程大致祥和，但仍有不少違反選罷法的情事發生，甚至發生毆打選監人員的不幸事件，檢察當局應儘速查明眞相，從嚴查處，絕不可姑息縱容，置法制威信於不顧。

㈤民進黨在選前曾聲稱，若選舉失敗則將面臨被解散的命運，我們希望政府當局以大智慧來因應這種說法。事實上，臺獨問題業已由選民做了最佳的裁判，再多的政治動作都不如選民的裁判更爲有效。我們尤其不願見到另一波的抗爭在選後掀起。

總之，這次大選是和平的度過了。對臺灣人民而言，這是一次劃時代的、建設性的選舉，對於國民黨而言，則是更多的肯定與期許，至於對所有的在野黨派，也有了鞭策、反省及期待。但是更重要的一項訊息則是向全球民主人士所傳達的：一個臺灣民主化的新紀元，已經正式開展！

九、國是會議與憲政危機

對於召開「國是會議」的觀察與建議

七十九年三月二十三日

李總統登輝先生，日前決議將於近期召開國是會議，由蔣資政彥士先生擔任會議召集人，謝前副總統東閔先生及李煥院長擔任執政黨研究小組召集人。此一決定無疑是對當前民意最直接有力的一項回應，也充分顯示政府與執政黨集思廣益，戮力改革的決心與信心。

根據執政黨的初步決策，國是會議將針對下列三方面的重大問題進行研商，亦即：

一、憲政改革問題。

二、政治革新問題。

三、大陸政策及統一問題。

我們認爲，這三項問題的確是當前國人最爲關心的課題，牽涉的範圍也最爲廣泛。至於與會人選，初步決定將包括朝野政黨領袖、民意代表、學者專家、社會領袖與企業界精英。因此與會人選將會相當多，以收察納雅言，廣聽民意之效。基於此，此次國是會議必然是凝聚國人不同意見及專家知識的一次盛舉，也必然爲全民所關注。

基於輿論獻言的立場，我們除了全力支持政府召開國是會議的決心與誠意外，也願意提出下列的觀察與建議：

第一、由於最近一連串政爭與抗議運動的發生，國人對政治發展頗有力不從心之感，亟思對低迷的政治局勢多所獻力，但卻往往覺得使不上力。基於此，我們認爲爲了一新耳目，突破當前的低迷景象，政府應儘速召開國是會議，最好能在總統就職前完成，以便總統根據會議中達成的決議或建議，列爲今後施政之主要參考準據。因此，我們建議此項會議應儘可能在四月間即舉行。

第二、與會者必須具備多方面的代表性，尤其因爲國是會議本身並不具備法定效力，因此爲使其中之決策具備施行之可行性，與會者中應廣納各級眞正具有代表性人物，以堅實民意的基礎。

第三、與會者除了包括朝野各重要政黨的領導人士外，也應讓民間人士廣泛參與，各重要社會團體領導人、企業界之領袖、中年輩之經理階層代表，以及基層員工之代表，均應酌量分配，以求代表性廣泛而充分。

第四、在學者專家方面，應包括有重要意見主張及研究心得之憲政與法律專家、大陸問題及共黨事務專家，以及研究財經政策之學者。其中尤應顧及到不同立場、不同學校背景等因素，以便聽取各種不同之專業意見。

第五、爲了使會議召開期間，朝野各界均能充分溝通，並保證會議秩序的穩定，與會者之中也應包括立場超然公正的社會人士，尤其是形象清新的公正人士，扮演調和折衝的中介任務。但此類人物，一定要有任勞任怨忘我的精神。假冒中立者免請，自我風頭者免請。

第六、在召開會議之前，籌備單位應做好設計工作，將各類問題依性質彙總排比，使與會者能立卽就議題展開討論。主辦單位也應提出各種可能之改革腹案，以供與會者參考討論，才能發揮議事效能。

第七、爲了使與會者得充分參與討論，會議必須以分組方式進行，由於對憲政問題感興趣之與會者一定不在少數，因此憲政問題的編組可能要超過一組以上。另外，爲了使各組間之意見能充分整合，在各組討論結束後，仍應召開全體會議，再進行廣泛協商，以便達成一致之決議。

第八、由於與會者眾，立場又不盡一致，因此主辦當局必須預期，此一會議召開時間將不會太短，至少在三日以上，而且必要時還可能會延長。但無論延長多久，在總統就職之日前，卽應停止開會，並儘可能提出決議，供總統與國人參考。

第九、與會者必須以承認中華民國基本體制爲前提，認同中華民國的國旗、國歌與國號，而不應先在認同問題上作文章或故意製造紛爭與事端，阻延會議之進行。亦卽立法院及國民大會那套「武戲」，絕不允許出現。因此在會議召開之前，朝野間卽應先達成初步共識，以免使此一會議變成「毀憲大會」，有負國人之重託。

第十、在承認中華民國基本體制的前提下，我們認為國是會議可針對各項重大之憲政及政治問題進行廣泛與深入的檢討，不必心存禁忌，而且只要切實可行，均可經過充分溝通，形成決議，公諸國人，並由立法院及其他民意機關在日後繼續推動，以便付諸實現。我們相信，這也是國人的共同期望。

我們希望籌備單位能立卽開始各項議事工作的推動與安排，並期於最短期間內，使此項會議儘速召開，為政局的穩定發展，開拓新的契機。

國是會議的性質與功能

七十九年四月七日

國是會議籌備委員會已於日前成立，並於本月五日舉行第一次學者座談會，據籌辦單位表示，此一性質的座談會將舉辦十次，與會學者將超過一百人，以廣徵專家們的專業意見，供國是會議之參考。我們願藉此一機會，將就國是會議的性質與功能，作一分析，以供讀者參酌。

專爲各界人士設置之「國是信箱」與「國是專線」，以供建言之用。但連日來由於民眾對國是會議的性質及功能了解不多，在意見反映時多偏向一般之公共政策，尤其是與自身利益有關之興革意見，卻未能集中焦點於具體之國是建議項目。

根據國是會議召開之目的，此次國是會議之議題主要有三：

(一)關於憲政興革之重大體制問題，包括如何回歸憲政，如何進行全面國會改革，如何實施地方自治法制化等，亦卽如何使蔣故總統經國先生生前所提出之六大改革議題，逐步落實完成。

(二)關於政治革新之改革要項，政治革新項目較廣，其中許多重大改革措施，如加強整治治安工作，目前已在進行，不必等到國是會議中做具體討論，才付諸實施。但與憲政興革有關之政治革新措施，亦應在國是會議中做一討論。

(三)有關大陸政策及國家統一問題，包括大陸政策應如何定位，大陸政策的底線爲何，「三不政策」是否應逐步調整，針對中共變局應如何探尋對策，在國際社會中應如何應對中共之挑戰，以及國家之中長期統一政策爲何等項，均應做廣泛深入檢討，供政府及國會參考。

從以上所列議題可知，國是會議乃是以憲政興革及大陸政策爲研討重點，並不及於一般之公共政策議題。事實上，國是會議並非一般之國會，而係針對當前國人關心之重大國是項目而舉辦之非常性諮詢會議，一般之公共政策議題本屬各級議會之職權所及，平日卽應由各級民意代表廣徵選民意見，並經常性的在各級議會中提出，而國是會議卻是特定議題之特別會議，而且特別著重專業性之意見。

基於以上之分析，我們呼籲參與籌辦單位之座談會的學者專家們，能針對國是會議的討論內容，提出各種可行的參考方案，並在憲政改革問題上，建立共識，並提出各種可行之日程表。最後則由籌備單位整理各方不同之意見，擬訂出幾種選擇方案及時間表，供國是會議與會代表參考，以收精簡之時效。事實上，依據籌備單位預計，國是會議將召開三至五天，在這短短幾天之內，若要提出全盤的改革方案，並不容易。因而，事前廣徵民意，擬訂各種可行方案的預備工作，就顯得特別重要了。基於此一理由，我們也呼籲一般民眾，廣泛的利用「國是專線」與「國是信箱」，針對國是會議的議題，發抒己見，供籌辦單位參考。

最後，我們特別提醒籌辦單位，由於國是會議本係諮詢性質的特別會議，其決議並無法律上的強制性。因此，在與會代表中，除一般的社會公正人士及學者專家外，並應注意代表性與普遍性，以形成較完整之民意基礎。

國是會議與政黨協商

七十九年四月九日

民進黨正在為是否參加國是會議籌備會議而做最後的決定。各方都認為，此一會議若無民進黨參加，雖然仍可能開成，但民進黨若不參加，則將自失一次參與的良機，更將蒙受「氣度不足」之譏。我們則想從此次會議之性質為著眼點，分析政黨在其中可能扮演之角色，以及政黨協商任務，如何得以完成。

首先，我們必須強調，國是會議並不具備法定效力，而只是一次諮詢會議。但由於此一會議所負擔的國人期待相當沉重，因此籌辦單位必須以「一定開好」的決心進行籌劃，而執政黨也必須儘量努力，歡迎反對黨人士的參與。事實上，以李總統個人邀請的誠意看來，總統個人的確是慎重其事的。不過，如果希望此次會議能夠達到國人期盼的效果，則妥善的規劃、廣納具備民意基礎的人士參與，以及反對黨人士的共襄盛舉，也都是必要的。

關於與會者之中，必須有許多具備民意基礎者這一點，實攸關此次會議的最後成敗。由於國是會議本係非常性的諮詢會議，本身無強制力，因此若做出決策，則必須由其他立法及代議機構負擔立法之責，使其成爲政策。基於此，我們建議國是會議籌備委員會在考慮與會名單時，應儘可能邀請立法委員及其他民意代表參加，唯有使他們廣泛參與，日後若做出決策，才容易由其他代議機構迅速通過。否則國是會議與國會的意見不合，那就有虧國人的殷切之望了。

同樣的，基於此一理由，我們也希望在野黨人士能參與此一盛會，因爲以目前立法院及各級議會議事遲滯的現狀看來，新科議員的未進入狀況及反對黨議員的抗爭均爲其中主因。如果反對黨堅持不參與國是會議，則國是會議縱使仍可能做出決議，並得到共識，但日後卻可能在議會中遭到反對黨代表的杯葛。基於此，儘管國是會議並非政黨協商會議，但卻必須以朝野政黨的合作協議爲成功之前提，否則就要面臨多事之秋了。

我們尤要強調的是，反對黨並不是爲反對而反對的，反對黨的角色與使命，在於對國是提出建設性的政見，與執政黨爭是非，並通過這樣的爭論，訴諸選民的判斷與選擇，國是會議既係討論憲政改革的重要會議，它的進行與結果都勢必吸引全體國人的密切注視，也就是反對黨大顯身手的良好機會，民進黨若眞想循由政黨政治的規範走到「執政之路」，則絕無拒絕參加國是會議籌備工作之理。

民進黨參加國是會議的籌備會，也對國是會議的策畫，可以發生制衡與協調作用。國是會議將來是否能開成功，決定於它的議程、邀請對象，以及會議進行的規範；民進黨的參與，當可獲得異中求同的效應；退一步說，民進黨若擔心國是會議爲國民黨所操縱，則更應積極參與籌備會議。這一種反對黨的角色，應不因黨內派系的爭執而放棄。

我們不能不指出，國是會議將來很可能發生大爭辯，殊不易在重要議題上獲得共識，至少就統獨問題與大陸政策這兩議題而言，就將出現嚴重歧見，而在修憲問題上也不易眾議僉同。

先就修憲問題而論，從李登輝總統日前談話看出，他希望修憲工作能在五權憲法基礎下完成。我們認爲，如就回歸憲政的立場而論，我國的憲政原則應係「五權精神下的內閣制」，只要對憲法做最小幅度的修正（三至五條卽可），就可在儘量維持現狀的情況下，得到憲政共識。至於修憲工作究竟採直接修正憲法本文或另在憲法本文之末，另立附則的方式進行，則可另作討論。但是，如果接受某些人士所擬議，重訂新憲法，或基本法，或以「第二共和」等方式修憲，則因牽涉範圍殊廣，極難建立共識，因此必須避免，否則國是會議恐怕反而會愈談愈分歧。

再就統獨問題與大陸政策而論，我們認爲統獨問題應避而不談，但大陸政策卻因牽涉到經貿、投資及交流等實質問題，則不應「存而不論」。不過由於大陸政策很可能牽涉到統獨問題，因此如果在國是會議中議而未決，則朝野間應先建立默契，亦卽如果爲大陸政策爭執不休，則不妨先就憲政共識及體制改革做出結論，至於大陸政策則可列爲日後討論之議題。若經由政黨協商而達成此點共識，則國是會議就較易開成功了。

基於以上的分析，我們深望民進黨超越內部派系與人事之爭，要以堂堂正正的反對黨的立場，也以忠忠誠誠的反對黨使命，參與國是會議籌備會議。至於由誰代表參加，那是無關宏旨的。勿以內部派系之爭而誤國事，勿以個人之小我而害大我。

國是會議的憲政共識

七十九年六月二十日

國是會議目前已是緊鑼密鼓的最後準備階段，但是在與會者之間，目前仍缺乏基本的憲政共識。爲了使國人及與會者在會前對此一會議的性質、目的及使命，有更爲清晰的了解，也爲了使基本的憲政理念得到澄清，我們願藉此一機會提出一套整體性的分析及解釋，供全體國人參酌。

首先，關於此次會議的宗旨與使命乃在整合各方人士及專家意見，爲國家未來憲政改革方向，以及臺海兩岸的互動問題，集思廣益，探索出基本共識及改革方案。因此，國是會議的目的並不在「各說各話」，而是在各種不同的意見和方案間，得到最起碼的共識，作爲改革的基礎。因此，在目前各界所提的各種方案中，恐怕不會有任何一派的單獨意見會全案通過爲大家所接受。相反的，在這些不同意見中找出「交集」，亦即尋得爲各方人士所接受的「共同底線」，才是此次會議的最後成果。基於此，國是會議的主辦單位本身雖未設定底線，但如何找出大家所能接受的共同底線，卻成爲與會者的共同目標了。

基於上述的理由，我們認爲本次國是會議必須以下列的憲政共識爲前提，如果連下列的前提都被質疑或否定的話，那麼更進一步的改革共識，就將失去基礎了。這些共識的內涵包括：

（一）必須承認中華民國的國號與國體。如果連這一點都否定的話，憲政共識是完全沒有基礎的，因此目前各種「臺灣共和國」之類的說詞或提案，只會造成政治紛亂，卻不可能爲大多數的國人及與會者所接納。

（二）必須考慮到臺海兩岸對立的現實。儘管目前臺海兩岸的互動關係日益頻繁，但是中共的威脅卻無日不在。中共當局最近幾天再度明白表示，爲了阻遏臺獨及國際勢力，不能放棄「武力攻臺」的政策。基於此，任何臺灣獨立的訴求，在現階段仍是違反國家利益與全民福祉的。

（三）必須對中共「一國兩制」的統戰策略有清楚的認知。目前中共爲了解決「九七大限」之後的香港問題，已經制訂了「香港基本法」，在上述的處境下，如果我方主動制訂「臺灣基本法」或「中華民國基本法」，即使強調意義不同，但仍會造成國際間的混淆，以爲中共的「一國兩制」方案，已爲我方所接納。則日後我國若欲開拓對外關係，開展實質外交，以及增加與盟，均將增加有形無形的困難。

（四）必須考慮到民主、臺獨與統一乃是三件不同層次的標的。當前國家民主改革的目標，是爲了貫徹三民主義的立國精神，以民有、民治、民享爲其內涵，但是民主卻不等於臺獨，亦不等於統一。在當前國家處境及國際情勢中，統一雖係大勢所趨，但我們並不願意見到立即的統一，因爲這將違背國人的意旨，也有違大陸民心的非共及反共趨向。另一方面，政府雖然開拓務實外交，爭取重返國際社會，但並堅決反對「臺獨」，亦絕不以「臺灣獨立，兩個國家」爲目標。基於此，任何政治人物及團體，雖有其民主訴求及政治選擇，卻不應將臺獨或統一強加於民主標的之上，將此三者做惡意的混淆。

（五）必須強調務實的改革應以經濟與效率爲原則。因此，改革方案儘管可以有多種，但卻必須以現實上接納者最多，手段最爲精簡，效率最高爲前提。基於此，雖然目前政府的各種機關及國家的憲政體制均可列入改革範疇，但是如果改革只是「換湯不換藥」，只是換了一個名字，或是將體制複雜化，甚至造成事權不清，則這種改革將只會使體制問題惡化，甚至成爲未來另一波的改革標的。因此，改革的目標必須清晰，手段必須精實有效，絕不可造成更嚴重的體制包袱，變成尾大不掉。

（六）必須認清改革不是爲了滿足某些人的情結，而是爲了解決眞正的問題。因此，我們認爲雖然所有的憲政體制均可列爲改革對象，但只有眞正發生問題的部分，才需面臨調整。譬如說，雖然大部分的國家都有兩院制的國會，而且多半只有一個院（通常是下議院）發揮積極的功能，但這些國家卻基於尊重傳統及憲政的精神，並未強使國會體制改爲一院制。這說明了憲政體制的改革，多以安定穩健爲前提，除非絕對必要，否則將不會輕言更動。

基於以上六點分析，我們認爲在卽將召開的國是會議中，無論國會之員額、規模、選舉辦法、選舉制度的釐定，以及中央政府究竟是採總統制、內閣制或折衷制等，均可列入討論的範疇，並擬定各種可行的修正方案。但是舉凡國家基本體制、國號、統獨問題等，卻勢必牽涉到基本認同問題，因此不宜耗費太多時間精力。事實上，與會人士亦心知肚明，這些認同問題絕不可能在幾天內得到共識，因此與其爲了這些基本共識問題堅持己見，爭擾不休，還不如具體的拿出方案，就目前必須解決的國會、選舉、政府體制問題多作商議，這才是對國人負責的一種表示，也是對憲政改革眞正有所助益的積極性作爲。

國是會議可能帶來憲政危機

國是會議的發展越來越讓選民與憲政學者失望，而且就其結果而論，很可能帶來持續的憲政危機，使政爭難以歇息，日昨有關總統民選一事的說法，以及一院制國會的可能決定，都是大開時代倒車的議案，也爲將來的憲政改革，平添不穩定的變數。

首先，就總統直選而論，此點與現行憲法的內閣制精神完全不符，再者也與穩定的民主制度的發展經驗似相矛盾。自二次世界大戰結束以來，在持續穩定的民主國家中（共二十二個），有二十個是實施內閣制，只有美國一國是完全行使總統制，另外，法國第五共和則擺盪在總統制和內閣制之間，或被稱之爲折衷制。現在我們若選擇走向總統民選一途，雖然，總統民選也可能同時是實施內閣制，其中現成的例子，包括西歐的奥地利、葡萄牙、冰島和愛爾蘭等四國，但大體上，內閣制下的虛位元首通常仍係由間接選出，直接民選並非常例。所以除非我們能保證憲政制度化任務及早完成，否則，從政治穩定的角度作考慮，總統仍不宜由直選產生。

七十九年七月三日

許多學者都承認，在大部分經歷民主變革與轉型陣痛的國家，包括目前拉丁美洲走向民主化各國，多因爲實施總統制，而造成嚴重的政治對立與政局不安，最近幾年來，拉丁美洲的學者已逐漸得到共識，實施總統制以及總統民選，正是這些國家無法建立穩定的民主，並進行持續的經濟發展的主要原因。近鄰菲律賓的動亂先例，也足以爲吾人借鏡。但國是會議的部分與會人士，卻未能正視這些失敗的重要先例，卻主張總統直選一途，甚至公然主張實施總統制或混合制，這不但是對基本憲政知識的不尊重，也充分顯示了一種騎牆與不負責任的態度，在中國憲政發展史上，此次國是會議的決議方向終將成爲一頁負面的教材。這是與會諸君不能不察的。

當然或許有人會說，既然有少數國家，既採內閣制，同時又實施總統民選，則一方面可獲得內閣制政治安定的好處，另一方面又可滿足人民直選總統的冀望，豈不是一舉兩得？但是問題的關鍵在於，制憲以來四十餘年，憲政的制度化從未能獲得尊重，如今我們又如何能寄望在實施直選後，未來的總統當選人，不會挾民意以自重，並擅權、抓權而置憲政權威於不顧，使內閣制精神消失於無形？更何況，憲政的成長本身必須配合政治文化的實況，在目前部分臺灣人民對強人政治仍有所眷戀之際，我們又如何能保證直選總統不會造成另一代的強人政治的惡性循環，並且因爲直選總統所訴諸的全民動員以及政治對抗，而造成政治紛亂永無已時。

基於此，我認爲實施總統民選，實是充滿著危險性。最近幾年的國際學界研究成果已充分指出，在亞非拉等開發國家中，沒有任何一個實施總統制的國家，能長期建立穩定的民主，並在二次世界大戰以後，免於政變的威脅或強人政治的干擾。因此，我們可以確定，內閣制雖然不一定能夠帶來穩定的民主，而穩定的民主卻幾乎均落實在內閣制之上。換言之，內閣制雖然並非穩定民主的充分條件，卻往往是必要條件，而總統制除了美國一國之外，卻幾乎都是失敗的，中美洲的哥斯大黎加或許是整個拉丁美洲唯一較為成功的例子，但是仍不足為吾人效法。

至於另一項國是會議共識所趨，國會走向一院制的決定，也是完全不合乎國際民主經驗的。在全球所有實施一院制的穩定民主國家中，沒有任何一個人口是超過八百萬人的，而且國內並無嚴重的族羣對立與共識危機，也不存在國家認同的基本問題。因此，全球大部分的民主國家，均實施兩院制，並希望藉不同的議會功能與國會選舉辦法，以整合不同族羣、地區性團體、地方自治體的個別利益。同時在二院制之下，通常會有一院（通常是參議院或上議院）賦予少數派相對之否決權或超高比例的代表權（如美國農業州在參議院中卽享有超過人口比例之代表權），此種設計的目的係在簡單多數決之外，以協商民主制之精神，以補充多數決民主制之不足，藉以消弭地區分歧或共識危機，並確保政治和諧。因此，實施兩院制對於人口超過二千萬人，而且共識危機已經逐漸凸顯的臺灣，乃是絕對必要的。由此觀之，放棄原有的憲政架構及修憲途徑，根本否棄監察權，使國會一院制化的作法，實在是因噎廢食，並與民主潮流及國際經驗背道而馳的。

但願總統民選與國會一院制只是一個暫時的話題，而不是結論，否則的話，我認為此次國是會議的影響將是相當負面的。除非與會代表中的明智之士能在未來兩天，再作努力力挽狂瀾，否則國是會議所帶來的憲政危機，就難以挽回了。

國民黨已自失立場

七十九年七月三日

國是會議進行到第五天，國民黨卻已成爲一大輸家，雖然在野人士尙未獲勝，但國民黨卻已失去了戰場，使缺乏基本共識的在野政客予取予求。這可從下列各方面看出：

㈠國民黨已經自行放棄現行憲法的內閣制精神，甚至以「總統民選」向民進黨妥協。這不但完全違背了憲政體制的基本原則，而且也與基本的憲政知識完全不符。內閣制較有利於民主發展，而且也是開發中國家走向民主的要件之一，這乃是政治學的基本知識。相反的，總統制（美國除外）卻往往帶來持續的政治動亂（整個拉丁美洲都可爲註腳）。但是國是會議不此之圖，卻爲了滿足某些人的地域情結和「直接民選」的企圖，置國家安定與民主成長於不顧。這一方面固然充分顯示了國民黨人士在重大問題上自失立場，另一方面也說明了與會學者（尤其是法政學者）的無奈與悲涼，竟然連此一重大原則都守不住。

㈡國民黨已經逐漸揚棄五權憲法及三民主義的基本原則及精神，部分與會的國民黨人士，甚至公然反對孫文學說及中山思想。有人更進而放言「五權憲法只是孫文當初異想天開的想法」，但國民黨人士卻未能加以駁斥與之抗爭，這種爲了政治妥協而無限制退讓的作法，不但充分說明國民黨的確眞正沒有「底線」，甚至亦可視爲國民黨已正式放棄了中華民國基本的立憲精神。事實上，無論五權憲法的制度與原則應做何種方式調整，但是維持「兩院制」國會卻是不可讓渡的基本原則。現在「一院制」卻竟然成爲共識，這實在是國民黨的一大錯誤，也是與會的國民黨人士的嚴重疏失。

㈢維持「兩院制」的考慮，不僅是基於五權憲法精神，同時也是爲了建立穩定的民主體制，使不同的地域、族羣和團體，能利用兩院制的不同安排而得到不同的代議機會。另外，兩院制也可平衡議會與行政首長間的制衡關係，使行政及代議機構間的對立不致太過嚴重。除了上列理由外，維持兩院制亦可使監察權維繫不墜。根據一九八〇年代初的統計。全球一共有三十餘國實施著九十餘種不同的監察權制度，此一數字目前更在逐漸增長之中，如果監察權需要大力整頓及提振，儘可參考這些經驗大作調整，卻不應該是向反對黨妥協，逕行廢除了事。這也顯示國民黨的確未在重要問題上把住關卡。

㈣國民黨和民進黨的妥協，已使此次會議變成「兩黨協商」，這不但證實部分自由派學者事前的「慮事周密」，相對的，也使其他與會學者處境尷尬，清譽受損。日後的政局將會進一步證明，國民黨恐將長期爲此一國是會議而面臨嚴重的黨內紛爭。因爲既然連基本的「黨格」都可輕易放棄，其他又有什麼是不能做的，不能讓的呢？

從上述各項理由看來，此次所召開的國是會議將使國民黨遭受嚴重的傷害。除非在未來一兩天內「緊急煞車」，停止黨格的無限制「讓渡」，否則前景就更讓人憂心了。

國是會議的警惕功能

七十九年七月五日

國是會議終於在眾聲喧嘩、嘈嘈嚷嚷之中卻以「和諧」告終了。雖然大部分的媒體均認爲這是一次「各說各話、功能存疑」的「大雜會」。許多眞誠而富學格的知識界精英更對會議結果感到憂心忡忡，但是我覺得如果從會前大家卽對此次會議成就質疑的角度看來，此次會議仍不無積極的警惕性作用，這可從下列各方面看出：

第一，這次會議的確是知無不言，言無不盡，雖然共識甚低，但眞正是言論自由，百無禁忌。而且李總統在廣聽各方言論之後，仍然堅持原先立場，強調唯有修憲一途，才是最後歸依。因此雖然反對派一方面受到上賓之禮的待遇，掛足顏面，堪稱赢家。但另一方面國民黨當局也在與會學者與輿論監督下，並未大幅度讓渡籌碼，反而表現了「廣開言路」的雅量。但卻又堅持「老神在在」的一貫立場。這顯示國是會議的「大拜拜」性格，的確已充分發揮，也完全符合事前的預期。

第二，朝野兩黨當權派的急功近利、便宜行事的性格已充分顯露，兩黨均放棄內閣制的穩定民主常規，而弄出不三不四的混合制，並以中國當前政治文化的不配合作爲託辭，以拒絕穩定的民主化道路。這充分揭示了當前政黨政治的困局和兩黨當權派的「形異而神似」。而國民黨「御用學者」及在野派「野用學者」的眞實面貌，其學識水平，亦已暴露無疑，再也不易以學術外衣進行包裝。事實將證明，這次會議已使這兩派學者大受內外兩傷，而堅持自由主義及回歸憲政原則的學人，才是眞正獲得肯定的清流與「國士」。

第三，在此次會議中某些人士言行粗陋，不守程序，搞小動作，和稀泥，又洋洋自得，不可一世的「會場現形記」已充分表露了臺灣民主運作過程中的低劣風氣。這使得「民主神聖」的神話，正式破滅；也凸顯了臺灣「政治社會」與「民間社會」中物化而庸俗的資本主義性格。除非今後大力提振文化水平，加強憲政與法治教育，督促民主人格的培養，並要求政治人物展現民主習性，否則臺灣將只存在民主形式而無民主內涵，只有「草莽文化」而無「公民文化」。換言之，只知空頭的追求表面的民主，卻無法藉由民主建立法治，並獲得眞實的自由。

第四，由於國是會議的刺激，立法院已逐漸激發共識，並以「護憲者」自居，斥責部分外籍人士在國是會議中的毀憲作爲。這一方面說明在野力量已因憲政認知的差距而陷於分裂，同時也啟迪人們，必須珍惜民意代表的羣眾基礎及代表性，並在體制內改革途徑竭盡之餘，方才考慮體制外的革命性作爲。因此，國是會議將逼使過去遊走在體制內外邊緣的反對派人士，重作審愼思考。

第五，在此次會議爭辯過程中，竟然出現「手淫」、「打手槍」等用語，充分顯示會議中兩黨共同潛存的「男性沙文主義」本質。由會議初期呂秀蓮女士退席抗議的例子看來，兩黨若要眞正將臺灣帶向平等與民主之途，必須先學習尊重兩性平等，並從政治人物自身的家庭生活和社會生活做起，否則民主只不過是政治生活中的假象罷了。

最後，我們必須承認，就「大拜拜」這項使命而言，國是會議是成功的。但它也留給我們更多的省思與疑慮，它也給了我們一個最大的問號：「穩定而眞實的民主是不是離我們越來越遠了？」

國是會議留下的問題

七十九年七月六日

國是會議已經結束了，但也留下一連串的複雜問題，有待與會人士及全體國人思索解決。

首先是國是會議的定位問題。國是會議本係應總統之邀而召開的諮詢會議，以憲政興革、政治革新及兩岸關係爲要旨，期望能藉此一會議，提出可行方案，再交付各有關機構進行研議，使改革方案及早付諸實現。但是國是會議本身並不具備法定效力，換言之，它是一個諮詢建議性質的會議。但不幸的是，部分與會的在野人士卻堅持國是會議應有強制力，甚至凌駕於總統權威之上，這實在是誤解了國是會議的本質。無怪乎立法委員因而激起反彈，甚至對國是會議的召開費用都要有意見了。我們認爲，合理的處理方式應該是互相尊重，立法院應尊重總統職權，並依據民意決定如何面對國是會議的決議，因此，這些決議只有建議性質，對民意機構自然不具約束力。另一方面，國是會議與會者也應體認此一事實，絕不可漠視民意機構本身的法定職權，自以爲可以凌駕法定機構的權威，因爲這種僭越式的作法本身卽是違背法治原則的。唯有在上述互相尊重的前提下，才可能眞正消弭政爭，解決當前國家面臨的問題。

其次，我們必須承認，儘管這次國是會議知無不言，言無不盡，各種意見並陳，並以和諧收場，但是眞正達成共識之處並不多。舉凡總統民選的方式（直接民選或間接民選）、三權五權的紛爭、中央政體的改造、地方政制的設計，乃至地方行政區的重新規劃等，都充斥歧見。而且在會議期間，大部分與會人士各說各話，言論內容水準不一，總結內容十分粗糙，實在不足以做爲改革張本，頂多可以做爲改革之參考，但若要付諸實施，還有待更進一步的仔細檢討與規劃。因此，各有關方面必須做更深入之研究後，才能決定如何逐步實施。而且，如果國是會議中的建議離民意相距太遠，最後則只有放棄，方才合乎民主與民意之原則。民意也有少數民意與多數民意。自以爲代表民意，非但不是民意，實在是假借民意。

另外，我們必須強調，在這次國是會議中，儘管各種不同的意見都得到了充分的表達，但是許多褊狹的意見卻是對整個國家社會有害的。舉例來說，支持臺灣獨立的主張、更改國號的要求、毀憲制憲的偏急訴求，乃至要求總統直選及公民複決的違憲主張等，都對國家的整體發展十分不利，甚至可能威脅到臺灣地區的政治安定與全民福祉。因此，儘管這些偏頗的主張仍然受到言論自由的保障，但並不意味這些言論值得廣泛傳播，或以訛傳訛的擴散下去。因此，政府有關單位及民意機構應該審愼的處理這些偏頗的主張，絕不可以爲這些少數人的言論就代表著大眾的心聲。因此，我們必須體認，容忍異見乃是言論自由的表現，固應受到尊重，但卻絕不可以牽就少數異見，反向的壓抑大多數人的共同心聲。以「多數暴力壓制少數」固然不對，但我們也不能姑息「以少數壓制多數」的偏頗作法。這兩者均是違背民主原則的。

最後，我們必須承認這次國是會議的確顯示當前社會已出現嚴重的共識危機。無論對國家基本符號象徵、憲政權威、中央政府體制乃至海峽兩岸關係和國家統一政策，均呈現著極大的分歧。因此，未來政府的施政要項，應該是加強朝野溝通、改善社會福利、縮短省籍情結、落實均富政策，此外，並應加強法治與憲政教育、提振公民意識及道德教化、強化文化建設及藝術啟蒙，才能逐步的從根解決認同與文化紛歧。過去幾十年來，政府已在改善民生、發展經濟、擴充國力等方面，提出了具體的成果。現在，隨著國是會議所呈現的認同危機與憲政困境，政府應該大力的調整政策方向與施政重點，使國是會議所呈現的各項「警訊」得到適當的整治，國家的整體發展及早重歸正軌，也使人民的福祉得到更大的保障。

十、國際視野下的反省

戈巴契夫與蘇聯總統制

——兼論我國總統是否宜由民選

七十九年三月十七日

蘇聯領袖戈巴契夫，十五日當選了蘇聯首任總統，也爲蘇聯的黨政體系，帶來了劃時代的新頁。但是，這項重大的憲政改革所帶來的權力整合，卻可能爲蘇聯的民主改革，帶來嚴重的陰影。

戈巴契夫在此次總統選舉中的得票率並不高，在二千二百四十五位人民大會代表中，僅得到一千三百二十九票，得票率爲百分之五十九點二，這與一年前他當選最高蘇維埃主席時逾八成四的得票率（獲二千一百二十八票）相比，顯然支持者已大幅滑落。這不但顯示支持戈巴契夫的議員人數已逐漸減少，透露著他們對蘇聯改革步調的遲滯日益不滿，而且也說明了他們對總統制本身，也有強烈的不耐與疑慮。

從比較憲政體制的角度觀察，戈巴契夫就任的總統職位所擁有的權力，的確是舉世罕見的。新制的總統一任五年，只得連任一次，總統年齡需在三十五歲以上、六十五歲以下，應由人民直接選舉產生（首任則由人大會代表間接選出）。在具體的權力方面，則可概括爲下列各端：

㈠任命總理、最高法院院長、檢察總長等，任免軍方最高司令部高層官員。

㈡主持國防會議，宣布戒嚴或緊急狀態、發布動員令（但需獲該地區加盟共和國主席團同意），國家遭攻擊時宣戰（並立即與國會諮商）。

㈢主持外交交涉，簽訂國際條約，任免駐外使節，實質上決定對外政策。

㈣簽署法令，對法令有異議時則可退回國會（最高蘇維埃）復議，如國會以三分之二多數維持原議，則必須簽署，或與國會諮商。政府（內閣）決議若違憲，並危及人民權益時，得推翻之。

除了上列權限外，據報導在總統之下，將設一「總統委員會」，成員包括總理、內政、外交、國防等部長、KGB（國安會）主席，及總統個人之助理若干人進行重大決策。其性質類似美國之「國家安全委員會」，但權力卻遠超過它。如果此一擬議付諸實現，則此一「總統委員會」將實質取代行將廢除的共黨「政治局」的角色，亦卽由總統扮演過去之共黨總書記之職位，但在共黨體制之下，總書記尚需受到「民主集中制」之約束，如果他未能得到政治局委員或中央委員會委員的普遍支持，均有可能受到箝制，甚至可能下野（如一九六四年赫魯雪夫的下臺）。但是在總統制之下，總統一旦當選，卻擁有極大的權力，而且幾乎無勢均力敵的制衡者，而國會雖負監督之責，卻只有在三分之二的絕大多數一致同意的情況下，才能逼使總統改變政策，這顯示戈巴契夫所謂的民主改革及黨政分家，不過是將原來控制在共黨手中的權力，經由表面民主的形式，轉移到總統及政府手中罷了。在權力轉移過程中，列寧主義黨國體制雖然作了重大調整，但權力高度集中的專政本質，卻並未改變。因此，將戈巴契夫的總統制視爲民主改革的契機，恐怕仍是一廂情願。

基於上述的理由，我們相信戈巴契夫在此次總統選舉中未能獲得超高比率的支持，固然一方面顯示了他的聲望已經下降，另一方面卻也顯示蘇聯人大會代表事實上並不普遍支持這項憲政改革，尤其對於戈巴契夫大權在握，形同專制的作法深感憂心忡忡。戈巴契夫個人有鑑於此，乃在就職演說中宣布，他將審愼使用權力，藉以減輕蘇聯人民與議員的憂慮。但是，這種將希望寄託於領導者「一念之善」的企圖，恐怕還是缺乏穩定基礎的。

從蘇聯採取總統制所可能引發的專政危機看來，我們認爲總統制的確並非一種理想的民主憲政體制，過去在雷根總統統治美國期間，雷根個人的無能尚可藉國會體制的制衡，以及內閣各部的充分授權，而得以彌補。但是無論如何，美國式的總統制卻已證明並不如西歐的內閣制，能够帶來較佳的內閣效率與治國水平。至少在內閣制之下，內閣總理必須先取得黨魁資格，在黨內威望及行政能力上已先接受過考驗，因此在正常情況下，一個西歐內閣制下的總理，總不至於像過去美國總統卡特一樣缺乏基本治事效率，或者像雷根總統及雷根夫人一樣，要聽信命相家之言，決定政事之行程。但，所幸的是，美國尚有行政權之外司法系統與國會的權力制衡，而蘇聯目前所施行的總統制，卻因多黨體制尚未形成，司法權亦未眞正獨立，而共黨專政本質亦未眞正改變，而成爲另一種專權的工具。基於此，我們認爲，在一個民主尚未臻穩健發展的社會裏，驟然採取總統民選制，並因而賦與總統廣泛之實權，實在不是明智的抉擇。

基於上述之理由，我們認爲目前國民大會的結構與決策誠然絕不合理，亟應全面改造。但驟然改採總統直選方式，勢將造成總統與閣揆權限重疊，憲政體制益形模糊與複雜的困境。其中的主要關鍵是，一旦總統經由民選而就任，他就將成爲實權總統，則我國憲政體制勢將走向總統制（或「總統——總理制」，與蘇聯相類），這一方面會造成立法院權力萎縮，另一方面則將因罷免總統的程序要件極爲複雜（這也是爲基於政治穩定的必要措施），因而使得對總統的制衡權變得形式化，除了六年之後選民投票不予支持外，幾乎無任何實質的權力可供箝制。再加上我國的司法獨立問題尚未達理想狀態，因此連美國式的三權制衡，實質上也做不到。

基於此，我們希望朝野人士能就蘇聯總統制所可能帶來的負面影響，多做深思，並且不要忙中出錯，因爲對國際經驗與歷史教訓的忽視，而犯上另一次歷史性的憲政錯誤！

從立陶宛獨立事件看臺獨運動

七十九年四月二十三日

立陶宛總理普倫斯肯，爲了解除蘇聯對立陶宛經濟與能源封鎖所造成的僵局，連日來訪問北歐的鄰邦挪威、丹麥等國，已引起了全球輿論的重視。未料挪威政府卻不願得罪蘇聯，也不願雪中送炭，竟然堅持以市價售油，而丹麥政府雖然答應予國際性聲援，但實質支持的態度也不積極。雖然普倫斯肯要求歐洲共市各國承認立陶宛獨立，但歐市各國外長除了發表聲明，表示對立陶宛情勢「嚴重關切」外，只表示希望莫斯科當局與立陶宛雙方展開對話。但除此之外，並無更積極的支持與解困行動。從立陶宛獨立事件看來，強權外交的「唯勢是圖」實在令人寒心，而弱小國家的國際處境更是無奈而淒涼的。

從立陶宛獨立事件引發的更深刻的一層感想，則是如果有人將臺獨主張付諸行動，則臺獨所面臨的困阨局面，是不是會比立陶宛更爲悽慘呢？

我們的答案是肯定的。而且我們更可確信，如果臺灣一旦宣布獨立，它的命運將比立陶宛更糟。其中主要的原因是：

第一，立陶宛自一九一九至一九四○年間，曾爲獨立國家，自一九四○年被蘇聯併吞，美國至今仍不承認立陶宛是蘇聯的一部分。駐美國的立陶宛領事館，仍有當年留下的外交人員。但是，爲了避免觸怒蘇聯及戈巴契夫的統治地位，美國至今遲遲未能給予立陶宛任何支援，聯合國秘書長斐瑞斯甚至聲稱，立陶宛事件是蘇聯內政的一部分，聯合國不便干預會員國內部之事。相對的，臺灣自一九四五年從日本手中結束殖民統治以來，一直是中華民國的一部分，至今列強（包括美、日、西歐各等）亦均只承認臺灣是中國的領土，如果臺灣宣布獨立，則必定更難獲得國際之承認與支援。

第二，立陶宛臨波羅的海，面積六萬五千二百平方公里，人口三百五十萬，爲波羅的海三小國中最大國家，農業可以自主。而且立陶宛在整個印歐語系中歷史最爲悠久，爲當今西方之文明古國。但一旦蘇聯實施禁運，經濟發展與國民生計立即陷入危境，而各西方鄰國卻未能積極救援，甚至不願以優惠價格賣予石油。相對的，臺灣面積只有立陶宛的二分之一強，且屬孤島，能源大部分仰賴外在供應，如果因獨立而面臨中共封鎖，境遇將比立陶宛更爲困難。而美、日等強權多年來一直公開反對臺獨，如果臺獨局面眞正發生，又如何能相信他們一定會伸出人道之手，解救臺灣之困境？至於近鄰南韓、菲律賓等國，對中共一向畏懼，較之北歐各國的人道自主、特立獨行猶爲不足，我們更如何期待他們會臨危解困？

第三，立陶宛人與俄羅斯人在語言、文化、種族、宗教上均完全不同，而且係爲蘇聯併吞，在客觀的獨立要件上比臺灣獨立充分許多，但仍是困境重重，目前已如同國際孤兒。相對的，臺灣與大陸雖然分隔逾四十年，但無論語言、文化、種族、宗教等方面仍然相同，近年來臺商更積極赴閩南等地投資，經濟上的牽繫日漸密切（但風險亦大），在上述情境下，獨立的條件比立陶宛遠爲不足，則一旦獨立後所面臨之困難勢必更爲嚴重。

基於以上的理由，我們認爲臺獨的危險性與非現實性，實在是不必多言的。至於說，一旦臺灣獨立，將可建立「東方的瑞士」、重返聯合國等說法，就更不切實際，而且更缺乏基本常識了。

至於另外的一種說法，認爲臺獨訴求本身只是手段，民主才是目的，也是一種毫無根由的飾詞。因爲在當今各種反對運動中，追求民主均是一致目標，可見追求民主可以有各種不同的訴求，但是爲什麼偏偏要選擇對臺灣安全最不利，也最可能招致中共攻擊的臺獨做爲手段呢？難道是因爲主張臺獨者最不具備現代國際知識，也最不願意負起政治責任嗎？我們認爲，都不是的。唯一合理的解釋是，主張臺獨者是眞正的以臺獨爲認同目標，因此臺灣獨立不但是手段，而且也是目的，即使民主化的任務在未來幾年逐步推動完成，但對他們而言，臺獨仍是未竟之志。基於此，我們認爲臺獨是一種立基於眞實的認同觀點的不同訴求，它與民主的標的並不是同一件事。而且即使民主化任務完成了，臺獨的訴求仍然不易消失。

但是，不管臺獨訴求如何難以化解，我們認爲在現實政治上，卻不能不負責任的採取任何臺獨式或接近臺獨的作法。在目前的政治環境裏，我們認爲特別應防範兩件事：

㈠應儘可能的回歸憲法，甚至進行修憲，但卻絕不可毀憲，另訂新憲法，因爲新憲法一旦制訂，勢必捲上臺獨問題，並引起臺海危機。

㈡不應凍結憲法，另立「基本法」。因爲訂定基本法將可能造成兩種誤解：第一，臺灣行將獨立；或第二，臺灣地位將降格與香港相同。不管是上述那一種，都是對我們自己不利的。

最後，我們願呼籲執政黨與政府：加速民主改革的腳步，以消弭臺獨聲浪擴張的趨勢。我們也願向主張臺獨的人士呼籲：記取立陶宛事件的經驗，放棄臺獨的幻想！

從印度變局看開發中國家的民主困境

八十年五月二十九日

印度前總理拉吉夫．甘地，日前在選舉活動中被炸身亡，他的葬禮已於本月二十四日舉行。印度國大黨已兩次促請甘地遺孀，原籍義大利的桑妮亞繼任該黨黨魁。如果桑妮亞再次拒絕此一請求的話，主導印度政局數十年的甘地家族，可能就將歸入歷史。對於世人而言，甘地家族的興衰，不僅彰顯了第三世界政治多變的特質，同時也突出了印度民主政治的困境及危機。

印度是全球人口最多的民主國家。儘管在一九七〇年代中曾經出現民主逆退、戒嚴統治的危機，但在二次大戰以後的四十餘年間，大多時候仍歸於民主統治。但是，儘管印度施行民主，但在民主選舉過程中，卻不時出現流血暴力，甚至釀成動亂。而且儘管印度實施民主，但大多數人民卻仍生活在赤貧線以下。因此若從印度的民主經驗推論，民主非但不一定帶來經濟成長與富裕生活，反而可能因經濟狀況的惡化而面臨民主的頓挫及逆退。

印度的經驗顯示，在經濟發展與民主政治之間，並不一定存在積極的互動關係。早在一九六〇年代，歐美的政治學者及政治社會學家，多從現代化理論出發，肯定經濟成長，豐裕生活有助於民主成長。他們認為，或許經濟發展不一定能夠直接帶來民主政治，但隨著經濟發展而形成的中產階級、自主工會、低文盲率、高識字率，以及多元的社會結構，均有助於民主發展。因此在經濟發展與民主成長之間，應該存在著積極的關係。

但是一九七〇年代以後來自拉丁美洲的發展理論，卻對上述的民主發展理論提出挑戰。因為根據拉丁美洲的經驗，為了促進「進口替代」工業的發展，許多拉丁美洲國家建立了「威權——官僚」政體，換言之，經濟發展非但未能帶來民主成長，反而鞏固了威權統治。根據這樣的理論，經濟發展與民主成長之間，就不一定存在正面的積極關係了。

根據拉丁美洲的發展經驗，許多社會科學家進一步指出，在東亞新興工業化國家，即中華民國、香港、南韓、新加坡等「四小龍」地區，一九七〇年代以來經濟雖然飛速成長，但卻依然維持威權統治。近年來雖已開展民主化腳步，但至少在南韓和新加坡，卻仍是困境重重。而在臺灣，儘管憲政改革及民主化建設正在持續進行，但依然是充滿荆棘的。

至於在人口最多的大陸地區，自一九七八年實行經濟改革以來，儘管人民生計頗有改善，但其結果非但未帶來眞正的民主成長，反而造成「新權威主義」的盛行，鼓吹實施開明專制式的新權威主義，這也凸顯了經濟發展未必有助於民主成長。而在「六四」之後，中共政權大力鎮壓異己分子與人權領袖，更有走向極權主義之勢。從上述的發展趨勢看來，均與現代化理論的解釋觀點背道而馳。

但是，眞正令現代化理論難以處理的，卻不是爲何經濟發展未能立卽帶來民主成長，因爲民主發展絕非單一因素所造成的。眞正令人疑惑的，則是在經濟十分落後的印度，幾乎一切必要的物質基礎及經濟條件均嚴重不足，但卻依然出現了相當長時期的民主統治。而且從印度的民主現狀看來，儘管民主並不意味和平，但只要印度的精英階層仍然肯定民主體制，印度的民主政治依然可以存在下去。但是這種「窮困而動盪的民主」，卻不一定是所有開發中國家（或第三世界國家）的人民所樂見的，甚至不一定是長久處於極權統治的共黨國家所歡迎的。最近中共正爲美國所堅持的人權標準而大傷腦筋，儘管中共今天絕非民主國家，中共領導人卻強調，中國的「人權」標準實有別於西方；西方的人權標準主要落在言論、思想、信仰、結社自由等層面，而中國的人權標準卻主要放在人民是否能得到基本的溫飽，亦卽維持最起碼的生存基線。對於印度人民而言，做「被養肥的豬」固然是一項恥辱，但如果連基本溫飽都不可得，則空談民主必然成爲一項奢望。

由此看來，民主成長的先決條件應是經由經濟發展，解決溫飽問題，進而期待由富裕的經濟、高度的識字率與普及的國民教育，而建立民主的「物質基礎」，唯有當此一物質基礎充分具備後，穩定的民主才有落實的根基，這也是所有第三世界國家均不可忽視的基本建設工作。

根據以上的分析，當前臺灣的民主發展實已有充分的物質條件的配合，因此民主的經濟基礎業已不成問題。但是很顯然臺灣還面臨著其他文化與制度的困境，有待克服。這些困境因素包括：

㈠日趨嚴重的國家認同問題，以及獨統之爭和省籍矛盾。

㈡制憲與修憲之爭，以及對憲政主義的質疑。

㈢選舉中金權蔓延的腐化現象，以及議會政治的過度濫權。

㈣激進政治勢力有意以街頭抗爭取代議會競爭，以直接民主取代間接民主，造成社會動盪不安。

㈤法治威信不立，法制權威不彰，使政府施政面臨重重困境。

由上述五要項可知，今天臺灣民主發展的困難，主要是文化社會及制度因素所致，卻不是其他多數開發中國家感到困擾的經濟問題。但儘管問題不同，這些困境卻充分告訴我們：民主不是一蹴可幾的，更不是只要民主制度建立了，就可以解決所有的問題。政治學家韓廷頓之輩所強調的「政治成熟」，重要的仍是民主觀念與行為的成熟，如果連國家認同都發生爭執，民主陷在統獨之爭與省籍觀念的糾纏中，便鋪不起憲政的正常軌道來。

從日韓兩國反對黨的挫敗談我國的政黨政治

八十年六月二十四日

最近大韓民國舉行地方選舉，執政黨民主自由黨在十五個市議會和九個省議會的八六六席次中，囊括了五六四席，勝面頗大。顯示韓國民眾在一個多月的政治動盪與社會不安之後，望治心切。相對的，主要反對黨新民黨在慘敗之後，黨內高階層人士要求黨魁金大中辭職，以示負責，並尋求與其他反對黨合併，進行人事重組。韓國總統盧泰愚則在勝利後表示，政府與民自黨，不可因選舉勝利而自滿，要在穩定中貫徹民主改革，始不負選民期許。

稍早，韓國的鄰國日本，也出現了反對黨陣營的變動，日本第一大反對黨社會黨委員長土井多賀子宣布辭職，以示對四月間地方選舉中的失敗負責。由於土井多賀子係日本政黨史上的第一位女黨魁，又是憲法學家，許多日本人對她曾寄以厚望，使日本能從「一黨獨大體制」，走向眞正的「兩黨制」。但是，土井卻未能掌握有利的契機，始終只站在「爲反對而反對」的立場，堅持反安保、反自衛隊武裝、反戰等立場，甚至在波灣戰爭前夕拜訪伊拉克領袖海珊，卻提不出一套眞正可以信賴的執政方案，藉以改變社會黨「萬年在野黨」的形象，終於受到選民的唾棄，在地方選舉中慘敗，最後被迫下臺。

從近鄰日本、韓國的例子看來，反對黨雖然有較佳的「攻勢」機會，藉以抨擊執政黨的施政錯誤，但如果不能掌握時機，提出眞正爲選民接納的訴求，否則反對黨要想眞正改變「在野」的地位，將是十分困難的。以中華民國最近的政黨政治發展爲例，反對黨（包括民進黨、中華社民黨、工黨、勞動黨、青年黨等）均未能在抨擊國民黨的施政之餘，眞正提出有效的政策選擇替代方案，我們可以舉下列數例證之。

第一，在波灣戰爭期間，執政黨採取支持西方的立場，同時對交戰地區人民則持人道支援立場。但是在反對黨之中，除了少數人士堅持應從阿拉伯世界及第三世界的角度看問題外，卻不見反對黨有任何不同的政策取向。

第二，在面對蘇聯及東歐的變局時，輿論界常有聲音指責政府與執政黨的反應不够迅速，對於當地政情了解不够，接觸更嫌緩慢，使得日本與韓國搶奪機先，紛紛在當地佔據了新的橋頭堡，但是反對黨卻也無法提出另一套政策觀點，除了民進黨中部分人士基於「臺獨」理由而對波羅的海三小國及外高加索區的獨立行動表示聲援外，實在也無具體政策可言。

第三，國建六年計畫提出後，學界與輿論界反應頗爲激烈，認爲此一計畫粗糙、空洞，不切實際。但是除了民進黨少數立委提出局部性的批判意見外，民進黨及其他野黨也均未能提出一套自己的「國家建設計畫」。

第四，在今年春，國大進行修憲期間，反對黨民進黨原本提出的訴求，是要求「總統直選」，但直到國大召開前夕，才了解既然反對國大修憲，就無法要求將憲法修正為「總統直選」，最後只有改變訴求為「反對國大老代表修憲」的舊話題。這顯示反對黨並無一貫的憲政主張，而且對時勢變化，掌握不足。今年年底國大選舉的主要訴求，據聞初步擬議的主張是重提「直選總統」及「獨立建國」，如果想要以這兩項口號爭取執政機會，這恐怕又將小看選民的眞正意願了。

或許反對黨可以辯解，在今天國民黨仍然掌握大多數政治社會資源的處境下，反對黨的運作空間本來卽屬有限，鼓勵惟恐不足，怎可輕言打壓，或批評反對黨呢？但是從近鄰日、韓反對黨挫敗的經驗卻足以證明，反對黨本身也是要負責任的。選民絕不會僅僅因為反對黨的「在野」地位，就故意縱容的。日韓兩國反對黨所面臨的挫折，證明了一個不顧社會安危，故意製造政治動亂的反對黨，是得不到選民支持的。而一個只知「為反對而反對」，卻提不出一套執政方案的反對黨，也不可能受到多數選民的青睞。

基於此，我們認為，今天政府與執政黨的施政誠有可議之處，但是反對黨卻必須積極振作，仔細進行公共政策與黨綱的研擬工作，使選民眞正體認到不同的政策選擇方案，並了解反對黨政治人才的培育計畫，這才是使政黨政治積極成長的不二法門。這對於目前少數只知在國家認同、省籍紛爭問題上做文章的反對黨人士而言，或許不是沒有意義的！

知識野蠻主義與蘇聯症候羣

八十年十二月十日

最近幾天，由於蘇聯情勢的急遽變化，整個社會與輿論界都將焦點放在這塊遙遠而陌生的大地。但是，在眾多的言論中，我們也看到一股知識野蠻主義（intellectual barbarism）風潮的出現。那就是，不願，也無法耐心的全面了解蘇聯局勢的發展全貌，也不肯多花些心思去仔細接觸蘇聯問題錯綜複雜的歷史沿革及民族背景。而且只想循著自己預藏的目的，在這一連串的複雜資訊中，選擇與自己的目的及假設最爲相關的訊息，然後，就「野蠻的」對這些資源做孤立而武斷的解釋了。

這種知識野蠻主義，普遍的出現在傳播媒體與輿論界之間。簡而言之，它表現在幾種不同，甚至相互敵對的「症候羣」之上。

㈠戈巴契夫症候羣。許多人由於感念戈巴契夫的「開放」政策，極不願聽到戈巴契夫嚴重失勢的訊息，也連帶的對「悲劇英雄」或「過氣人物」之類的標籤極爲敏感。因而他們一聽到政變失敗時就感到雀躍，並立即指責所有的分析家都誤解了事件的眞相。但當他們再度聽到戈巴契夫可能式微時，又感到不知所以。

㈡葉爾欽症候羣。這種人對魅力型領袖特別嚮往，對「直選總統」尤感興奮。因此，他們強烈稱讚葉爾欽這種民粹型領袖因民意支持而反制政變成功，卻忽略了葉爾欽這種人身上所隱伏的專制人格及激進性格，以及對蘇聯政革前景的可能威脅。

㈢獨立症候羣。這種人預藏著濃厚的獨立情結。因此，一聽到波羅的海的獨立運動受到鎭壓，就感到氣憤鬱結，而一聽到獨立運動得到西歐的承認，又興奮異常。但他們卻不知道也在鬧獨立的摩達維亞共和國，雖然其主體民族羅馬尼亞人要從蘇聯獨立，而在摩國境內受羅馬尼亞人壓抑的俄羅斯人、烏克蘭人和加加烏斯人，也組成了兩個獨立的小共和國，想從摩達維亞獨立出來。面對這種「雙重民族獨立」或「三重民族獨立」的問題，他們可能立刻聯想到的，恐怕就是如果「臺獨」成功，而苗栗、雲林或澎湖又想從臺灣獨立出來，要如何去處理了。

㈣中共必亡症候羣。從蘇共的式微和蘇聯當前的頹勢，許多人就會預言中共必亡，這已是不可逆轉的歷史潮流。但是這種預言卻忽略了中、蘇共改革歷程迥異的事實，也無法眞實的了解大陸目前的發展實況。因此，儘管中共的確有可能面臨著嚴重的危機，卻不是這種簡單的「必亡論」所能眞正了解實情的。

㈤「預言」症候羣。這是最簡單的一種知識野蠻主義，亦可稱之爲「化約論」。這種看法是，所有學問的有效性都必須由預測的眞確性來決定，因此，「蘇聯學」的有效性亦必須由預測的正確與否來決定。很顯然的，絕大多數的蘇聯專家，對過去幾天的情勢發展都做了或多或少的錯誤判斷，因此，這種學問的有效性是很低的，甚至是無用的，這種做學問的人，也是不負責的。

但是，如果連「帝俄」、「俄帝」、「摩達維亞」、「摩拉維亞」、「白俄」、「白俄羅斯」這些名詞之間的差異都分不清楚，甚至不想去花時間了解，或者認爲太多的學問不過是「書生的迂執」罷了。在這樣的情況下，我們又怎麼可能眞實的了解蘇聯，又如何能理智清醒的不隨蘇聯劇烈變動的腳步而手舞足蹈，甚至是手足無措？

種族暴動與司法正義

美國洛杉磯地區的種族暴亂，目前已越演越烈，並有蔓延全國各地之勢。面對此一暴動情勢，國民兵已進駐洛城，這是自一九六〇年代中葉以來，最嚴重的暴亂。它不斷凸顯了美國境內嚴重的種族衝突問題，也使美國司法制度的嚴重缺憾，暴露無疑。

此次的種族暴動，起因是洛杉磯警察以暴力對付黑人市民，卻被陪審團無罪開釋，使得黑人長期以來被壓抑與歧視的積怨，一時之間無以宣洩，卻轉爲暴動情勢。但暴動本身，對整個社會而言，卻也無正義可言，尤其是無辜被打死的路人和被燒燬的商家，更是此一「以暴易暴」情勢下的不幸犧牲者。

布希總統面對陪審團的此一無罪決定，甚表遺憾，他強調司法部將以「人權案」爲由，接手處理此案。但是如果不是因暴亂而起，我們很難想像，此種補救措施，會有多大效果。多年前，在底特律的華人陳果仁，被一對白人父子活活打死，結果陪審團判決無罪，華人及亞裔社區雖然厲聲抗議，轉由司法部以人權案件接手，並轉移至辛辛那提再審此案，結果陪審團又以無罪處理，並以此結案。現在多年之後，類似的衝突事件再起，司法正義問題也再受人質疑。但是由於此次受害者是黑人而非華裔，問題就顯得嚴重的多。美國政府面對龐大的黑人羣眾壓力，也顯得特別愼重將事。但光從此案與陳果仁案截然不同的反應看來，就可看出所謂的正義原則，實在不是不分種族、膚色，一視同仁的。

法國總統密特朗在美國種族暴動事件後表示，種族事件的背後一定有其社會因素。的確，在一個以白人爲主體的社會中，種族歧視實在已是根深柢固的制度化問題了。美國歷經一九六〇年代種族暴力衝突的慘痛教訓，以及民權運動的長期努力，終究仍不能化解此一問題，最後則因司法制度的缺陷和一件司法案件，而在一夕之間釀成巨災。但是，卽使此一問題在短期間得到解決，或以武力鎭壓方式使危機暫時消弭，但種族問題依然會持續的威脅到下一世紀的美國安危。

但是，美國的種族衝突問題，卻也顯示在後冷戰時代國際間種族問題的普遍性，美國本身也不能免於此一全球性趨勢。無論是解體後的俄羅斯及獨立國協，東歐各國（尤其是巴爾幹半島及南斯拉夫），以及西歐的新移民聚居區，乃至第三世界各地，族裔衝突都成爲對新世界秩序的最大挑戰之一。但是，此一問題無疑只是因政治秩序的解體或重整而顯露出來，它過去卽一直存在著，除非是種族歧視問題得到根本解決，否則問題將會持續惡化。

面對美國此次種族衝突事件，我們可以得到幾項初步的結論供國人參考。

第一，美國的陪審制度，表面看來有較高的民主意味，卻常常成爲司法正義的最大敵體，尤其是在牽涉到階級、種族問題時，它的不公正性更爲凸顯。近年來曾有國人提議移進此一制度，是絕不足取的，它也可能造成法律制度的新亂源。

第二，種族問題及族裔衝突並不能由政治途徑得到充分的解決。在美國各地，包括洛杉磯、費城、紐約等大城，多已由黑人擔任市長或民選首長。但是黑人的社會及經濟地位，依然十分低落，失業率、凶殺率也遠高於一般人口，單親家庭現象尤其嚴重。因此，除非這些社會、經濟、教育、文化等問題，得到整體解決，否則僅以政治地位提高這一途徑，依然無法改善族裔問題的本質，並且繼續威脅到民主體制的穩定。

第三，華人在美的社會、經濟地位，雖然因中智階層人口的擴展，而頗見增長，但政治地位，卻相當低落。至今在聯邦國會及參議院中，均無華裔代表。而由於華人社區與黑人、拉美裔社區之間的合作並不十分成功，因此，華人在美地位的提昇，仍是長遠待解決的任務，而且可能還需單打獨鬥一段相當長的時間。

第四，由「陳果仁案」的前車之鑑，到此次洛杉磯的「金恩案」（受毆的黑人名字是金恩），凸顯了在不公正的司法制度下，種族歧視問題的嚴重性。相對的，在我國的司法制度下，即使「司法貞操」常引人質疑，但其改善之途，應從改良司法風氣，改善執事者素質，減少政治干預等方向着手，卻絕不是反其道從美國的司法制度中學習不合理的陪審制度。「美國的月亮並不特別圓」，這是我們不能不記取的一項教訓。

協商式民主與美國種族政治

美國洛杉磯市的種族暴動，已逐漸蔓延到全國各地，因此次暴動而死亡的人數，也增加到逾四十人，重傷者亦多達二百人之譜，情況的確十分嚴重。布希總統在五月一日晚對全美民眾發表演說，強調對司法制度的失望不能成爲非法暴力的藉口。但是在療傷止痛之餘，人們不禁質疑，在司法制度的「程序正當性」及「實質正義」之間，到底要以何種方式化解其間的矛盾？亦即：如何能夠突破英美法陪審團制度的先天困境，擺脫人民的潛存歧見對司法正義的干擾，而使法治與正義原則得以伸張？從「金恩案」的審判過程看來，「程序正當性」雖可由陪審團的一致決議而得以確定，但實質的法律正義卻面臨了嚴重的斲傷。甚至因而爆發了壓抑已久的種族歧視問題。如果美國朝野各界再不痛切反省此一嚴重的文化與制度化問題，類似的暴力悲劇可能是永遠無法避免的。這也是所有醉心於「美國式法治與民主」的國人，不能不深切反思的課題。

「美國式法治與民主」的另一層困境，亦在此次種族衝突事件中暴露無疑，但至今尚未被美國政界及輿論界所重視，那就是：美國畢竟只是白種人的大熔爐，卻不是有色人種（包括亞裔、拉美裔、非洲裔等）的公平競爭之地，而解決此一問題的最重要機制——協商式民主體制（consociational democracy），在美國並未眞正建立，而且此一困境至今尚未被白人精英階層所重視。

所謂「協商式民主體制」，是相對於「多數決民主體制」（majoritarian democracy），亦卽在多民族或宗教、傳統多元而複雜的國家，民主決策必須照顧到各種不同人口羣及族裔的基本權益，卻不可僅依賴「百分之五十加一」的多數決方式解決問題。而且協商式民主體制還必須包括下列要件：

㈠在中央或聯邦政府，以及族裔複雜地區的政府中，採取大聯合（grand coalition）方式，將各種不同族裔之代表以適當之比例納入政府，以維繫族裔間之和諧，並照顧其基本權益。

㈡採取區域自治，在少數族裔人口較多的地區，實施較高程度的自治，並尊重其特殊之傳統文化，不以多數人口的標準強加於其身，此一設計在美國業已存在。

㈢對少數族裔給予依人口比例的特別保障配額，有時甚至是以超高比例的方式保障其權益。例如在國會中少數族裔的代表，卽應充分反映其人口比例，甚至是以較高的保障名額，保障其地位。

㈣賦與少數族裔在某些特別事務上的否決權。尤其是牽涉到與該族裔密切相關的語言、宗教、文化、福利等問題時，此種否決權設計尤爲重要。

目前在世界各國宗教傳統與民族複雜的國家及地區，包括馬來西亞、比利時、南非、土耳其、瑞士等，均有某種協商體制的設計。但是美國卻是比較明顯的例外（上述三、四兩項設計皆不存在）。不但黑人（非洲裔）、亞裔及拉丁美洲裔人口在國會兩院議員中的比例遠低於實際人口中之比例，而且至今尚未出現過黑人及其他有色人種的副總統（在土耳其，副總統卽由少數族裔庫德人擔任）。另外，在雷根與布希兩位保守派總統執政期間，社會福利支出的大幅降低，也明顯的對有色人種十分不利，但有色人種卻無任何協商式民主的保障措施，可以發揮否決權的機會。相對的，他們只有聽任美國國家機器在過去十年間不斷的「刼貧濟富」（此點已有具體的貧富比值的數據可爲佐證），而使社會經濟地位十分低落的黑人處境，日益艱難。最後則在此次種族事件中，爆發而爲一股張狂失序的「暴動盲流」！

但是，美國朝野各界人士目前對於協商體制的建立，似乎尚無共識。在此次總統大選初選中，共和黨右翼畢爾坎能所代表的孤立主義，甚至利用美國經濟不景氣的時機因素，對業已十分保守的布希政府，帶來種族主義及排外色彩濃厚的右翼壓力。而黑人、猶太裔、拉丁美洲裔、亞裔等弱勢人口之間彼此的種族主義心結，也使其無法坦然合作，形成更大的對抗力量。在洛杉磯的韓國城，竟然成爲此次黑人暴動下的最重大犧牲者，足以引爲所有亞裔社區之殷鑑！

從以上的發展趨勢看來，此次種族衝突，卽使還不能喚醒美國人民重新反省如何修正業已不能配合社會、文化處境的民主體制，但至少，在今年底的總統大選中，他們卻會面臨到一項重大的抉擇：是否應該在民主黨的候選人中，選出一位黑人的副總統候選人；以及，是否應在共和黨的政見中，增強照顧少數民族福祉的社會福利政見，並大幅度調整業已證明只能為美國帶來更大災難的保守派主張，藉以改善危機重重的族裔政治？

如果上項抉擇能夠成為事實的話，美國的民主體制將會逐步往「協商式民主」方向上修正。但是，如果多數的白人人口依然堅持「多數決民主」的有效性，並造成少數族裔社經地位的持續惡化，那麼，可以想見的是：美國終將成為另一個南斯拉夫，並在本世紀末出現更大的危機及災難，進而為「美國式民主」的二百多年光輝，蒙上黯淡的陰影！

從英國大選看西歐政黨勢力的消長

英國大選結果日昨揭曉，出乎意料的，保守黨不但保住了政權，而且中間的自由民主黨也未如分析家事前所估計的，因為工黨及保守黨的未佔多數，而成為左右大局的得利者。相對於保守黨獲得的國會議席三三〇席及工黨的二六九席，自民黨僅僅得到十六席，可說是完全不成氣候，更不用說是主導政局的關鍵政黨了。

但是，如果我們是根據選票比率而非議席比重做分析，情況就完全不同了。保守黨的獲票率是四三％，工黨是三六％，而自民黨則得到了一八％，不可輕視。但是由於英國係採取單一選區的選舉制度，對兩大黨特別有利，第三政黨則吃了很大的虧。如果是在採取比例代表制或大選區的歐陸國家，以自民黨一八％的得票比率，肯定會成為影響組閣成敗的重要關鍵，而且也可以因為英國保守黨得票率未過半數，而提出聯合組閣的要求，並分得幾席重要的部長職位。但由於英國選舉制度的關係，保守黨十三年的執政歷史，不但得以持續下去，也將使英國左翼勢力捲土重來的長久冀望，再次受到頓挫，而第三政黨的發展，依然是空間不大。

如果從一個較廣的國際視野做觀察，英國工黨的失利，自然是與近來共產主義在蘇聯、東歐的瓦解，以及民主社會主義在西歐、北歐等地的下頽趨勢，關係至鉅。

自去年秋天瑞典社會民主工黨（是西方國家執政最久的民主社會主義政黨）下野，保守派政權上臺以來，西北歐的右翼黨派陣營在選舉中多有所斬獲。但是其中的訊息卻是頗爲複雜的。在德國的地方選舉中，極右翼的共和黨（主張嚴格限制外來移民）獲利最大，雖然它並未能取代保守的基民黨成爲地方的執政者，但卻足以影響到聯合政府的組成。在德國西南的巴登府登堡邦，共和黨獲得一〇・九％的選票，這是自一九五〇年代以來極右派政黨的最佳成績。相對的，原執政的基民黨卻自過去四九％的得票率降至三九・六％。而在北部的什列威赫斯坦邦，極右翼的「德國人民聯盟」得到六・三％的選票，超過五％的門檻設限，正式成爲邦議會中的政黨，而該邦原執政的社民黨得票率，也從五四・八％，驟降至四六・二％。這顯示反對外來移民（尤其是來自東歐）的褊狹民族主義情緒，已經快速增長，並威脅到原先中間偏左或中間偏右政黨的執政地位。

在本月的義大利大選中，儘管原義大利共產黨（現分裂爲較溫和的「左翼民主黨」及強硬的「共黨重建」兩個黨派）的得票率大幅度滑落，自過去的三成選票降至一成六左右，但保守派政黨，包括天主教民主黨等，得票率卻頗見下跌，四個目前聯合執政的政黨（包括天民黨、社會黨、社民黨及自由黨）總共得票率只有四八％，在國會下院中的議席也只比過半數多了十三席，使得聯合政府的多數變得相當的脆弱。相對的，此次選舉最大的贏家，卻是褊狹地域傾向極濃的「倫巴地聯盟」，得到了近百分之十的選票支持。而過去法西斯領袖墨索里尼孫女，亞歷山卓亞·墨索里尼所加入的極右翼「義大利社會運動」（係新納粹主義政黨），也在國會選舉中得到了近五%的選票。這也印證了極右翼政黨在西歐成長的趨勢。

法國的情況就更不尋常了。在三月份的地方大選中，目前在中央執政的社會黨得票率低到只有一八·三%，而保守的「法蘭西聯盟」則得到三三%。但是在法國兩千五百萬選民中，卻只有五成左右的選民支持這兩個傳統政黨，另外則有一三·九%的選民支持極右翼的「國家陣線」（亦是反對外來移民的），此外還有比數相當（一成四）的選民支持兩個生態主義的新政黨。法國地方選舉的結果，導致社會黨女總理奎松夫人的提前下臺（任期僅十個月），也使社會黨未來的領導地位，岌岌可危。

除了德、義、法三個主要大國之外，北方的芬蘭目前正面臨著空前的政經危機。年僅三十七歲的保守派聯合政府總理艾荷，正焦頭爛額的處理空前的經濟危機及政府財政難關。由於受到鄰國俄羅斯及獨立國協各邦經濟困境的影響，芬蘭政府在去年底宣布芬蘭馬克（該國貨幣名）貶值一二·三%，而該國的失業率，在今年二月間則上昇到罕見的一二·六%。由於芬蘭經濟頗受前蘇聯及東歐各地區的牽制，情況極不樂觀，在四月初國內資金一夕間流出國外達二十二億美金之多，該國保守派的四黨聯合政府如何能力挽狂瀾，無疑已成爲後冷戰時期芬蘭的最沉重考驗了。

由以上的發展情勢看來，最近歐洲的政經情勢及大選結果，透露了幾項重要的訊息：

㈠由於蘇聯、東歐情勢的影響，西歐左翼勢力一蹶不振，不管是較溫和的社民黨、工黨、社會黨或死硬的共產黨，均大幅度下頹。卽使是法國的社會黨或英國的工黨，努力調整或改善其形象，也無濟於事。

㈡由於東歐及前蘇聯各地政經情勢逆轉，難民大量湧入西歐，導致社會秩序紛亂，失業率增高，社會福利支出大增，也使得強烈排外的極右翼政黨、新納粹政團急速間成長，並威脅到傳統的保守勢力（如基民黨、保守黨等）。此種極右趨勢的增長，對歐洲統合運動的發展及後冷戰時代的穩定國際關係，均是十分不利的。

㈢由於社會福利支出尾大不掉，而不斷增加的外來移民及失業人口又繼續蠶食福利支出的大餅，使得福利政策成爲歐洲各國的沉重負荷。不但北歐的「福利國家」時代已一去不返，而且其中各國的保守政黨還會進一步削減相關的支出，連帶的，也會影響到各國今後經援東歐及獨立國協各邦的意願及能力。

㈣簡單的「左—右」、「激進—保守」的政黨分類及意識型態標籤，已逐漸不再適用。隨著新興政黨的崛起，在政黨的意識型態光譜上，我們至少應該開始使用一套新的符號。那就是：「極左派——民主社會主義——生態保護主義——自由主義——保守主義——新法西斯及地域主義」，而目前的趨勢則是：極左派沒落；民主社會主義下頹；自由主義尙未恢復生機；保守主義持平；新法西斯主義、地域主義及生態保護主義卻頗見增長。有人將生態主義標誌爲「左翼的自由是尚主義」，但是它是否能取代老自由主義政黨的傳統地位，起而和新法西斯主義抗衡，目前則仍無法逆料。

基於以上的分析，我們可以做出如下的總結：東歐與蘇聯共黨勢力的瓦解，雖然使西方民主國家除去了心頭大患，並正式結束了冷戰時代，但它所帶來的後遺症，卻也造成了西方保守主義陣營的分化，並爲新法西斯主義和排外的種族主義，開啟了一扇後窗，這似乎又印證了一句古老的諺語：「敵人之失，未必就是吾人之福。」

滄海叢刊書目（二）

國學類

先秦諸子繫年	錢　　穆　著
朱子學提綱	錢　　穆　著
莊子纂箋	錢　　穆　著
論語新解	錢　　穆　著
新周官之成書及其反映的文化與時代新考	金春峯　著

哲學類

哲學十大問題	鄔昆如　著
哲學淺論	張　　康　譯
哲學智慧的尋求	何秀煌　著
哲學的智慧與歷史的聰明	何秀煌　著
文化、哲學與方法	何秀煌　著
人性記號與文明——語言·邏輯與記號世界	何秀煌　著
邏輯與設基法	劉福增　著
知識·邏輯·科學哲學	林正弘　著
現代藝術哲學	孫　　旗　譯
現代美學及其他	趙天儀　著
中國現代化的哲學省思	成中英　著
不以規矩不能成方圓	劉君燦　著
恕道與大同	張起鈞　著
現代存在思想家	項退結　著
中國思想通俗講話	錢　　穆　著
中國哲學史話	吳怡、張起鈞　著
中國百位哲學家	黎建球　著
中國人的路	項退結　著
中國哲學之路	項退結　著
中國人性論	臺大哲學系主編
中國管理哲學	曾仕強　著
孔子學說探微	林義正　著
心學的現代詮釋	姜允明　著
中庸誠的哲學	吳　　怡　著

中庸形上思想	高柏園 著
儒學的常與變	蔡仁厚 著
智慧的老子	張起鈞 著
老子的哲學	王邦雄 著
當代西方哲學與方法論	臺大哲學系主編
人性尊嚴的存在背景	項退結編著
理解的命運	殷鼎 著
馬克斯·謝勒三論	阿弗德·休慈原著、江日新 譯
懷海德哲學	楊士毅 著
洛克悟性哲學	蔡信安 著
伽利略·波柏·科學說明	林正弘 著
儒家與現代中國	韋政通 著
思想的貧困	韋政通 著
近代思想史散論	龔鵬程 著
魏晉清談	唐翼明 著
中國哲學的生命和方法	吳怡 著
孟學的現代意義	王支洪 著
孟學思想史論(卷一)	黃俊傑 著
莊老通辨	錢穆 著
墨家哲學	蔡仁厚 著
柏拉圖三論	程石泉 著

宗教類

圓滿生命的實現(布施波羅密)	陳柏達 著
薝蔔林·外集	陳慧劍 著
維摩詰經今譯	陳慧劍譯註
龍樹與中觀哲學	楊惠南 著
公案禪語	吳怡 著
禪學講話	芝峯法師 譯
禪骨詩心集	巴壺天 著
中國禪宗史	關世謙 著
魏晉南北朝時期的道教	湯一介 著
佛學論著	周中一 著
當代佛教思想展望	楊惠南 著
臺灣佛教文化的新動向	江燦騰 著
釋迦牟尼與原始佛教	于凌波 著

唯識學綱要	于凌波　著

社會科學類

中華文化十二講	錢　穆　著
民族與文化	錢　穆　著
楚文化研究	文崇一　著
中國古文化	文崇一　著
社會、文化和知識分子	葉啟政　著
儒學傳統與文化創新	黃俊傑　著
歷史轉捩點上的反思	韋政通　著
中國人的價值觀	文崇一　著
紅樓夢與中國舊家庭	薩孟武　著
社會學與中國研究	蔡文輝　著
比較社會學	蔡文輝　著
我國社會的變遷與發展	朱岑樓主編
三十年來我國人文社會科學之回顧與展望	賴澤涵　編
社會學的滋味	蕭新煌　著
臺灣的社區權力結構	文崇一　著
臺灣居民的休閒生活	文崇一　著
臺灣的工業化與社會變遷	文崇一　著
臺灣社會的變遷與秩序(政治篇)(社會文化篇)	文崇一　著
臺灣的社會發展	席汝楫　著
透視大陸	政治大學新聞研究所主編
憲法論衡	荆知仁　著
周禮的政治思想	周世輔、周文湘　著
儒家政論衍義	薩孟武　著
制度化的社會邏輯	葉啟政　著
臺灣社會的人文迷思	葉啟政　著
臺灣與美國的社會問題	蔡文輝、蕭新煌主編
教育叢談	上官業佑　著
不疑不懼	王洪鈞　著
自由憲政與民主轉型	周陽山　著
蘇東巨變與兩岸互動	周陽山　著

史地類

國史新論	錢　穆　著

秦漢史	錢　　穆　著
秦漢史論稿	邢義田　著
宋史論集	陳學霖　著
中國人的故事	夏雨人　著
明朝酒文化	王春瑜　著
歷史圈外	朱　　桂　著
當代佛門人物	陳慧劍編著
弘一大師傳	陳慧劍　著
杜魚庵學佛荒史	陳慧劍　著
蘇曼殊大師新傳	劉心皇　著
近代中國人物漫譚	王覺源　著
近代中國人物漫譚續集	王覺源　著
魯迅這個人	劉心皇　著
沈從文傳	凌　　宇　著
三十年代作家論	姜　　穆　著
三十年代作家論續集	姜　　穆　著
當代臺灣作家論	何　　欣　著
師友風義	鄭彥棻　著
見賢集	鄭彥棻　著
思齊集	鄭彥棻　著
懷聖集	鄭彥棻　著
周世輔回憶錄	周世輔　著
三生有幸	吳相湘　著
孤兒心影錄	張國柱　著
我這半生	毛振翔　著
我是依然苦鬪人	毛振翔　著
八十憶雙親、師友雜憶（合刊）	錢　　穆　著

語文類

訓詁通論	吳孟復　著
入聲字箋論	陳慧劍　著
翻譯偶語	黃文範　著
翻譯新語	黃文範　著
中文排列方式析論	司　　琦　著
杜詩品評	楊慧傑　著
詩中的李白	楊慧傑　著

寒山子研究	陳慧劍 著
司空圖新論	王潤華 著
詩情與幽境——唐代文人的園林生活	侯迺慧 著
歐陽修詩本義研究	裴普賢 著
品詩吟詩	邱燮友 著
談詩錄	方祖燊 著
情趣詩話	楊光治 著
歌鼓湘靈——楚詩詞藝術欣賞	李元洛 著
中國文學鑑賞舉隅	黃慶萱、許家鶯 著
中國文學縱橫論	黃維樑 著
古典今論	唐翼明 著
亭林詩考索	潘重規 著
浮士德研究	劉安雲 譯
蘇忍尼辛選集	李辰冬 譯
文學欣賞的靈魂	劉述先 著
小說創作論	羅盤 著
借鏡與類比	何冠驥 著
情愛與文學	周伯乃 著
鏡花水月	陳國球 著
文學因緣	鄭樹森 著
解構批評論集	廖炳惠 著
世界短篇文學名著欣賞	蕭傳文 著
細讀現代小說	張素貞 著
續讀現代小說	張素貞 著
現代詩學	蕭蕭 著
詩美學	李元洛 著
詩人之燈——詩的欣賞與評論	羅青 著
詩學析論	張春榮 著
修辭散步	張春榮 著
橫看成嶺側成峯	文曉村 著
大陸文藝新探	周玉山 著
大陸文藝論衡	周玉山 著
大陸當代文學掃描	葉穉英 著
走出傷痕——大陸新時期小說探論	張子樟 著
大陸新時期小說論	張放 著
兒童文學	葉詠琍 著

兒童成長與文學	葉詠琍 著
累廬聲氣集	姜超嶽 著
林下生涯	姜超嶽 著
青　春	葉蟬貞 著
牧場的情思	張媛媛 著
萍踪憶語	賴景瑚 著
現實的探索	陳銘磻 編
一縷新綠	柴　扉 著
金排附	鍾延豪 著
放　鷹	吳錦發 著
黃巢殺人八百萬	宋澤萊 著
泥土的香味	彭瑞金 著
燈下燈	蕭　蕭 著
陽關千唱	陳　煌 著
種　籽	向　陽 著
無緣廟	陳艷秋 著
鄉　事	林清玄 著
余忠雄的春天	鍾鐵民 著
吳煦斌小說集	吳煦斌 著
卡薩爾斯之琴	葉石濤 著
青囊夜燈	許振江 著
我永遠年輕	唐文標 著
思想起	陌上塵 著
心酸記	李　喬 著
孤獨園	林蒼鬱 著
離　訣	林蒼鬱 著
托塔少年	林文欽 編
北美情逅	卜貴美 著
日本歷史之旅	李希聖 著
孤寂中的廻響	洛　夫 著
火天使	趙衛民 著
無塵的鏡子	張　默 著
關心茶——中國哲學的心	吳　怡 著
放眼天下	陳新雄 著
生活健康	卜鍾元 著
文化的春天	王保雲 著

思光詩選	勞思光 著
靜思手札	黑野 著
狡兔歲月	黃和英 著
老樹春深更著花	畢璞 著

美術類

音樂與我	趙琴 著
爐邊閒話	李抱忱 著
琴臺碎語	黃友棣 著
音樂隨筆	趙琴 著
樂林蓽露	黃友棣 著
樂谷鳴泉	黃友棣 著
樂韻飄香	黃友棣 著
弘一大師歌曲集	錢仁康 編
立體造型基本設計	張長傑 著
工藝材料	李鈞棫 著
裝飾工藝	張長傑 著
人體工學與安全	劉其偉 著
現代工藝概論	張長傑 著
藤竹工	張長傑 著
石膏工藝	李鈞棫 著
色彩基礎	何耀宗 著
五月與東方——中國美術現代化運動在戰後臺灣之發展（1945～1970）	蕭瓊瑞 著
中國繪畫思想史	高木森 著
藝術史學的基礎	曾堉、葉劉天增 譯
當代藝術采風	王保雲 著
唐畫詩中看	王伯敏 著
都市計畫概論	王紀鯤 著
建築設計方法	陳政雄 著
建築鋼屋架結構設計	王萬雄 著